检修汽车底盘系统

主　编◎黄　平　郭文彬
副主编◎祝存栋　孙成宁　韩　风　赵贤林

清華大学出版社
北　京

内 容 简 介

本书是高等职业教育汽车检测与维修技术专业新型活页式教材。

本书共有 21 个学习情境，包括调整离合器踏板自由行程、拆解手动变速器、更换驱动轴、更换驱动轴防尘套、拆解自动变速器、检修自动变速器、更换 ATF、更换转向横拉杆、更换转向助力液、校准转向角度传感器、检测车轮动平衡、更换前轮减震器、更换后轮减震器、检查更换前轮轴承、检测四轮定位、调整定位参数、更换制动液、更换前轮制动片、更换后轮制动片、检测制动盘、调整驻车制动器行程。通过这 21 个学习情境，学生可以掌握汽车底盘系统的检修方法。

本书既可以作为高等职业院校汽车检测与维修技术专业、新能源汽车检测与维修技术专业等机械类专业的教学用书，也可以作为汽车企业、行业的培训教材，并可供从事汽车维修的工作人员参考。

本书封面贴有清华大学出版社防伪标签，无标签者不得销售。
版权所有，侵权必究。举报：010-62782989，beiqinquan@tup.tsinghua.edu.cn。

图书在版编目（CIP）数据

检修汽车底盘系统 / 黄平，郭文彬主编. -- 北京：清华大学出版社，2024.8. -- ISBN 978-7-302-67254-8

Ⅰ. U472.41

中国国家版本馆 CIP 数据核字第 20248D5Q42 号

责任编辑：杜春杰
封面设计：刘　超
版式设计：文森时代
责任校对：马军令
责任印制：丛怀宇

出版发行：清华大学出版社
网　　址：https://www.tup.com.cn，https://www.wqxuetang.com
地　　址：北京清华大学学研大厦A座
邮　　编：100084
社 总 机：010-83470000
邮　　购：010-62786544
投稿与读者服务：010-62776969，c-service@tup.tsinghua.edu.cn
质量反馈：010-62772015，zhiliang@tup.tsinghua.edu.cn

印 装 者：三河市铭诚印务有限公司
经　　销：全国新华书店
开　　本：185mm×260mm
印　　张：27.25
字　　数：622 千字
版　　次：2024 年 8 月第 1 版
印　　次：2024 年 8 月第 1 次印刷
定　　价：89.00 元

产品编号：100816-01

总　　序

自2019年《国家职业教育改革实施方案》颁行以来,"双高建设"和"提质培优"成为我国职业教育高质量建设的重要抓手。但是,必须明确的是,"职业教育和普通教育是两种不同的教育类型",这不仅是政策要求,也是《中华人民共和国职业教育法》的法定条文,但是不管这两种教育类型究竟有多大的不同,其最大的不同在于,普通教育是学科教育,职业教育是专业教育。专业,就是职业在教育领域的模拟、仿真、镜像、映射或者投射,就是让学生"依葫芦画瓢"地学会职业岗位上应该完成的工作;学科,就是职业领域的规律和原理的总结、归纳和升华,就是让学生学会事情背后的底层逻辑、哲学思想和方法论。因此,前者重在操作和实践,后者重在归纳和演绎。但是,必须明确的是,无论任何时候,职业总是规约专业和学科的发展方向,而专业和学科则以相辅相成的关系表征着职业发展的需求。可见,职业教育的高质量建设,其命脉就在于专业建设,而专业建设的关键内容就是调研企业、制订人才培养方案、开发课程和教材、教学实施、教学评价以及配置相应的资源和条件,这其实就是教育领域的人才培养链条。

在职业教育人才培养的链条中,调研企业就相当于"第一粒纽扣",如果调研企业不深入,则会导致后续的各个专业建设环节出现严峻的问题,最终导致人才培养的结构性矛盾;人才培养方案就是职业教育人才培养的"宪法"和"菜谱",它规定了专业建设其他各个环节的全部内容;课程和教材就好比人才培养过程中所需要的"食材",是教师通过教学实施"饲喂"给学生的"精神食粮";教学实施就是教师根据学生的"消化能力",对"食材"进行特殊的加工(即备课),形成学生爱吃的美味佳肴(即教案),并使用某些必要的"餐具"(即教学设备和设施,包括实习实训资源)"饲喂"给学生,让学生自己学会利用"餐具"来享受这些美味佳肴;教学评价就是教师测量或者估量学生自己利用"餐具"品尝这些美味佳肴的熟练程度,以及"食用"过这些"精神食粮"之后的成长增量或者成长状况;资源和条件就是教师"饲喂"和学生"食用"过程中所需要借助的"工具"或者保障手段等。在此需要注意的是,课程和教材实际上就是"一个硬币的两面",前者重在实质性的内容,后者重在形式上的载体;随着数字技术的广泛应用,电子教材、数字教材和融媒体教材等出现后,课程和教材的界限正在逐渐消融。在大多数情况下,只要不是专门进行理论研究的人员,就不必要过分纠结课程和教材之间的细微差别,而是要抓住其精髓,重在教会学生做事的能力。显而易见,课程之于教师,那就是米面之于巧妇;课程之于学生,那就是饭菜之于饥客。因此,职业教育专业建设的关键在于调研企业,但是重心在于课程和教材建设。

然而,在所谓的"教育焦虑"和"教育内卷"面前,职业教育整体向学科教育漂移的氛围已经酝酿成熟,摆在职业教育高质量发展面前的问题是,究竟仍然朝着高质量的"学科式"职业教育趋鹜,还是秉持高质量的"专业式"职业教育迈进。究其根源,"教育焦虑"和"教育内卷"仅仅是经济发展过程中的症候，其解决的锁钥在于经济改革，而不在于教育改革。但是，就教育而言，则必须首先能够适应经济的发展趋势，方能做到"有为才有位"。因此，"学科式"职业教育的各种改革行动必然会进入"死胡同"，而真正的高质量职业教育的出路依然是坚持"专业式"职业教育的道路。可事与愿违的是，目前的职业教育的课程和教材，包括现在流通的活页教材，仍然是学科逻辑的天下，难以彰显职业教育的类型特征。为了扭转这种局面，工作过程系统化课程的核心研究团队协同青海交通职业技术学院、鄂尔多斯理工学校、深圳宝安职业技术学校、中山市第一职业技术学校、重庆工商职业学院、包头机械工业职业学校、吉林铁道职业技术学院、内蒙古环成职业技术学校、重庆航天职业技术学院、重庆建筑工程职业学院、赤峰应用职业技术学院、赤峰第一职业中等专业学校、广西幼儿师范高等专科学校等，按照工作过程系统化课程开发范式，借鉴德国学习场课程，按照专业建设的各个环节循序推进教育改革，并从企业调研入手，开发了系列专业核心课程，撰写了基于"资讯—计划—决策—实施—检查—评价"（IPDICE）行动导向教学法的工单式活页教材，并在部分学校进行了教学实施和教学评价，特别是与"学科逻辑教材+讲授法"进行了对比教学实验。

经过上述教学实践，明确了该系列活页教材的优点。第一，内容来源于企业生产，能够将新技术、新工艺和新知识纳入教材当中，为学生高契合度就业提供了必要的基础。第二，体例结构有重要突破，打破了以往学科逻辑教材的"章—单元—节"这样的体例，创立了由"学习情境—学习性工作任务—典型工作环节—IPDICE 活页表单"构成的行动逻辑教材的新体例。第三，实现一体融合，促进课程（教材）和教学（教案）模式融为一体，结合"1+X"证书制度的优点，兼顾职业教育教学标准"知识、技能、素质（素养）"三维要素以及思政元素的新要求，通过"动宾结构+时序原则"以及动宾结构的"行动方向、目标值、保障措施"三个元素来表述每个典型工作环节的具体职业标准的方式，达成了"理实一体、工学一体、育训一体、知行合一、课证融通"的目的。第四，通过模块化教学促进学生的学习迁移，即教材按照由易到难的原则编排学习情境以及学习性工作任务，实现促进学生学习迁移的目的，按照典型工作环节及配套的 IPDICE 活页表单组织具体的教学内容，实现模块化教学的目的。正因为如此，该系列活页教材也能够实现"育训一体"，这是因为培训针对的是特定岗位和特定的工作任务，解决的是自迁移的问题，也就是"教什么就学会什么"即可；教育针对的则是不确定的岗位或者不确定的工作任务，解决的是远迁移的问题，即通过教会学生某些事情，希望学生能掌握其中的方法和策略，以便未来能够自己解决任何从未见过的问题。在这其中，IPDICE 实际上就是完成每个典型工作环节的方法和策略。第五，能够改变学生不良的行为习惯并提高学生的自信心，即每个典型工作环节均需要通过 IPDICE 六个维度完成，且每个典型工作环节完成之后均需要以"E（评价）"结束，因而不仅能够改变学生不良的行为习惯，还能够增强学生的自信心。除此之外，该系列活页教材还有很多其他优点，请各院校的师生在教学实践中来发现，在此不再一一赘述。

当然，从理论上来说，活页教材固然具有能够随时引入新技术、新工艺和新知识等很多优点，但是也有很多需要思考的地方。第一，环保性问题，即实际上一套完整的活页教材既包含教师用书和教师辅助手册，又包含学生用书和学生练习手册等，且每次授课会产生大量的学生课堂作业的活页表单，非常浪费纸张和印刷耗材；第二，便携性问题，即当前活页教材是以活页形式装订在一起的,如果将整本书带入课堂则非常厚重,如果按照学习性工作任务拆开带入课堂则容易遗失;第三,教学评价数据处理的工作量较大,即按照每个学习性工作任务5个典型工作环节,每个典型工作环节有IPDICE 6个活页表单,每个活页表单需要至少5个采分点,每个班按照50名学生计算,则每次授课结束后,就需要教师评价7500个采分点,可想而知,这个工作量非常巨大;第四,内容频繁更迭的内在需求与教材出版周期较长的悖论,即活页教材本来是为了满足职业教育与企业紧密合作,并及时根据产业技术升级更新教材内容,但是教材出版则需要比较漫长的时间,这其实与活页教材开发的本意相互矛盾。为此,工作过程系统化课程开发范式核心研究团队根据职业院校"双高计划"和"提质培优"的要求,以及教育部关于专业的数字化升级、学校信息化和数字化的要求,研制了基于工作过程系统化课程开发范式的教育业务规范管理系统,能够满足专业建设的各个重要环节,不仅能够很好地解决上述问题,还能够促进师生实现线上和线下相结合的行动逻辑的混合学习,改变了以往学科逻辑混合学习的教育信息化模式。同理,该系列活页教材的弊端也有很多,同样请各院校的师生在教学实践中来发现,在此不再一一赘述。

需要特别提醒的是,如果教师们感觉IPDICE表单不适合自己的教学风格,那就按照项目教学法的方式,只讲授每个学习情境下各个学习性工作任务的任务单即可。大家认真尝试过IPDICE教学法之后会发现,IPDICE是一种非常有价值的教学方法,因为这种教学方法不仅能够改变学生不良的行为习惯,还能够增强学生的自信心,从而极大地提升学生学习的积极性,并降低教师的工作压力。

大家常说:"天下职教一家人。"因此,在使用该系列教材的过程中,如果遇到任何问题,或者有更好的改进思想,敬请来信告知,我们会认真且及时地给予回复。

姜大源　闫智勇　吴全全
2023年9月于天津

前　　言

本书是交通运输大类汽车维修专业课程改革成果教材，也是青海交通职业技术学院"双高"建设重要成果。本书基于工作过程系统化的有关理念和方法，由一线专业骨干教师与企业合作共同编写完成。

本书以培养学生综合能力为目标，以典型工作任务为载体，以学生为中心，以职业能力清单为基础，根据典型工作任务和工作过程设计相关学习情境，并以实际工作过程构建教材内容。全书以汽车底盘系统常见故障案例作为学习的载体，共分为 21 个情境，包括调整离合器踏板自由行程、拆解手动变速器、更换驱动轴、更换驱动轴防尘套、拆解自动变速器、检修自动变速器、更换 ATF、更换转向横拉杆、更换转向助力液、校准转向角度传感器、检测车轮动平衡、更换前轮减震器、更换后轮减震器、检查更换前轮轴承、检测四轮定位、调整定位参数、更换制动液、更换前轮制动片、更换后轮制动片、检测制动盘、调整驻车制动器行程。与大部分同类教材不同的是，本书是通过校企合作开发编写的，将企业典型工作任务分成若干学习情境，让学生在资讯、计划、决策、实施、检查、评价 6 个实际操作维度中进行学习，激发学生的学习兴趣，突出培养学生的操作技能，进而使学生掌握企业岗位要求的操作技能。

本书具有以下特点：

1. 教学内容与职业标准深度融合，实现与企业需求无缝对接。将汽车维修、机动车检测与维修等国家职业资格标准和《汽车运用与维修（含智能新能源汽车）1+X 证书制度职业技能等级标准》知识细化分解到每一个学习情境中，由简单到复杂地设置学习任务，使学生容易上手，实现知识的迁移。

2. 以常见的底盘系统故障案例为载体，以任务驱动、情境教学的方式将内容展现出来，学习载体吸引力强。本书在编写时，根据汽车产业转型升级实际，将新技术、新标准、新工艺融入书中，引导学生在做中学、在学中做，提高学生的实践动手能力。

3. 教学内容采用工作表单式，并利用与真实工作过程一致的故障案例展开论述。这种灵活的装订形式便于学生学习、拆装、携带，以学生为中心，可以激发学生的学习主动性。

本书的参考学时为 122 学时，建议采用理实一体化教学模式。各学习情境的参考学时在每个情境的学习任务单上有所体现。

本书在闫智勇博士指导下，由青海交通职业技术学院专业青年骨干教师完成编写。本书由黄平、郭文彬担任主编。其中，黄平编写学习情境三、四、五、六、七；郭文彬编写学习情境十一、十四、十五、十六、十七；祝存栋编写学习情境一、二、十；孙成宁编写学习情境八、九、十二、十三、二十一；韩风编写学习情境十八、十九、二十；赵贤林（青海嘉裕

晟丰田汽车销售服务有限公司）提供车辆维修资料，并审核教材实操部分作业标准。

由于编者对"工作过程系统化"理论还有理解不足之处，在教材使用过程中欢迎广大教师和同学提出宝贵意见和建议，在此表示衷心的感谢！

编　者

2023 年 12 月

目 录

学习情境一　调整离合器踏板自由行程　1
　任务一　调整离合器踏板自由行程的准备工作　3
　任务二　检查离合器功能　6
　任务三　测量离合器踏板自由行程　9
　任务四　调整离合器踏板自由行程　12
　任务五　检测离合器踏板　15

学习情境二　拆解手动变速器　18
　任务一　拆解手动变速器的准备工作　20
　任务二　拆下自锁和倒挡锁装置　23
　任务三　拆下变速器盖　26
　任务四　拆下变速器拨叉轴　29
　任务五　拆下变速器输入、输出轴　32
　任务六　拆下倒挡轴　35
　任务七　拆下主减速器　38

学习情境三　更换驱动轴　41
　任务一　更换驱动轴的准备工作　42
　任务二　拧松轮毂中心螺母　45
　任务三　拆卸车轮　48
　任务四　断开下托臂与转向节　51
　任务五　拆卸驱动轴　54
　任务六　装配　57

学习情境四　更换驱动轴防尘套　61
　任务一　拆卸卡夹　62
　任务二　拆卸万向节总成　65
　任务三　安装防尘套及密封垫　68
　任务四　安装万向节总成　71
　任务五　安装卡夹　74

学习情境五　拆解自动变速器 78

- 任务一　绘制动力传递路线图　80
- 任务二　拆卸阀体组件　84
- 任务三　拆卸输入轴传动组件主动部分　88
- 任务四　拆卸输入轴传动组件被动部分　92
- 任务五　安装输入轴传动组件被动部分　97
- 任务六　安装输入轴传动组件主动部分　101
- 任务七　安装阀体组件　106

学习情境六　检修自动变速器 110

- 任务一　测量 B1 制动器间隙　111
- 任务二　调整 B1 制动器间隙　115
- 任务三　测量离合器 K1 与 K2 之间间隙　119
- 任务四　调整离合器 K1 与 K2 之间间隙　122
- 任务五　调整 B2 制动器间隙　126

学习情境七　更换 ATF 130

- 任务一　连接设备　131
- 任务二　循环清洗　134
- 任务三　等量交换　137
- 任务四　液位检查　141
- 任务五　排空油箱　144
- 任务六　路试　147

学习情境八　更换转向横拉杆 151

- 任务一　更换转向横拉杆的准备工作　152
- 任务二　转向横拉杆检查　156
- 任务三　转向横拉杆外球头拆卸　159
- 任务四　转向横拉杆外球头安装　162
- 任务五　转向横拉杆检查调整　165

学习情境九　更换转向助力液 168

- 任务一　更换转向助力液的准备工作　169
- 任务二　检查转向助力液　172
- 任务三　更换转向助力液　175
- 任务四　液压式转向助力系统排气　178
- 任务五　再次检查转向助力液　182

学习情境十　校准转向角度传感器 ·· 185
　　任务一　校准转向角度传感器的准备工作 ··· 187
　　任务二　连接诊断仪，选择引导性功能 ··· 190
　　任务三　确定转向系中间位置 ··· 193
　　任务四　调整转向角 ··· 196
　　任务五　初始化转向角度传感器 ··· 199

学习情境十一　检测车轮动平衡 ·· 202
　　任务一　检测车轮动平衡的准备工作 ··· 204
　　任务二　清洁轮胎、轮毂 ··· 207
　　任务三　安装锁止轮胎 ··· 210
　　任务四　输入轮胎尺寸 ··· 213
　　任务五　检测动平衡值 ··· 216
　　任务六　找出不平衡点 ··· 219
　　任务七　安装动平衡块 ··· 222
　　任务八　再次测试动平衡值 ··· 225

学习情境十二　更换前轮减震器 ·· 228
　　任务一　更换前轮减震器的准备工作 ··· 230
　　任务二　检查减震器及弹簧 ··· 233
　　任务三　检查前悬架主要部件 ··· 236
　　任务四　拆卸减震器 ··· 239
　　任务五　拆装减震弹簧 ··· 242
　　任务六　安装减震器 ··· 245

学习情境十三　更换后轮减震器 ·· 248
　　任务一　更换后轮减震器的准备工作 ··· 249
　　任务二　检查减震器及弹簧 ··· 253
　　任务三　拆卸减震器及弹簧 ··· 256
　　任务四　安装减震器及弹簧 ··· 259
　　任务五　路试检查 ··· 262

学习情境十四　检查更换前轮轴承 ·· 265
　　任务一　拆卸制动器套件 ··· 267
　　任务二　检查轮毂轴承 ··· 270
　　任务三　拆卸转向节总成 ··· 273
　　任务四　拆卸轴承总成 ··· 276
　　任务五　安装轴承至转向节 ··· 279

任务六　安装法兰至轴承 282
　　任务七　安装转向节总成 285
　　任务八　安装制动器套件 289

学习情境十五　检测四轮定位 292
　　任务一　初步诊断 293
　　任务二　检测四轮定位的准备工作 297
　　任务三　安装传感器 300
　　任务四　推进补偿 303
　　任务五　检测数据 306

学习情境十六　调整定位参数 309
　　任务一　调整后轮外倾角 310
　　任务二　调整后轮前束角 314
　　任务三　调整前轮主销后倾角 317
　　任务四　调整前轮外倾角 320
　　任务五　调整前轮前束角 323

学习情境十七　更换制动液 327
　　任务一　更换制动液的准备工作 328
　　任务二　检测制动液含水率 331
　　任务三　排放制动液 334
　　任务四　加注、排空气 337

学习情境十八　更换前轮制动片 341
　　任务一　更换前轮制动片的准备工作 343
　　任务二　拆卸轮胎、制动钳、制动器摩擦片 346
　　任务三　检测制动器摩擦片、制动分泵 349
　　任务四　更换盘式制动器摩擦片 352
　　任务五　安装制动分泵、制动钳及轮胎 355
　　任务六　路试 358

学习情境十九　更换后轮制动片 361
　　任务一　更换后轮制动片的准备工作 362
　　任务二　拆卸制动鼓 366
　　任务三　拆卸回位弹簧、制动蹄 369
　　任务四　检查制动片、制动鼓及制动分泵 372
　　任务五　安装制动蹄、制动鼓及轮胎 375

任务六	路试	378

学习情境二十　检测制动盘 ·· 381
  任务一　检测制动盘的准备工作 ·· 382
  任务二　拆卸制动分泵 ·· 385
  任务三　检测制动盘厚度 ··· 388
  任务四　检测制动盘圆跳动 ·· 391
  任务五　安装制动分泵 ·· 394

学习情境二十一　调整驻车制动器行程 ··· 398
  任务一　调整驻车制动器行程的准备工作 ··· 400
  任务二　驻车制动杠杆行程检查 ··· 403
  任务三　拆卸控制台总成 ··· 406
  任务四　调整驻车制动杠杆行程 ··· 409
  任务五　检查驻车制动器 ··· 412
  任务六　试车检查 ·· 415
  任务七　安装控制台总成 ··· 418

参考文献 ·· 421

学习情境一　调整离合器踏板自由行程

客户需求单

客户需求
一辆大众桑塔纳轿车，客户讲述该车离合器踏板无自由行程，要求调整离合器踏板自由行程。 　　维修人员通过检查发现离合器踏板自由行程确实过小，告知客户离合器踏板自由行程过小可能导致快速磨损，甚至出现离合器打滑现象。
操作内容
1. 检查离合器踏板自由行程。 　　2. 调整离合器踏板自由行程。

学习性工作任务单

学习情境一	调整离合器踏板自由行程
学时	4学时
典型工作过程描述	调整离合器踏板自由行程的准备工作—检查离合器功能—测量离合器踏板自由行程—调整离合器踏板自由行程—检测离合器踏板
学习目标	任务一　调整离合器踏板自由行程的准备工作的学习目标 　　1. 掌握什么是离合器踏板自由行程。 　　2. 掌握为什么存在离合器踏板自由行程。 　　3. 掌握离合器自由行程过大或过小导致的现象。 　　4. 掌握离合器自由行程和踏板自由行程的关系。 　　5. 了解调整离合器踏板自由行程的工具、设备。 任务二　检查离合器功能的学习目标 　　1. 检查离合器踏板是否回弹无力。 　　2. 检查离合器踏板是否异响。 　　3. 检查离合器踏板是否过度松动。 　　4. 检查离合器踏板是否沉重。 任务三　测量离合器踏板自由行程的学习目标 　　1. 掌握维修手册的使用方法。 　　2. 掌握测量离合器踏板自由行程的方法。 　　3. 测量和计算离合器踏板自由行程。 任务四　调整离合器踏板自由行程的学习目标 　　1. 固定调整螺母。 　　2. 拧松锁紧螺母。

学习目标	3. 夹紧离合器拉锁。 4. 拧动调整螺母，调整推杆长度。 5. 拧紧锁紧螺母。 任务五　检测离合器踏板的学习目标 1. 掌握启动发动机的安全注意事项。 2. 掌握检测离合器的方法。 3. 能够判断离合器功能。					
任务描述	使用量具和维修手册，正确查询和检测离合器自由间隙是否正常					
学时安排	资讯 0.5 学时	计划 0.8 学时	决策 0.5 学时	实施 1.2 学时	检查 0.5 学时	评价 0.5 学时
对学生的要求	1. 掌握什么是离合器踏板自由行程。 2. 掌握为什么存在离合器踏板自由行程。 3. 掌握离合器踏板自由行程过大或过小导致的现象。 4. 掌握离合器自由行程和踏板自由行程的关系。 5. 掌握如何检查离合器踏板的功能。 6. 正确测量离合器踏板自由行程。 7. 正确调整离合器踏板自由行程。 8. 正确测量膜片弹簧的高度。 9. 正确检测离合器踏板。					
参考资料	检修汽车底盘系统课程配套微课					

材料工具清单

学习情境一	调整离合器踏板自由行程					
学时	4 学时					
典型工作过程描述	调整离合器踏板自由行程的准备工作—检查离合器功能—测量离合器踏板自由行程—调整离合器踏板自由行程—检测离合器踏板					
序　号	名　称	作　用	数　量	型　号	使　用　量	使　用　者
1	钢板尺		1			
2	鲤鱼钳		1			
3	世达工具		1			
班　级		第　组		组长签字		
教师签字		日　期				

任务一 调整离合器踏板自由行程的准备工作

1. 调整离合器踏板自由行程的准备工作的资讯单

学习情境一	调整离合器踏板自由行程
学时	0.1 学时
典型工作过程描述	调整离合器踏板自由行程的准备工作—检查离合器功能—测量离合器踏板自由行程—调整离合器踏板自由行程—检测离合器踏板
收集资讯的方式	线下图书与线上资源相结合。
资讯描述	1. 什么是离合器踏板自由行程？ _____。 2. 为什么存在离合器踏板自由行程？ _____。 3. 离合器踏板自由行程过大或过小导致的现象。 _____。 4. 离合器自由行程和踏板自由行程的关系。 _____。
对学生的要求	1. 掌握离合器踏板自由行程的含义。 2. 掌握离合器踏板自由行程的作用。 3. 掌握离合器踏板自由行程过大或过小导致的现象。 4. 掌握离合器自由行程和踏板自由行程的关系。 5. 了解调整离合器踏板自由行程的工具、设备。 6. 能够养成 6S 规范作业习惯。 7. 能够养成团队意识、工匠精神、职业精神。
参考资料	检修汽车底盘系统课程配套微课

2. 调整离合器踏板自由行程的准备工作的计划单

学习情境一	调整离合器踏板自由行程		
学时	0.2 学时		
典型工作过程描述	调整离合器踏板自由行程的准备工作—检查离合器功能—测量离合器踏板自由行程—调整离合器踏板自由行程—检测离合器踏板		
计划制订的方式	小组讨论。		
序 号	工 作 步 骤	注 意 事 项	
1	掌握离合器踏板自由行程的作用		
2	掌握离合器踏板自由行程过大或过小导致的现象	分析全面	
3	掌握离合器自由行程和踏板自由行程的关系		
4	准备工具、设备		
计划评价	班　级		第　　组	组长签字
	教师签字		日　　期	
	评语：			

3. 调整离合器踏板自由行程的准备工作的决策单

学习情境一	调整离合器踏板自由行程				
学时	0.1 学时				
典型工作过程描述	调整离合器踏板自由行程的准备工作—检查离合器功能—测量离合器踏板自由行程—调整离合器踏板自由行程—检测离合器踏板				
计 划 对 比					
序 号	计划的可行性	计划的经济性	计划的可操作性	计划的实施难度	综 合 评 价
1					
2					
3					
4					
决策评价	班 级		第 组	组长签字	
	教师签字		日 期		
	评语：				

4. 调整离合器踏板自由行程的准备工作的实施单

学习情境一	调整离合器踏板自由行程	
学时	0.2 学时	
典型工作过程描述	调整离合器踏板自由行程的准备工作—检查离合器功能—测量离合器踏板自由行程—调整离合器踏板自由行程—检测离合器踏板	
序 号	实 施 步 骤	注 意 事 项
1		
2		
3		
4		
实施说明：		
实施评价	班 级	第 组 组长签字
	教师签字	日 期
	评语：	

5. 调整离合器踏板自由行程的准备工作的检查单

学习情境一	调整离合器踏板自由行程			
学时	0.1 学时			
典型工作过程描述	调整离合器踏板自由行程的准备工作—检查离合器功能—测量离合器踏板自由行程—调整离合器踏板自由行程—检测离合器踏板			
序号	检查项目	检查标准	学生自查	教师检查
1	掌握离合器自由行程的作用	掌握准确		
2	掌握离合器自由行程过大或过小导致的现象	描述清楚		
3	掌握离合器自由行程和踏板自由行程的关系	掌握准确		
4	准备工具、设备	准备齐全		
检查评价	班级		第 组	组长签字
	教师签字		日 期	
	评语:			

6. 调整离合器踏板自由行程的准备工作的评价单

学习情境一	调整离合器踏板自由行程			
学时	0.1 学时			
典型工作过程描述	调整离合器踏板自由行程的准备工作—检查离合器功能—测量离合器踏板自由行程—调整离合器踏板自由行程—检测离合器踏板			
评价项目	评价子项目	学生自评	组内评价	教师评价
作业流程完整性	作业流程是否完整			
作业流程规范性	作业流程是否规范			
6S 管理	是否做到 6S 管理			
最终结果				
评价的评价	班级		第 组	组长签字
	教师签字		日 期	
	评语:			

任务二 检查离合器功能

1. 检查离合器功能的资讯单

学习情境一	调整离合器踏板自由行程
学时	0.1 学时
典型工作过程描述	调整离合器踏板自由行程的准备工作—检查离合器功能—测量离合器踏板自由行程—调整离合器踏板自由行程—检测离合器踏板
收集资讯的方式	线下图书与线上资源相结合。
资讯描述	检查离合器踏板的项目有_____、_____、_____、_____。
对学生的要求	1. 能正确检查离合器踏板回弹情况。 2. 能正确检查离合器踏板异响情况。 3. 能正确检查离合器踏板松动情况。 4. 能正确检查离合器踏板沉重情况。 5. 能够养成 6S 规范作业习惯。 6. 能够养成团队意识、工匠精神、职业精神。
参考资料	检修汽车底盘系统课程配套微课

2. 检查离合器功能的计划单

学习情境一	调整离合器踏板自由行程		
学时	0.1 学时		
典型工作过程描述	调整离合器踏板自由行程的准备工作—检查离合器功能—测量离合器踏板自由行程—调整离合器踏板自由行程—检测离合器踏板		
计划制订的方式	小组讨论。		
序 号	工 作 步 骤	注 意 事 项	
1	检查离合器踏板是否回弹无力		
2	检查离合器踏板是否异响		
3	检查离合器踏板是否过度松动		
4	检查离合器踏板是否沉重		
计划评价	班 级		第 组	组长签字	
	教师签字		日 期		
	评语:				

3. 检查离合器功能的决策单

学习情境一	调整离合器踏板自由行程				
学时	0.1 学时				
典型工作过程描述	调整离合器踏板自由行程的准备工作—检查离合器功能—测量离合器踏板自由行程—调整离合器踏板自由行程—检测离合器踏板				
计 划 对 比					
序 号	计划的可行性	计划的经济性	计划的可操作性	计划的实施难度	综合评价
1					
2					
3					
4					
决策评价	班 级： 第 组 组长签字				
	教师签字 日 期				
	评语：				

4. 检查离合器功能的实施单

学习情境一	调整离合器踏板自由行程	
学时	0.2 学时	
典型工作过程描述	调整离合器踏板自由行程的准备工作—检查离合器功能—测量离合器踏板自由行程—调整离合器踏板自由行程—检测离合器踏板	
序 号	实 施 步 骤	注 意 事 项
1		
2		
3		
4		

实施说明：

实施评价	班 级 第 组 组长签字
	教师签字 日 期
	评语：

5. 检查离合器功能的检查单

学习情境一	调整离合器踏板自由行程			
学时	0.1 学时			
典型工作过程描述	调整离合器踏板自由行程的准备工作—检查离合器功能—测量离合器踏板自由行程—调整离合器踏板自由行程—检测离合器踏板			
序号	检查项目	检查标准	学生自查	教师检查
1	检查离合器踏板是否回弹无力			
2	检查离合器踏板是否异响			
3	检查离合器踏板是否过度松动			
4	检查离合器踏板是否沉重			
检查评价	班级		第　组	组长签字
	教师签字		日　期	
	评语:			

6. 检查离合器功能的评价单

学习情境一	调整离合器踏板自由行程			
学时	0.1 学时			
典型工作过程描述	调整离合器踏板自由行程的准备工作—检查离合器功能—测量离合器踏板自由行程—调整离合器踏板自由行程—检测离合器踏板			
评价项目	评价子项目	学生自评	组内评价	教师评价
作业流程完整性	作业流程是否完整			
作业流程规范性	作业流程是否规范			
6S 管理	是否做到 6S 管理			
最终结果				
评价的评价	班级		第　组	组长签字
	教师签字		日　期	
	评语:			

学习情境一　调整离合器踏板自由行程

任务三　测量离合器踏板自由行程

1. 测量离合器踏板自由行程的资讯单

学习情境一	调整离合器踏板自由行程
学时	0.1 学时
典型工作过程描述	调整离合器踏板自由行程的准备工作—检查离合器功能—测量离合器踏板自由行程—调整离合器踏板自由行程—检测离合器踏板
收集资讯的方式	线下图书与线上资源相结合。
资讯描述	1. 什么是离合器踏板自由行程？ _____。 2. 测量离合器踏板的自由行程的工具。 _____。
对学生的要求	1. 掌握维修手册的使用方法。 2. 掌握测量离合器踏板的自由行程的方法。 3. 测量和计算离合器踏板的自由行程。 4. 能够养成 6S 规范作业习惯。 5. 能够养成团队意识、工匠精神、职业精神。
参考资料	检修汽车底盘系统课程配套微课

2. 测量离合器踏板自由行程的计划单

学习情境一	调整离合器踏板自由行程		
学时	0.1 学时		
典型工作过程描述	调整离合器踏板自由行程的准备工作—检查离合器功能—测量离合器踏板自由行程—调整离合器踏板自由行程—检测离合器踏板		
计划制订的方式	小组讨论。		
序　号	工　作　步　骤	注　意　事　项	
1	通过维修手册查询测量离合器踏板自由行程的方法		
2	使用钢板尺测量踏板完全放松时的高度		
3	用手轻按踏板，当感到阻力增大时再用钢板尺测量踏板高度		
4	计算两次测量的高度差，即为自由行程		
计划评价	班　级	第　　组	组长签字
	教师签字	日　期	
	评语：		

3. 测量离合器踏板自由行程的决策单

学习情境一	调整离合器踏板自由行程				
学时	0.1 学时				
典型工作过程描述	调整离合器踏板自由行程的准备工作—检查离合器功能—测量离合器踏板自由行程—调整离合器踏板自由行程—检测离合器踏板				
计 划 对 比					
序 号	计划的可行性	计划的经济性	计划的可操作性	计划的实施难度	综 合 评 价
1					
2					
3					
4					
决策评价	班 级		第 组	组长签字	
	教师签字		日 期		
	评语:				

4. 测量离合器踏板自由行程的实施单

学习情境一	调整离合器踏板自由行程	
学时	0.2 学时	
典型工作过程描述	调整离合器踏板自由行程的准备工作—检查离合器功能—测量离合器踏板自由行程—调整离合器踏板自由行程—检测离合器踏板	
序 号	实 施 步 骤	注 意 事 项
1		
2		
3		
4		
实施说明:		
实施评价	班 级		第 组	组长签字	
	教师签字		日 期		
	评语:				

学习情境一　调整离合器踏板自由行程

5. 测量离合器踏板自由行程的检查单

学习情境一	调整离合器踏板自由行程				
学时	0.1 学时				
典型工作过程描述	调整离合器踏板自由行程的准备工作—检查离合器功能—测量离合器踏板自由行程—调整离合器踏板自由行程—检测离合器踏板				
序　号	检 查 项 目	检 查 标 准		学 生 自 查	教 师 检 查
1	通过维修手册查询测量离合器踏板自由行程的方法				
2	使用钢板尺测量踏板完全放松时的高度				
3	用手轻按踏板,当感到阻力增大时再用钢板尺测量踏板高度				
4	计算两次测量的高度差,即为自由行程				
检查评价	班　　级		第　　组		组长签字
	教师签字		日　　期		
	评语:				

6. 测量离合器踏板自由行程的评价单

学习情境一	调整离合器踏板自由行程			
学时	0.1 学时			
典型工作过程描述	调整离合器踏板自由行程的准备工作—检查离合器功能—测量离合器踏板自由行程—调整离合器踏板自由行程—检测离合器踏板			
评 价 项 目	评价子项目	学 生 自 评	组 内 评 价	教 师 评 价
作业流程完整性	作业流程是否完整			
作业流程规范性	作业流程是否规范			
6S 管理	是否做到 6S 管理			
最终结果				
评价的评价	班　　级		第　　组	组长签字
	教师签字		日　　期	
	评语:			

任务四　调整离合器踏板自由行程

1. 调整离合器踏板自由行程的资讯单

学习情境一	调整离合器踏板自由行程
学时	0.1 学时
典型工作过程描述	调整离合器踏板自由行程的准备工作—检查离合器功能—测量离合器踏板自由行程—调整离合器踏板自由行程—检测离合器踏板
收集资讯的方式	线下图书与线上资源相结合。
资讯描述	1. 固定调整螺母的位置在＿＿＿＿＿。 2. 拧紧锁紧螺母的力矩为＿＿＿＿＿。
对学生的要求	1. 正确固定调整螺母。 2. 正确拧松锁紧螺母。 3. 正确夹紧离合器拉锁。 4. 正确拧动调整螺母，调整推杆长度。 5. 正确拧紧锁紧螺母。
参考资料	检修汽车底盘系统课程配套微课

2. 调整离合器踏板自由行程的计划单

学习情境一	调整离合器踏板自由行程	
学时	0.2 学时	
典型工作过程描述	调整离合器踏板自由行程的准备工作—检查离合器功能—测量离合器踏板自由行程—调整离合器踏板自由行程—检测离合器踏板	
计划制订的方式	小组讨论。	
序　号	工　作　步　骤	注　意　事　项
1	固定调整螺母	
2	拧松锁紧螺母	
3	夹紧离合器拉锁	
4	拧动调整螺母，调整推杆长度	
5	拧紧锁紧螺母	
计划评价	班级　　　　　　　　第　　组　　组长签字 教师签字　　　　　　日　　期 评语：	

学习情境一 调整离合器踏板自由行程

3. 调整离合器踏板自由行程的决策单

学习情境一	调整离合器踏板自由行程				
学时	0.1 学时				
典型工作过程描述	调整离合器踏板自由行程的准备工作—检查离合器功能—测量离合器踏板自由行程—调整离合器踏板自由行程—检测离合器踏板				
计 划 对 比					
序 号	计划的可行性	计划的经济性	计划的可操作性	计划的实施难度	综 合 评 价
1					
2					
3					
4					
决策评价	班 级		第 组	组长签字	
	教师签字		日 期		
	评语：				

4. 调整离合器踏板自由行程的实施单

学习情境一	调整离合器踏板自由行程		
学时	0.4 学时		
典型工作过程描述	调整离合器踏板自由行程的准备工作—检查离合器功能—测量离合器踏板自由行程—调整离合器踏板自由行程—检测离合器踏板		
序 号	实 施 步 骤	注 意 事 项	
1			
2			
3			
4			
实施说明：			
实施评价	班 级		第 组	组长签字	
	教师签字		日 期		
	评语：				

5. 调整离合器踏板自由行程的检查单

学习情境一	调整离合器踏板自由行程			
学时	0.1 学时			
典型工作过程描述	调整离合器踏板自由行程的准备工作—检查离合器功能—测量离合器踏板自由行程—调整离合器踏板自由行程—检测离合器踏板			
序 号	检 查 项 目	检 查 标 准	学 生 自 查	教 师 检 查
1	固定调整螺母			
2	拧松锁紧螺母			
3	夹紧离合器拉锁			
4	拧动调整螺母，调整推杆长度			
5	拧紧锁紧螺母			
检查评价	班 级		第 组	组长签字
	教师签字		日 期	
	评语：			

6. 调整离合器踏板自由行程的评价单

学习情境一	调整离合器踏板自由行程			
学时	0.1 学时			
典型工作过程描述	调整离合器踏板自由行程的准备工作—检查离合器功能—测量离合器踏板自由行程—调整离合器踏板自由行程—检测离合器踏板			
评价项目	评价子项目	学 生 自 评	组 内 评 价	教 师 评 价
作业流程完整性	作业流程是否完整			
作业流程规范性	作业流程是否规范			
6S 管理	是否做到 6S 管理			
最终结果				
评价的评价	班 级		第 组	组长签字
	教师签字		日 期	
	评语：			

学习情境一　调整离合器踏板自由行程

任务五　检测离合器踏板

1. 检测离合器踏板的资讯单

学习情境一	调整离合器踏板自由行程
学时	0.1 学时
典型工作过程描述	调整离合器踏板自由行程的准备工作—检查离合器功能—测量离合器踏板自由行程—调整离合器踏板自由行程—检测离合器踏板
收集资讯的方式	线下图书与线上资源相结合。
资讯描述	如何在整车上检查离合器的工作情况？ _____。
对学生的要求	1. 掌握启动发动机的安全注意事项。 2. 掌握检测离合器的方法。 3. 能够判断离合器的功能。 4. 能够养成 6S 规范作业习惯。
参考资料	检修汽车底盘系统课程配套微课

2. 检测离合器踏板的计划单

学习情境一	调整离合器踏板自由行程		
学时	0.2 学时		
典型工作过程描述	调整离合器踏板自由行程的准备工作—检查离合器功能—测量离合器踏板自由行程—调整离合器踏板自由行程—检测离合器踏板		
计划制订的方式	小组讨论。		
序　号	工 作 步 骤	注 意 事 项	
1	启动发动机，车辆可靠驻停，拉起驻车制动手柄		
2	换到 1 挡或倒挡，稍许加大油门，慢抬离合器踏板		
3	判断离合器的功能		
计划评价	班　级： 　　　　　第　　组　　组长签字： 教师签字： 　　　　　日　期： 评语：		

3. 检测离合器踏板的决策单

学习情境一	调整离合器踏板自由行程				
学时	0.1 学时				
典型工作过程描述	调整离合器踏板自由行程的准备工作—检查离合器功能—测量离合器踏板自由行程—调整离合器踏板自由行程—检测离合器踏板				
计 划 对 比					
序 号	计划的可行性	计划的经济性	计划的可操作性	计划的实施难度	综 合 评 价
1					
2					
3					
决策评价	班 级		第 组	组长签字	
	教师签字		日 期		
	评语:				

4. 检测离合器踏板的实施单

学习情境一	调整离合器踏板自由行程		
学时	0.2 学时		
典型工作过程描述	调整离合器踏板自由行程的准备工作—检查离合器功能—测量离合器踏板自由行程—调整离合器踏板自由行程—检测离合器踏板		
序 号	实 施 步 骤		注 意 事 项
1			
2			
3			
实施说明:			
实施评价	班 级		第 组	组长签字	
	教师签字		日 期		
	评语:				

5. 检测离合器踏板的检查单

学习情境一	调整离合器踏板自由行程			
学时	0.1 学时			
典型工作过程描述	调整离合器踏板自由行程的准备工作—检查离合器功能—测量离合器踏板自由行程—调整离合器踏板自由行程—检测离合器踏板			
序 号	检 查 项 目	检 查 标 准	学 生 自 查	教 师 检 查
1	启动发动机,车辆可靠驻停,拉起驻车制动手柄			
2	换到1挡或倒挡,稍许加大油门,慢抬离合器踏板			
3	判断离合器的功能			
检查评价	班　级　　　　　　　　　　第　　组　　　组长签字			
	教师签字　　　　　　　　　日　　期			
	评语:			

6. 检测离合器踏板的评价单

学习情境一	调整离合器踏板自由行程			
学时	0.1 学时			
典型工作过程描述	调整离合器踏板自由行程的准备工作—检查离合器功能—测量离合器踏板自由行程—调整离合器踏板自由行程—检测离合器踏板			
评 价 项 目	评 价 子 项 目	学 生 自 评	组 内 评 价	教 师 评 价
作业流程完整性	作业流程是否完整			
作业流程规范性	作业流程是否规范			
6S 管理	是否做到 6S 管理			
最终结果				
评价的评价	班　级　　　　　　　　　　第　　组　　　组长签字			
	教师签字　　　　　　　　　日　　期			
	评语:			

学习情境二　拆解手动变速器

客户需求单

客户需求
一辆桑塔纳轿车，在行驶过程中，当变速器换入 3 挡时，常出现跳挡现象，道路不平或上坡时跳挡现象更明显，有时得靠手按住变速杆才能保证不跳挡。 　　维修人员经检查发现，自锁装置、三挡换挡拨叉、拨叉轴均正常；三挡齿轮有轴向间隙，齿轮齿牙有磨损，用调整垫片消除齿轮的轴向间隙后，故障排除。
操作内容
1. 检查故障现象。 　　2. 拆卸手动变速器总成。 　　3. 检查和检测手动变速器。

学习性工作任务单

学习情境二	拆解手动变速器
学时	6 学时
典型工作过程描述	拆解手动变速器的准备工作—拆下自锁和倒挡锁装置—拆下变速器盖—拆下变速器拨叉轴—拆下变速器输入、输出轴—拆下倒挡轴—拆下主减速器
学习目标	任务一　拆解手动变速器的准备工作的学习目标 　　1. 掌握手动变速器的功能。 　　2. 掌握手动变速器的常见故障。 　　3. 掌握拆解手动变速器的工具、设备。 　　4. 掌握手动变速器的挂挡原理。 任务二　拆下自锁和倒挡锁装置的学习目标 　　1. 正确检查自锁和倒挡锁情况。 　　2. 掌握自锁和倒挡锁的作用和工作原理。 　　3. 掌握拆卸自锁和倒挡开关的注意事项。 任务三　拆下变速器盖的学习目标 　　1. 正确选择合适的工具、设备。 　　2. 掌握拆卸变速器盖的注意事项。 任务四　拆下变速器拨叉轴的学习目标 　　1. 掌握拆卸变速器拨叉轴的注意事项。 　　2. 熟悉各个挡位的拨叉轴。 　　3. 掌握拨叉轴的换挡原理。

学习目标	任务五 拆下变速器输入、输出轴的学习目标 　　1. 分辨输入、输出轴。 　　2. 熟悉输入、输出轴上的各个挡位的传递路线。 任务六 拆下倒挡轴的学习目标 　　1. 正确拆卸倒挡轴及齿轮。 　　2. 正确拆卸倒挡拨叉。 任务七 拆下主减速器的学习目标 　　1. 从主减速器壳体中拆下主减速器总成。 　　2. 熟悉从动轴上与主减速器齿轮啮合的齿轮。					
任务描述	使用维修工具,正确、规范地拆卸手动变速器					
学时安排	资讯 0.7学时	计划 1学时	决策 0.7学时	实施 2.2学时	检查 0.7学时	评价 0.7学时
对学生的要求	1. 掌握手动变速器的拆解步骤。 2. 掌握自锁和倒挡锁的工作原理。 3. 掌握换挡的工作原理。 4. 掌握各挡位的传递路线。 5. 能够正确使用维修工具。 6. 能够正确区别输入、输出轴及主从动齿轮。 7. 能够养成6S规范作业习惯。 8. 能够养成团队意识、工匠精神、职业精神。					
参考资料	检修汽车底盘系统课程配套微课					

材料工具清单

学习情境二	拆解手动变速器					
学时	6学时					
典型工作过程描述	拆解手动变速器的准备工作—拆下自锁和倒挡锁装置—拆下变速器盖—拆下变速器拨叉轴—拆下变速器输入、输出轴—拆下倒挡轴—拆下主减速器					
序　号	名　　称	作　用	数　量	型　号	使　用　量	使　用　者
1	维修工具		1	世达		
2	平口起子		1			
3	铲刀		1			
班　级			第　　组	组长签字		
教师签字			日　　期			

任务一 拆解手动变速器的准备工作

1. 拆解手动变速器准备工作的资讯单

学习情境二	拆解手动变速器
学时	0.1 学时
典型工作过程描述	拆解手动变速器的准备工作—拆下自锁和倒挡锁装置—拆下变速器盖—拆下变速器拨叉轴—拆下变速器输入、输出轴—拆下倒挡轴—拆下主减速器
收集资讯的方式	线下图书与线上资源相结合。
资讯描述	1. 手动变速器的换挡原理：_____。 2. 手动变速器的作用：_____。
对学生的要求	1. 掌握手动变速器的功能。 2. 掌握手动变速器的常见故障。 3. 掌握拆解手动变速器的工具、设备。 4. 掌握手动变速器的挂挡原理。 5. 准备工具、设备。 6. 能够养成 6S 规范作业习惯。 7. 能够养成团队意识、工匠精神、职业精神。
参考资料	检修汽车底盘系统课程配套微课

2. 拆解手动变速器准备工作的计划单

学习情境二	拆解手动变速器		
学时	0.1 学时		
典型工作过程描述	拆解手动变速器的准备工作—拆下自锁和倒挡锁装置—拆下变速器盖—拆下变速器拨叉轴—拆下变速器输入、输出轴—拆下倒挡轴—拆下主减速器		
计划制订的方式	小组讨论。		
序　号	工　作　步　骤	注　意　事　项	
1	掌握手动变速器的拆解步骤	分析概括全面	
2	掌握手动变速器各个挡位的传递路线	描述清楚	
3	掌握自锁和倒挡锁的原理	掌握原理	
4	准备工具、设备		
计划评价	班　级　　　　　　　　第　组　　　组长签字		
	教师签字　　　　　　　日　期		
	评语：		

3. 拆解手动变速器准备工作的决策单

学习情境二	拆解手动变速器				
学时	0.1 学时				
典型工作过程描述	拆解手动变速器的准备工作—拆下自锁和倒挡锁装置—拆下变速器盖—拆下变速器拨叉轴—拆下变速器输入、输出轴—拆下倒挡轴—拆下主减速器				
计 划 对 比					
序　号	计划的可行性	计划的经济性	计划的可操作性	计划的实施难度	综 合 评 价
1					
2					
3					
4					
决策评价	班　级： 　　　　　　第　组　　组长签字： 教师签字： 　　　　　　日　期： 评语：				

4. 拆解手动变速器准备工作的实施单

学习情境二	拆解手动变速器	
学时	0.1 学时	
典型工作过程描述	拆解手动变速器的准备工作—拆下自锁和倒挡锁装置—拆下变速器盖—拆下变速器拨叉轴—拆下变速器输入、输出轴—拆下倒挡轴—拆下主减速器	
序　号	实 施 步 骤	注 意 事 项
1		
2		
3		
4		
实施说明：		
实施评价	班　级： 　　　　　　第　组　　组长签字： 教师签字： 　　　　　　日　期： 评语：	

5. 拆解手动变速器准备工作的检查单

学习情境二	拆解手动变速器			
学时	0.1 学时			
典型工作过程描述	拆解手动变速器的准备工作—拆下自锁和倒挡锁装置—拆下变速器盖—拆下变速器拨叉轴—拆下变速器输入、输出轴—拆下倒挡轴—拆下主减速器			
序号	检查项目	检查标准	学生自查	教师检查
1	掌握手动变速器的拆解步骤	分析全面		
2	准备工具、设备	准备齐全		
检查评价	班 级		第 组	组长签字
	教师签字		日 期	
	评语：			

6. 拆解手动变速器准备工作的评价单

学习情境二	拆解手动变速器			
学时	0.1 学时			
典型工作过程描述	拆解手动变速器的准备工作—拆下自锁和倒挡锁装置—拆下变速器盖—拆下变速器拨叉轴—拆下变速器输入、输出轴—拆下倒挡轴—拆下主减速器			
评价项目	评价子项目	学生自评	组内评价	教师评价
作业流程完整性	作业流程是否完整			
作业流程规范性	作业流程是否规范			
6S 管理	是否做到 6S 管理			
最终结果				
评价的评价	班 级		第 组	组长签字
	教师签字		日 期	
	评语：			

学习情境二 拆解手动变速器

任务二 拆下自锁和倒挡锁装置

1. 拆下自锁和倒挡锁装置的资讯单

学习情境二	拆解手动变速器
学时	0.1 学时
典型工作过程描述	拆解手动变速器的准备工作—拆下自锁和倒挡锁装置—拆下变速器盖—拆下变速器拨叉轴—拆下变速器输入、输出轴—拆下倒挡轴—拆下主减速器
收集资讯的方式	线下图书与线上资源相结合。
资讯描述	1. 自锁的作用：_____。 2. 倒挡锁开关的作用：_____。
对学生的要求	1. 能正确检查自锁和倒挡锁装置。 2. 能拆卸自锁和倒挡锁装置。 3. 能掌握自锁和倒挡锁拆卸注意事项。 4. 能够养成 6S 规范作业习惯。 5. 能够养成团队意识、工匠精神、职业精神。
参考资料	检修汽车底盘系统课程配套微课

2. 拆下自锁和倒挡锁装置的计划单

学习情境二	拆解手动变速器		
学时	0.1 学时		
典型工作过程描述	拆解手动变速器的准备工作—拆下自锁和倒挡锁装置—拆下变速器盖—拆下变速器拨叉轴—拆下变速器输入、输出轴—拆下倒挡轴—拆下主减速器		
计划制订的方式	小组讨论。		
序 号	工 作 步 骤	注 意 事 项	
1	检查自锁和倒挡锁开关	找到自锁和倒挡锁开关位置	
2	清洁变速器壳体	清洁是否完全	
3	拆下自锁和倒挡锁开关	正确拆下自锁和倒挡锁开关	
4	检查自锁钢球和弹簧是否放置规范	检查自锁钢球和弹簧的放置位置	
计划评价	班　级	第　　组	组长签字
	教师签字	日　期	
	评语：		

3. 拆下自锁和倒挡锁装置的决策单

学习情境二	拆解手动变速器				
学时	0.1学时				
典型工作过程描述	拆解手动变速器的准备工作—拆下自锁和倒挡锁装置—拆下变速器盖—拆下变速器拨叉轴—拆下变速器输入、输出轴—拆下倒挡轴—拆下主减速器				
计 划 对 比					
序　号	计划的可行性	计划的经济性	计划的可操作性	计划的实施难度	综 合 评 价
1					
2					
3					
决策评价	班　级		第　组	组长签字	
	教师签字		日　期		
	评语:				

4. 拆下自锁和倒挡锁装置的实施单

学习情境二	拆解手动变速器	
学时	0.4学时	
典型工作过程描述	拆解手动变速器的准备工作—拆下自锁和倒挡锁装置—拆下变速器盖—拆下变速器拨叉轴—拆下变速器输入、输出轴—拆下倒挡轴—拆下主减速器	
序　号	实 施 步 骤	注 意 事 项
1		
2		
3		
4		

实施说明:

实施评价	班　级		第　组	组长签字	
	教师签字		日　期		
	评语:				

5. 拆下自锁和倒挡锁装置的检查单

学习情境二	拆解手动变速器			
学时	0.1 学时			
典型工作过程描述	拆解手动变速器的准备工作—拆下自锁和倒挡锁装置—拆下变速器盖—拆下变速器拨叉轴—拆下变速器输入、输出轴—拆下倒挡轴—拆下主减速器			
序 号	检 查 项 目	检 查 标 准	学 生 自 查	教 师 检 查
1	检查自锁和倒挡锁开关	找到自锁和倒挡锁开关位置		
2	清洁变速器壳体	清洁完全		
3	拆下自锁和倒挡锁开关	正确拆下自锁和倒挡锁开关		
4	检查自锁钢球和弹簧是否放置规范	自锁钢球和弹簧的放置位置正确		
检查评价	班 级		第 组	组长签字	
	教师签字		日 期		
	评语:				

6. 拆下自锁和倒挡锁装置的评价单

学习情境二	拆解手动变速器			
学时	0.1 学时			
典型工作过程描述	拆解手动变速器的准备工作—拆下自锁和倒挡锁装置—拆下变速器盖—拆下变速器拨叉轴—拆下变速器输入、输出轴—拆下倒挡轴—拆下主减速器			
评 价 项 目	评价子项目	学 生 自 评	组内评价	教 师 评 价
作业流程完整性	作业流程是否完整			
作业流程规范性	作业流程是否规范			
6S 管理	是否做到 6S 管理			
最终结果				
评价的评价	班 级		第 组	组长签字	
	教师签字		日 期		
	评语:				

任务三　拆下变速器盖

1. 拆下变速器盖的资讯单

学习情境二	拆解手动变速器
学时	0.1学时
典型工作过程描述	拆解手动变速器的准备工作—拆下自锁和倒挡锁装置—拆下变速器盖—拆下变速器拨叉轴—拆下变速器输入、输出轴—拆下倒挡轴—拆下主减速器
收集资讯的方式	线下图书与线上资源相结合。
资讯描述	1. 拆卸变速器壳体的注意事项有哪些？ _____。 2. 拆下变速器壳体的条件是什么？ _____。
对学生的要求	1. 能正确选择拆卸工具。 2. 能正确拆下变速器壳体。 3. 能够养成6S规范作业习惯。 4. 能够养成团队意识、工匠精神、职业精神。
参考资料	检修汽车底盘系统课程配套微课

2. 拆下变速器盖的计划单

学习情境二	拆解手动变速器	
学时	0.1学时	
典型工作过程描述	拆解手动变速器的准备工作—拆下自锁和倒挡锁装置—拆下变速器盖—拆下变速器拨叉轴—拆下变速器输入、输出轴—拆下倒挡轴—拆下主减速器	
计划制订的方式	小组讨论。	
序　号	工 作 步 骤	注 意 事 项
1	拆卸所有变速器壳体螺栓	是否全部拆卸
2	拆下变速器壳体	能否正确拆下变速器壳体
计划评价	班　级：　　　　　第　组　　组长签字： 教师签字：　　　　　日　期： 评语：	

学习情境二 拆解手动变速器

3. 拆下变速器盖的决策单

学习情境二	拆解手动变速器				
学时	0.1 学时				
典型工作过程描述	拆解手动变速器的准备工作—拆下自锁和倒挡锁装置—拆下变速器盖—拆下变速器拨叉轴—拆下变速器输入、输出轴—拆下倒挡轴—拆下主减速器				
计 划 对 比					
序 号	计划的可行性	计划的经济性	计划的可操作性	计划的实施难度	综 合 评 价
1					
2					
决策评价	班　级： 　　　　　　第　组　　组长签字： 教师签字：　　　　　　日　期： 评语：				

4. 拆下变速器盖的实施单

学习情境二	拆解手动变速器	
学时	0.4 学时	
典型工作过程描述	拆解手动变速器的准备工作—拆下自锁和倒挡锁装置—拆下变速器盖—拆下变速器拨叉轴—拆下变速器输入、输出轴—拆下倒挡轴—拆下主减速器	
序　号	实 施 步 骤	注 意 事 项
1		
2		
实施说明：		
实施评价	班　级：　　　　　　第　组　　组长签字： 教师签字：　　　　　　日　期： 评语：	

27

5. 拆下变速器盖的检查单

学习情境二	拆解手动变速器			
学时	0.1 学时			
典型工作过程描述	拆解手动变速器的准备工作—拆下自锁和倒挡锁装置—拆下变速器盖—拆下变速器拨叉轴—拆下变速器输入、输出轴—拆下倒挡轴—拆下主减速器			
序 号	检 查 项 目	检 查 标 准	学 生 自 查	教 师 检 查
1	拆下所有变速器壳体螺栓	选择正确		
2	拆下手动变速器壳体	正确拆下		
检查评价	班 级		第 组	组长签字
	教师签字		日 期	
	评语:			

6. 拆下变速器盖的评价单

学习情境二	拆解手动变速器			
学时	0.1 学时			
典型工作过程描述	拆解手动变速器的准备工作—拆下自锁和倒挡锁装置—拆下变速器盖—拆下变速器拨叉轴—拆下变速器输入、输出轴—拆下倒挡轴—拆下主减速器			
评价项目	评价子项目	学 生 自 评	组 内 评 价	教 师 评 价
作业流程完整性	作业流程是否完整			
作业流程规范性	作业流程是否规范			
6S 管理	是否做到 6S 管理			
最终结果				
评价的评价	班 级		第 组	组长签字
	教师签字		日 期	
	评语:			

学习情境二　拆解手动变速器

任务四　拆下变速器拨叉轴

1. 拆下变速器拨叉轴的资讯单

学习情境二	拆解手动变速器
学时	0.1 学时
典型工作过程描述	拆解手动变速器的准备工作—拆下自锁和倒挡锁装置—拆下变速器盖—拆下变速器拨叉轴—拆下变速器输入、输出轴—拆下倒挡轴—拆下主减速器
收集资讯的方式	线下图书与线上资源相结合。
资讯描述	1. 换挡轴的作用：＿＿＿＿＿＿＿＿＿＿＿＿＿＿＿＿＿＿＿＿＿＿＿＿＿＿＿。 2. 拨叉轴的作用：＿＿＿＿＿＿＿＿＿＿＿＿＿＿＿＿＿＿＿＿＿＿＿＿＿＿＿。
对学生的要求	1. 掌握换挡轴、拨叉轴的拆卸技巧。 2. 正确拆卸换挡轴和拨叉轴。
参考资料	检修汽车底盘系统课程配套微课

2. 拆下变速器拨叉轴的计划单

学习情境二	拆解手动变速器		
学时	0.2 学时		
典型工作过程描述	拆解手动变速器的准备工作—拆下自锁和倒挡锁装置—拆下变速器盖—拆下变速器拨叉轴—拆下变速器输入、输出轴—拆下倒挡轴—拆下主减速器		
计划制订的方式	小组讨论。		
序　号	工　作　步　骤	注　意　事　项	
1	拆下所有变速器壳体螺栓	是否选择正确	
2	取下手动变速器壳体	是否正确取下	
计划评价	班　级：　　　　　第　　组　　组长签字： 教师签字：　　　　　日　期： 评语：		

3. 拆下变速器拨叉轴的决策单

学习情境二	拆解手动变速器				
学时	0.1 学时				
典型工作过程描述	拆解手动变速器的准备工作—拆下自锁和倒挡锁装置—拆下变速器盖—拆下变速器拨叉轴—拆下变速器输入、输出轴—拆下倒挡轴—拆下主减速器				
计 划 对 比					
序 号	计划的可行性	计划的经济性	计划的可操作性	计划的实施难度	综 合 评 价
1					
2					
3					
决策评价	班 级		第 组	组长签字	
	教师签字		日 期		
	评语:				

4. 拆下变速器拨叉轴的实施单

学习情境二	拆解手动变速器	
学时	0.4 学时	
典型工作过程描述	拆解手动变速器的准备工作—拆下自锁和倒挡锁装置—拆下变速器盖—拆下变速器拨叉轴—拆下变速器输入、输出轴—拆下倒挡轴—拆下主减速器	
序 号	实 施 步 骤	注 意 事 项
1		
2		
3		
4		
实施说明:		
实施评价	班 级		第 组	组长签字	
	教师签字		日 期		
	评语:				

学习情境二 拆解手动变速器

5. 拆下变速器拨叉轴的检查单

学习情境二	拆解手动变速器			
学时	0.1 学时			
典型工作过程描述	拆解手动变速器的准备工作—拆下自锁和倒挡锁装置—拆下变速器盖—拆下变速器拨叉轴—拆下变速器输入、输出轴—拆下倒挡轴—拆下主减速器			
序 号	检 查 项 目	检 查 标 准	学 生 自 查	教 师 检 查
1	拆下所有变速器壳体螺栓	全部拆下		
2	取下手动变速器壳体	正确取下		
检查评价	班 级		第 组	组长签字
	教师签字		日 期	
	评语:			

6. 拆下变速器拨叉轴的评价单

学习情境二	拆解手动变速器			
学时	0.1 学时			
典型工作过程描述	拆解手动变速器的准备工作—拆下自锁和倒挡锁装置—拆下变速器盖—拆下变速器拨叉轴—拆下变速器输入、输出轴—拆下倒挡轴—拆下主减速器			
评价项目	评价子项目	学 生 自 评	组 内 评 价	教 师 评 价
作业流程完整性	作业流程是否完整			
作业流程规范性	作业流程是否规范			
6S 管理	是否做到 6S 管理			
最终结果				
评价的评价	班 级		第 组	组长签字
	教师签字		日 期	
	评语:			

任务五　拆下变速器输入、输出轴

1. 拆下变速器输入、输出轴的资讯单

学习情境二	拆解手动变速器
学时	0.1 学时
典型工作过程描述	拆解手动变速器的准备工作—拆下自锁和倒挡锁装置—拆下变速器盖—拆下变速器拨叉轴—拆下变速器输入、输出轴—拆下倒挡轴—拆下主减速器
收集资讯的方式	线下图书与线上资源相结合。
资讯描述	变速器输入轴和输出轴的区别：_____。
对学生的要求	1. 区别输入、输出轴。 2. 正确拆下变速器输入、输出轴。 3. 能够养成 6S 规范作业习惯。
参考资料	检修汽车底盘系统课程配套微课

2. 拆下变速器输入、输出轴的计划单

学习情境二	拆解手动变速器		
学时	0.2 学时		
典型工作过程描述	拆解手动变速器的准备工作—拆下自锁和倒挡锁装置—拆下变速器盖—拆下变速器拨叉轴—拆下变速器输入、输出轴—拆下倒挡轴—拆下主减速器		
计划制订的方式	小组讨论。		
序　号	工　作　步　骤	注　意　事　项	
1	区别输入、输出轴	正确区别变速器输入、输出轴	
2	拆下变速器输入、输出轴	正确拆下变速器输入、输出轴	
计划评价	班　级：	第　组	组长签字
	教师签字	日　期	
	评语：		

3. 拆下变速器输入、输出轴的决策单

学习情境二	拆解手动变速器				
学时	0.1 学时				
典型工作过程描述	拆解手动变速器的准备工作—拆下自锁和倒挡锁装置—拆下变速器盖—拆下变速器拨叉轴—拆下变速器输入、输出轴—拆下倒挡轴—拆下主减速器				
计 划 对 比					
序　号	计划的可行性	计划的经济性	计划的可操作性	计划的实施难度	综 合 评 价
1					
2					
3					
4					
决策评价	班　级		第　组	组长签字	
	教师签字		日　期		
	评语：				

4. 拆下变速器输入、输出轴的实施单

学习情境二	拆解手动变速器	
学时	0.4 学时	
典型工作过程描述	拆解手动变速器的准备工作—拆下自锁和倒挡锁装置—拆下变速器盖—拆下变速器拨叉轴—拆下变速器输入、输出轴—拆下倒挡轴—拆下主减速器	
序　号	实 施 步 骤	注 意 事 项
1		
2		
实施说明：		
实施评价	班　级		第　组	组长签字	
	教师签字		日　期		
	评语：				

5. 拆下变速器输入、输出轴的检查单

学习情境二	拆解手动变速器			
学时	0.1学时			
典型工作过程描述	拆解手动变速器的准备工作—拆下自锁和倒挡锁装置—拆下变速器盖—拆下变速器拨叉轴—拆下变速器输入、输出轴—拆下倒挡轴—拆下主减速器			
序 号	检 查 项 目	检 查 标 准	学 生 自 查	教 师 检 查
1	区别输入、输出轴	正确区别变速器输入、输出轴		
2	拆下变速器输入、输出轴	正确拆下变速器输入、输出轴		
检查评价	班　　级		第　　组	组长签字	
	教师签字		日　　期		
	评语:				

6. 拆下变速器输入、输出轴的评价单

学习情境二	拆解手动变速器			
学时	0.1学时			
典型工作过程描述	拆解手动变速器的准备工作—拆下自锁和倒挡锁装置—拆下变速器盖—拆下变速器拨叉轴—拆下变速器输入、输出轴—拆下倒挡轴—拆下主减速器			
评价项目	评价子项目	学 生 自 评	组 内 评 价	教 师 评 价
作业流程完整性	作业流程是否完整			
作业流程规范性	作业流程是否规范			
6S管理	是否做到6S管理			
最终结果				
评价的评价	班　　级		第　　组	组长签字	
	教师签字		日　　期		
	评语:				

学习情境二 拆解手动变速器

任务六 拆下倒挡轴

1. 拆下倒挡轴的资讯单

学习情境二	拆解手动变速器
学时	0.1 学时
典型工作过程描述	拆解手动变速器的准备工作—拆下自锁和倒挡锁装置—拆下变速器盖—拆下变速器拨叉轴—拆下变速器输入、输出轴—拆下倒挡轴—拆下主减速器
收集资讯的方式	线下图书与线上资源相结合。
资讯描述	1. 倒挡齿轮与前进齿轮的区别：_____。 2. 查询倒挡的传动比：_____。
对学生的要求	1. 区别倒挡齿轮与前进齿轮。 2. 正确拆卸倒挡轴和倒挡拨叉。 3. 能够养成 6S 规范作业习惯。
参考资料	检修汽车底盘系统课程配套微课

2. 拆下倒挡轴的计划单

学习情境二	拆解手动变速器		
学时	0.2 学时		
典型工作过程描述	拆解手动变速器的准备工作—拆下自锁和倒挡锁装置—拆下变速器盖—拆下变速器拨叉轴—拆下变速器输入、输出轴—拆下倒挡轴—拆下主减速器		
计划制订的方式	小组讨论。		
序 号	工 作 步 骤	注 意 事 项	
1	拆下倒挡拨叉		
2	拆下倒挡轴和倒挡齿轮		
计划评价	班 级		第 组	组长签字	
	教师签字		日 期		
	评语：				

3. 拆下倒挡轴的决策单

学习情境二	拆解手动变速器				
学时	0.1学时				
典型工作过程描述	拆解手动变速器的准备工作—拆下自锁和倒挡锁装置—拆下变速器盖—拆下变速器拨叉轴—拆下变速器输入、输出轴—拆下倒挡轴—拆下主减速器				
计 划 对 比					
序 号	计划的可行性	计划的经济性	计划的可操作性	计划的实施难度	综 合 评 价
1					
2					
3					
决策评价	班 级		第 组	组长签字	
	教师签字		日 期		
	评语:				

4. 拆下倒挡轴的实施单

学习情境二	拆解手动变速器	
学时	0.4学时	
典型工作过程描述	拆解手动变速器的准备工作—拆下自锁和倒挡锁装置—拆下变速器盖—拆下变速器拨叉轴—拆下变速器输入、输出轴—拆下倒挡轴—拆下主减速器	
序 号	实 施 步 骤	注 意 事 项
1		
2		
实施说明:		
实施评价	班 级		第 组	组长签字	
	教师签字		日 期		
	评语:				

5. 拆下倒挡轴的检查单

学习情境二	拆解手动变速器			
学时	0.1 学时			
典型工作过程描述	拆解手动变速器的准备工作—拆下自锁和倒挡锁装置—拆下变速器盖—拆下变速器拨叉轴—拆下变速器输入、输出轴—拆下倒挡轴—拆下主减速器			
序 号	检 查 项 目	检 查 标 准	学 生 自 查	教 师 检 查
1	拆下倒挡拨叉	拆下倒挡拨叉		
2	拆下倒挡轴和倒挡齿轮	正确拆下倒挡轴和倒挡齿轮		
检查评价	班 级		第 组	组长签字
	教师签字		日 期	
	评语:			

6. 拆下倒挡轴的评价单

学习情境二	拆解手动变速器			
学时	0.1 学时			
典型工作过程描述	拆解手动变速器的准备工作—拆下自锁和倒挡锁装置—拆下变速器盖—拆下变速器拨叉轴—拆下变速器输入、输出轴—拆下倒挡轴—拆下主减速器			
评价项目	评价子项目	学生自评	组内评价	教师评价
作业流程完整性	作业流程是否完整			
作业流程规范性	作业流程是否规范			
6S 管理	是否做到 6S 管理			
最终结果				
评价的评价	班 级		第 组	组长签字
	教师签字		日 期	
	评语:			

任务七 拆下主减速器

1. 拆下主减速器的资讯单

学习情境二	拆解手动变速器
学时	0.1 学时
典型工作过程描述	拆解手动变速器的准备工作—拆下自锁和倒挡锁装置—拆下变速器盖—拆下变速器拨叉轴—拆下变速器输入、输出轴—拆下倒挡轴—拆下主减速器
收集资讯的方式	线下图书与线上资源相结合。
资讯描述	1. 检查并说明主减速器齿轮与从动轴齿轮的啮合情况。 _____。 2. 如何正确拆下主减速器总成？ _____。
对学生的要求	1. 检查齿轮啮合情况。 2. 正确拆下主减速器总成。 3. 能够养成 6S 规范作业习惯。 4. 能够养成团队意识、工匠精神、职业精神。
参考资料	检修汽车底盘系统课程配套微课

2. 拆下主减速器的计划单

学习情境二	拆解手动变速器		
学时	0.1 学时		
典型工作过程描述	拆解手动变速器的准备工作—拆下自锁和倒挡锁装置—拆下变速器盖—拆下变速器拨叉轴—拆下变速器输入、输出轴—拆下倒挡轴—拆下主减速器		
计划制订的方式	小组讨论。		
序 号	工 作 步 骤	注 意 事 项	
1	拆下主减速器总成		
2	检查主减速器齿轮与从动轴齿轮的啮合情况		
计划评价	班 级: 第 组: 组长签字: 教师签字: 日 期: 评语:		

3. 拆下主减速器的决策单

学习情境二	拆解手动变速器				
学时	0.1 学时				
典型工作过程描述	拆解手动变速器的准备工作—拆下自锁和倒挡锁装置—拆下变速器盖—拆下变速器拨叉轴—拆下变速器输入、输出轴—拆下倒挡轴—拆下主减速器				
计 划 对 比					
序 号	计划的可行性	计划的经济性	计划的可操作性	计划的实施难度	综 合 评 价
1					
2					
3					
4					
决策评价	班 级		第 组	组长签字	
	教师签字		日 期		
	评语：				

4. 拆下主减速器的实施单

学习情境二	拆解手动变速器	
学时	0.1 学时	
典型工作过程描述	拆解手动变速器的准备工作—拆下自锁和倒挡锁装置—拆下变速器盖—拆下变速器拨叉轴—拆下变速器输入、输出轴—拆下倒挡轴—拆下主减速器	
序 号	实 施 步 骤	注 意 事 项
1		
2		

实施说明：

实施评价	班 级		第 组	组长签字	
	教师签字		日 期		
	评语：				

5. 拆下主减速器的检查单

学习情境二	拆解手动变速器			
学时	0.1 学时			
典型工作过程描述	拆解手动变速器的准备工作—拆下自锁和倒挡锁装置—拆下变速器盖—拆下变速器拨叉轴—拆下变速器输入、输出轴—拆下倒挡轴—拆下主减速器			
序 号	检 查 项 目	检 查 标 准	学 生 自 查	教 师 检 查
1	拆下主减速器总成			
2	检查主减速器齿轮与从动轴齿轮的啮合情况			
检查评价	班 级		第 组	组长签字	
	教师签字		日 期		
	评语:				

6. 拆下主减速器的评价单

学习情境二	拆解手动变速器			
学时	0.1 学时			
典型工作过程描述	拆解手动变速器的准备工作—拆下自锁和倒挡锁装置—拆下变速器盖—拆下变速器拨叉轴—拆下变速器输入、输出轴—拆下倒挡轴—拆下主减速器			
评价项目	评价子项目	学 生 自 评	组 内 评 价	教 师 评 价
作业流程完整性	作业流程是否完整			
作业流程规范性	作业流程是否规范			
6S 管理	是否做到 6S 管理			
最终结果				
评价的评价	班 级		第 组	组长签字	
	教师签字		日 期		
	评语:				

学习情境三　更换驱动轴

客户需求单

客户需求
某车辆在行驶过程中不慎落入道路右侧排水沟,导致右侧驱动轴变形,现需对该车右侧驱动轴进行更换。
操作内容
1. 拆卸驱动轴总成。 2. 更换新的驱动轴总成。

学习性工作任务单

学习情境三	更换驱动轴					
学时	4 学时					
典型工作过程描述	更换驱动轴的准备工作—拧松轮毂中心螺母—拆卸车轮—断开下托臂与转向节—拆卸驱动轴—装配					
学习目标	任务一　更换驱动轴的准备工作的学习目标 　　1. 学习驱动轴的安装位置。 　　2. 学习驱动轴的关联部件。 　　3. 学习在哪些情况下需要拆卸驱动轴。 任务二　拧松轮毂中心螺母的学习目标 　　学习轮毂中心螺母的拆卸方法及注意事项。 任务三　拆卸车轮的学习目标 　　学习车轮的拆卸方法及注意事项。 任务四　断开下托臂与转向节的学习目标 　　学习断开下托臂与转向节的方法及注意事项。 任务五　拆卸驱动轴的学习目标 　　学习驱动轴的拆卸方法及注意事项。 任务六　装配的学习目标 　　学习装配时的注意事项。					
任务描述	使用蘑菇钉更换驱动轴。					
学时安排	资讯 0.6 学时	计划 0.6 学时	决策 0.6 学时	实施 1 学时	检查 0.6 学时	评价 0.6 学时
对学生的要求	1. 能够正确判断在哪些情况下需要拆卸驱动轴。 2. 能够正确更换驱动轴。 3. 能够养成 6S 规范作业习惯。 4. 能够养成工匠精神、职业精神。					
参考资料	检修汽车底盘系统课程配套微课					

材料工具清单

学习情境三	更换驱动轴					
学时	4学时					
典型工作过程描述	更换驱动轴的准备工作—拧松轮毂中心螺母—拆卸车轮—断开下托臂与转向节—拆卸驱动轴—装配					
序号	名称	作用	数量	型号	使用量	使用者
1	扭力扳手	紧固螺栓	1	100~200N·m		
2	世达150件	拆装	1			
3	球节夹具	拆卸下臂球节	1			
4	接油桶	接油	1			
5	撬杠		1			
6	铜棒		1			
7	锤头		1			
8	蜡笔	标记	1			
班级		第 组		组长签字		
教师签字		日期				

任务一 更换驱动轴的准备工作

1. 更换驱动轴的准备工作的资讯单

学习情境三	更换驱动轴
学时	0.1学时
典型工作过程描述	更换驱动轴的准备工作—拧松轮毂中心螺母—拆卸车轮—断开下托臂与转向节—拆卸驱动轴—装配
收集资讯的方式	线下图书与线上资源相结合。
资讯描述	1. 观察驱动轴的安装位置。_____。 2. 观察驱动轴关联的部件有哪些。_____。 3. 思考在什么情况下需要拆卸驱动轴。_____。 4. 思考如何拆卸驱动轴。_____。
对学生的要求	1. 掌握驱动轴的安装位置及关联部件。 2. 掌握拆卸驱动轴的方法。
参考资料	检修汽车底盘系统课程配套微课

学习情境三 更换驱动轴

2. 更换驱动轴的准备工作的计划单

学习情境三	更换驱动轴	
学时	0.1 学时	
典型工作过程描述	更换驱动轴的准备工作—拧松轮毂中心螺母—拆卸车轮—断开下托臂与转向节—拆卸驱动轴—装配	
计划制订的方式	小组讨论。	
序 号	工 作 步 骤	注 意 事 项
1	掌握驱动轴的安装位置及关联部件	各部件的连接关系
2	如下情况下需要拆卸驱动轴： 1. 拆卸变速器 2. 更换差速器油封 3. 更换内、外球笼防尘套 4. 更换内、外球笼总成	1. 外球笼损坏时，会导致车轮摆振、转弯异响等故障现象 2. 内球笼损坏时，会导致直行时异响等故障现象 3. 驱动轴弯曲变形时，会导致行驶振动、轮胎异常磨损等故障现象
3	制订初步拆卸方案	
计划评价	班　级　　　　　　第　　组　　组长签字 教师签字　　　　　　日　　期 评语：	

3. 更换驱动轴的准备工作的决策单

学习情境三	更换驱动轴			
学时	0.1 学时			
典型工作过程描述	更换驱动轴的准备工作—拧松轮毂中心螺母—拆卸车轮—断开下托臂与转向节—拆卸驱动轴—装配			
计 划 对 比				
序　号	计划的可行性	计划的经济性	计划的可操作性	计划的实施难度	综 合 评 价
1					
2					
3					
决策评价	班　级　　　　　　第　　组　　组长签字 教师签字　　　　　　日　　期 评语：				

4. 更换驱动轴的准备工作的实施单

学习情境三	更换驱动轴		
学时	0.1 学时		
典型工作过程描述	更换驱动轴的准备工作—拧松轮毂中心螺母—拆卸车轮—断开下托臂与转向节—拆卸驱动轴—装配		
序 号	实 施 步 骤	注 意 事 项	
1			
2			
3			
实施说明:			
实施评价	班 级		第 组	组长签字	
	教师签字		日 期		
	评语:				

5. 更换驱动轴的准备工作的检查单

学习情境三	更换驱动轴			
学时	0.1 学时			
典型工作过程描述	更换驱动轴的准备工作—拧松轮毂中心螺母—拆卸车轮—断开下托臂与转向节—拆卸驱动轴—装配			
序 号	检 查 项 目	检 查 标 准	学 生 自 查	教 师 检 查
1	关联部件	掌握驱动轴的关联部件		
2	拆卸方案	拆卸方案合理		
检查评价	班 级		第 组	组长签字	
	教师签字		日 期		
	评语:				

6. 更换驱动轴的准备工作的评价单

学习情境三	更换驱动轴			
学时	0.1学时			
典型工作过程描述	更换驱动轴的准备工作—拧松轮毂中心螺母—拆卸车轮—断开下托臂与转向节—拆卸驱动轴—装配			
评价项目	评价子项目	学生自评	组内评价	教师评价
胎体结构	描述是否全面			
工具、设备	工具、设备是否准备齐全			
最终结果				
评价的评价	班　级		第　组	组长签字
	教师签字		日　期	
	评语:			

任务二　拧松轮毂中心螺母

1. 拧松轮毂中心螺母的资讯单

学习情境三	更换驱动轴
学时	0.1学时
典型工作过程描述	更换驱动轴的准备工作—拧松轮毂中心螺母—拆卸车轮—断开下托臂与转向节—拆卸驱动轴—装配
收集资讯的方式	线下图书与线上资源相结合。
资讯描述	拧松轮毂中心螺母使用的工具有_____。
对学生的要求	1. 能正确拆卸轮毂中心螺母。 2. 能够养成6S规范作业习惯。 3. 能够养成严谨的工作作风。
参考资料	检修汽车底盘系统课程配套微课

2. 拧松轮毂中心螺母的计划单

学习情境三	更换驱动轴	
学时	0.1学时	
典型工作过程描述	更换驱动轴的准备工作—拧松轮毂中心螺母—拆卸车轮—断开下托臂与转向节—拆卸驱动轴—装配	
计划制订的方式	小组讨论。	
序 号	工 作 步 骤	注 意 事 项
1	使用驻车制动	
2	安装车轮挡块	一般安装在驱动轮
3	取下轮毂装饰盖	1. 有专用工具的,从后备箱工具包取出拆卸钩进行拆卸 2. 没有专用工具的,使用小平口起子进行拆卸,但注意不要损坏装饰盖
4	拆卸中心螺母: 1. 撬开锁止螺母的放松槽,或取下防松销 2. 使用扭力扳手拆卸中心螺母	不要使用定扭扳手,防止损坏扳手
计划评价	班 级: 第 组 组长签字: 教师签字: 日 期: 评语:	

3. 拧松轮毂中心螺母的决策单

学习情境三	更换驱动轴				
学时	0.1学时				
典型工作过程描述	更换驱动轴的准备工作—拧松轮毂中心螺母—拆卸车轮—断开下托臂与转向节—拆卸驱动轴—装配				
计 划 对 比					
序 号	计划的可行性	计划的经济性	计划的可操作性	计划的实施难度	综合评价
1					
2					
3					
4					
决策评价	班 级: 第 组 组长签字: 教师签字: 日 期: 评语:				

4. 拧松轮毂中心螺母的实施单

学习情境三	更换驱动轴		
学时	0.1 学时		
典型工作过程描述	更换驱动轴的准备工作—拧松轮毂中心螺母—拆卸车轮—断开下托臂与转向节—拆卸驱动轴—装配		
序　号	实　施　步　骤		注　意　事　项
1			
2			
3			
4			
实施说明：			
实施评价	班　级		第　　组	组长签字
	教师签字		日　　期	
	评语：			

5. 拧松轮毂中心螺母的检查单

学习情境三	更换驱动轴			
学时	0.1 学时			
典型工作过程描述	更换驱动轴的准备工作—拧松轮毂中心螺母—拆卸车轮—断开下托臂与转向节—拆卸驱动轴—装配			
序　号	检　查　项　目	检　查　标　准	学　生　自　查	教　师　检　查
1	安全防护（一）	使用驻车制动		
2	安全防护（二）	安装车轮挡块		
3	防松销	取下防松销或撬开防松缺口		
检查评价	班　级		第　　组	组长签字
	教师签字		日　　期	
	评语：			

6. 拧松轮毂中心螺母的评价单

学习情境三	更换驱动轴			
学时	0.1 学时			
典型工作过程描述	更换驱动轴的准备工作—拧松轮毂中心螺母—拆卸车轮—断开下托臂与转向节—拆卸驱动轴—装配			
评价项目	评价子项目	学生自评	组内评价	教师评价
作业流程完整性	作业流程是否完整			
作业流程规范性	作业流程是否规范			
6S 管理	是否做到 6S 管理			
最终结果				
评价的评价	班　级		第　组	组长签字
	教师签字		日　期	
	评语：			

任务三　拆　卸　车　轮

1. 拆卸车轮的资讯单

学习情境三	更换驱动轴
学时	0.1 学时
典型工作过程描述	更换驱动轴的准备工作—拧松轮毂中心螺母—拆卸车轮—断开下托臂与转向节—拆卸驱动轴—装配
收集资讯的方式	线下图书与线上资源相结合。
资讯描述	车轮拆卸的操作注意事项：_____。
对学生的要求	1. 能正确拆卸车轮。 2. 能够养成 6S 规范作业习惯。 3. 能够养成严谨的工作作风。
参考资料	检修汽车底盘系统课程配套微课

学习情境三　更换驱动轴

2. 拆卸车轮的计划单

学习情境三	更换驱动轴				
学时	0.1 学时				
典型工作过程描述	更换驱动轴的准备工作—拧松轮毂中心螺母—拆卸车轮—断开下托臂与转向节—拆卸驱动轴—装配				
计划制订的方式	小组讨论。				
序　号	工　作　步　骤		注　意　事　项		
1	使用轮胎扳手或加长扳手,将轮胎螺栓拧松		按对角顺序拧松		
2	举升车辆至低位: 1. 确认举升机支脚位置正确 2. 举升车辆至车轮离开地面即可		1. 单人操作举升机 2. 举升前检查车辆周围有无障碍物		
3	将已拧松的轮胎螺栓全部取下		1. 取下全部轮胎螺栓时禁止轮胎悬空,防止掉落砸伤 2. 建议 2 人操作		
4	取下车轮,并在轮胎上用蜡笔标记轮胎位置		对于有旋转方向的轮胎,禁止左右车轮换位安装		
计划评价	班　级		第　　组	组长签字	
	教师签字		日　期		
	评语:				

3. 拆卸车轮的决策单

学习情境三	更换驱动轴				
学时	0.1 学时				
典型工作过程描述	更换驱动轴的准备工作—拧松轮毂中心螺母—拆卸车轮—断开下托臂与转向节—拆卸驱动轴—装配				
计　划　对　比					
序　号	计划的可行性	计划的经济性	计划的可操作性	计划的实施难度	综　合　评　价
1					
2					
3					
4					
决策评价	班　级		第　　组	组长签字	
	教师签字		日　期		
	评语:				

4. 拆卸车轮的实施单

学习情境三	更换驱动轴
学时	0.3 学时
典型工作过程描述	更换驱动轴的准备工作—拧松轮毂中心螺母—拆卸车轮—断开下托臂与转向节—拆卸驱动轴—装配

序　号	实　施　步　骤	注　意　事　项
1		
2		
3		
4		

实施说明：

实施评价	班　级		第　　组		组长签字	
	教师签字		日　期			
	评语：					

5. 拆卸车轮的检查单

学习情境三	更换驱动轴
学时	0.1 学时
典型工作过程描述	更换驱动轴的准备工作—拧松轮毂中心螺母—拆卸车轮—断开下托臂与转向节—拆卸驱动轴—装配

序　号	检 查 项 目	检 查 标 准	学 生 自 查	教 师 检 查
1	拧松轮胎螺栓	按对角顺序拧松		
2	车轮	车轮已标记		

检查评价	班　级		第　　组		组长签字	
	教师签字		日　期			
	评语：					

6. 拆卸车轮的评价单

学习情境三	更换驱动轴			
学时	0.1 学时			
典型工作过程描述	更换驱动轴的准备工作—拧松轮毂中心螺母—拆卸车轮—断开下托臂与转向节—拆卸驱动轴—装配			
评价项目	评价子项目	学生自评	组内评价	教师评价
作业流程完整性	作业流程是否完整			
作业流程规范性	作业流程是否规范			
6S 管理	是否做到 6S 管理			
最终结果				
评价的评价	班　　级		第　　组	组长签字	
	教师签字		日　　期		
	评语：			

任务四　断开下托臂与转向节

1. 断开下托臂与转向节的资讯单

学习情境三	更换驱动轴
学时	0.1 学时
典型工作过程描述	更换驱动轴的准备工作—拧松轮毂中心螺母—拆卸车轮—断开下托臂与转向节—拆卸驱动轴—装配
收集资讯的方式	线下图书与线上资源相结合。
资讯描述	断开下托臂与转向节所选用的工具有_____。
对学生的要求	1. 能正确拆卸下托臂。 2. 能正确使用球节夹具。
参考资料	检修汽车底盘系统课程配套微课

 检修汽车底盘系统

2. 断开下托臂与转向节的计划单

学习情境三	更换驱动轴		
学时	0.1 学时		
典型工作过程描述	更换驱动轴的准备工作—拧松轮毂中心螺母—拆卸车轮—断开下托臂与转向节—拆卸驱动轴—装配		
计划制订的方式	小组讨论。		
工 作 步 骤		注 意 事 项	
断开下托臂与转向节的连接螺栓		若断开下托臂连接,仍无法从轮毂轴承中取出外球笼花键,则需断开转向横拉杆与转向节的连接螺栓	
计划评价	班 级		第 组	组长签字	
	教师签字		日 期		
	评语:				

3. 断开下托臂与转向节的决策单

学习情境三	更换驱动轴				
学时	0.1 学时				
典型工作过程描述	更换驱动轴的准备工作—拧松轮毂中心螺母—拆卸车轮—断开下托臂与转向节—拆卸驱动轴—装配				
计 划 对 比					
序 号	计划的可行性	计划的经济性	计划的可操作性	计划的实施难度	综 合 评 价
1					
2					
3					
4					
决策评价	班 级		第 组	组长签字	
	教师签字		日 期		
	评语:				

4. 断开下托臂与转向节的实施单

学习情境三	更换驱动轴		
学时	0.1 学时		
典型工作过程描述	更换驱动轴的准备工作—拧松轮毂中心螺母—拆卸车轮—断开下托臂与转向节—拆卸驱动轴—装配		
实施步骤		注意事项	
实施说明:			
实施评价	班　级		第　　组	组长签字	
	教师签字		日　　期		
	评语:				

5. 断开下托臂与转向节的检查单

学习情境三	更换驱动轴		
学时	0.1 学时		
典型工作过程描述	更换驱动轴的准备工作—拧松轮毂中心螺母—拆卸车轮—断开下托臂与转向节—拆卸驱动轴—装配		
检 查 项 目	检 查 标 准	学 生 自 查	教 师 检 查
操作工艺	没有野蛮操作		
检查评价	班　级		第　　组	组长签字	
	教师签字		日　　期		
	评语:				

6. 断开下托臂与转向节的评价单

学习情境三	更换驱动轴			
学时	0.1 学时			
典型工作过程描述	更换驱动轴的准备工作—拧松轮毂中心螺母—拆卸车轮—断开下托臂与转向节—拆卸驱动轴—装配			
评价项目	评价子项目	学生自评	组内评价	教师评价
作业流程完整性	作业流程是否完整			
作业流程规范性	作业流程是否规范			
6S 管理	是否做到 6S 管理			
最终结果				
评价的评价	班 级		第 组	组长签字	
	教师签字		日 期		
	评语：			

任务五　拆卸驱动轴

1. 拆卸驱动轴的资讯单

学习情境三	更换驱动轴
学时	0.1 学时
典型工作过程描述	更换驱动轴的准备工作—拧松轮毂中心螺母—拆卸车轮—断开下托臂与转向节—拆卸驱动轴—装配
收集资讯的方式	线下图书与线上资源相结合。
资讯描述	1. 拆卸驱动轴的工具有＿＿＿＿＿＿＿＿＿＿＿＿＿＿＿＿＿＿＿＿。 2. 操作注意事项：＿＿＿＿＿＿＿＿＿＿＿＿＿＿＿＿＿＿＿＿＿＿。
对学生的要求	1. 能正确分离外球笼与轮毂轴承的连接。 2. 能正确分离内球笼与差速器的连接。 3. 能够养成细致作业的工作习惯。
参考资料	检修汽车底盘系统课程配套微课

学习情境三　更换驱动轴

2. 拆卸驱动轴的计划单

学习情境三	更换驱动轴	
学时	0.1 学时	
典型工作过程描述	更换驱动轴的准备工作—拧松轮毂中心螺母—拆卸车轮—断开下托臂与转向节—拆卸驱动轴—装配	
计划制订的方式	小组讨论。	
序　号	工　作　步　骤	注　意　事　项
1	分离外球笼与轮毂轴承的连接： 1. 向外拉出转向节 2. 断开外球笼花键与轮毂轴承的连接	1. 建议 2 人作业 2. 防止损坏球笼防尘套
2	分离内球笼与差速器的连接： 不同车辆，其结构不同。 1. 内球笼有螺栓连接的，断开连接螺栓 2. 内球笼无螺栓连接的，用撬杠将内球笼从差速器处撬出	1. 取下内球笼时，差速器油封处会溢出部分齿轮油，在拆卸前请做好接油防护 2. 使用撬杠时，谨防将差速器壳体损坏 3. 防止损坏球笼防尘套
计划评价	班　级　　　　　　　　　　第　　组　　　组长签字 教师签字　　　　　　　　　日　　期 评语：	

3. 拆卸驱动轴的决策单

学习情境三	更换驱动轴				
学时	0.1 学时				
典型工作过程描述	更换驱动轴的准备工作—拧松轮毂中心螺母—拆卸车轮—断开下托臂与转向节—拆卸驱动轴—装配				
计　划　对　比					
序　号	计划的可行性	计划的经济性	计划的可操作性	计划的实施难度	综 合 评 价
1					
2					
3					
4					
决策评价	班　级　　　　　　　　　　第　　组　　　组长签字 教师签字　　　　　　　　　日　　期 评语：				

4. 拆卸驱动轴的实施单

学习情境三	更换驱动轴		
学时	0.1 学时		
典型工作过程描述	更换驱动轴的准备工作—拧松轮毂中心螺母—拆卸车轮—断开下托臂与转向节—拆卸驱动轴—装配		
序 号	实 施 步 骤		注 意 事 项
1			
2			
实施说明:			
实施评价	班 级		第 组	组长签字	
	教师签字		日 期	
	评语:			

5. 拆卸驱动轴的检查单

学习情境三	更换驱动轴			
学时	0.1 学时			
典型工作过程描述	更换驱动轴的准备工作—拧松轮毂中心螺母—拆卸车轮—断开下托臂与转向节—拆卸驱动轴—装配			
序 号	检查项目	检查标准	学生自查	教师检查
1	外球笼连接花键	未损坏外球笼连接花键		
2	球笼防尘套	未损坏球笼防尘套		
3	操作工艺	没有野蛮操作		
检查评价	班 级		第 组	组长签字	
	教师签字		日 期	
	评语:			

6. 拆卸驱动轴的评价单

学习情境三	更换驱动轴			
学时	0.1 学时			
典型工作过程描述	更换驱动轴的准备工作—拧松轮毂中心螺母—拆卸车轮—断开下托臂与转向节—拆卸驱动轴—装配			
评价项目	评价子项目	学生自评	组内评价	教师评价
作业流程完整性	作业流程是否完整			
作业流程规范性	作业流程是否规范			
6S 管理	是否做到 6S 管理			
最终结果				
评价的评价	班　级		第　　组	组长签字
	教师签字		日　　期	
	评语：			

任务六　装　　配

1. 装配的资讯单

学习情境三	更换驱动轴
学时	0.1 学时
典型工作过程描述	更换驱动轴的准备工作—拧松轮毂中心螺母—拆卸车轮—断开下托臂与转向节—拆卸驱动轴—装配
收集资讯的方式	线下图书与线上资源相结合。
资讯描述	1. 装配选用的工具：_____。 2. 学习装配的注意事项：_____。
对学生的要求	1. 能正确连接驱动轴内球笼与差速器。 2. 能正确连接驱动轴外球笼与轮毂轴承。 3. 能正确连接下托臂与转向节。 4. 能正确紧固中心螺母。 5. 能正确安装车轮。 6. 能够养成细致作业的工作习惯。
参考资料	检修汽车底盘系统课程配套微课

2. 装配的计划单

学习情境三	更换驱动轴	
学时	0.1 学时	
典型工作过程描述	更换驱动轴的准备工作—拧松轮毂中心螺母—拆卸车轮—断开下托臂与转向节—拆卸驱动轴—装配	
计划制订的方式	小组讨论。	
序　号	工　作　步　骤	注　意　事　项
1	安装驱动轴： 1. 清洁内球笼花键 2. 清洁差速器油封 3. 连接驱动轴内球笼与差速器 4. 清洁外球笼花键 5. 清洁轮毂轴承内花键 6. 拉出转向节总成 7. 连接驱动轴外球笼与轮毂轴承	1. 建议2人作业 2. 安装时谨防损坏花键
2	安装下托臂与转向节： 1. 连接下托臂与转向节 2. 查询维修手册，按标准力矩紧固螺栓/螺母	1. 取下内球笼时，差速器油封处会溢出部分齿轮油，在拆卸前请做好接油防护 2. 使用撬杠时，谨防将差速器壳体损坏
3	安装车轮： 1. 用手临时紧固车轮螺栓/螺母 2. 按对角顺序拧紧	严禁直接使用气动扳手一次性紧固轮胎螺栓/螺母
4	紧固轮毂中心锁止螺母： 1. 降低车辆，使车轮接触地面 2. 查询维修手册，按标准力矩紧固车轮螺栓/螺母 3. 安装中心螺母 4. 查询维修手册，按标准力矩紧固中心螺母	1. 使用驻车制动 2. 安装车轮挡块
计划评价	班　级		第　　组	组长签字	
	教师签字		日　　期		
	评语：				

3. 装配的决策单

学习情境三	更换驱动轴				
学时	0.1学时				
典型工作过程描述	更换驱动轴的准备工作—拧松轮毂中心螺母—拆卸车轮—断开下托臂与转向节—拆卸驱动轴—装配				
计 划 对 比					
序　号	计划的可行性	计划的经济性	计划的可操作性	计划的实施难度	综 合 评 价
1					
2					
3					
决策评价	班　级		第　　组	组长签字	
	教师签字		日　期		
	评语：				

4. 装配的实施单

学习情境三	更换驱动轴	
学时	0.3学时	
典型工作过程描述	更换驱动轴的准备工作—拧松轮毂中心螺母—拆卸车轮—断开下托臂与转向节—拆卸驱动轴—装配	
序　号	实 施 步 骤	注 意 事 项
1		
2		
3		
4		
实施说明：		
实施评价	班　级		第　　组	组长签字	
	教师签字		日　期		
	评语：				

检修汽车底盘系统

5. 装配的检查单

学习情境三	更换驱动轴			
学时	0.1 学时			
典型工作过程描述	更换驱动轴的准备工作—拧松轮毂中心螺母—拆卸车轮—断开下托臂与转向节—拆卸驱动轴—装配			
序 号	检 查 项 目	检 查 标 准	学 生 自 查	教 师 检 查
1	紧固力矩	各部件螺栓按规定力矩紧固		
2	操作工艺	没有野蛮操作		
检查评价	班　　级		第　　组	组长签字
	教师签字		日　　期	
	评语：			

6. 装配的评价单

学习情境三	更换驱动轴			
学时	0.1 学时			
典型工作过程描述	更换驱动轴的准备工作—拧松轮毂中心螺母—拆卸车轮—断开下托臂与转向节—拆卸驱动轴—装配			
评价项目	评价子项目	学 生 自 评	组 内 评 价	教 师 评 价
作业流程完整性	作业流程是否完整			
作业流程规范性	作业流程是否规范			
6S 管理	是否做到 6S 管理			
最终结果				
评价的评价	班　　级		第　　组	组长签字
	教师签字		日　　期	
	评语：			

学习情境四　更换驱动轴防尘套

客户需求单

客户需求
一辆丰田花冠轿车在维护作业时发现左侧驱动轴外侧防尘套破裂，导致润滑脂泄漏，若不进行维修将造成外侧万向节加速磨损，产生异响等故障，经维修人员诊断，现需对外侧防尘套进行更换。
操作内容
1. 拆卸左侧驱动轴。 2. 拆卸左侧驱动轴外侧防尘套。 3. 更换左侧驱动轴外侧防尘套。 4. 安装左侧驱动轴。

学习性工作任务单

学习情境四	更换驱动轴防尘套				
学时	4学时				
典型工作过程描述	拆卸卡夹—拆卸万向节总成—安装防尘套及密封垫—安装万向节总成—安装卡夹				
学习目标	任务一　拆卸卡夹的学习目标 　　1. 学习拆卸万向节防尘套大卡夹的方法。 　　2. 学习拆卸万向节防尘套小卡夹的方法。 任务二　拆卸万向节总成的学习目标 　　学习拆卸万向节总成的方法。 任务三　安装防尘套及密封垫的学习目标 　　学习安装防尘套及密封垫的方法。 任务四　安装万向节总成的学习目标 　　学习安装万向节总成的方法。 任务五　安装卡夹的学习目标 　　1. 学习安装万向节防尘套大卡夹的方法。 　　2. 学习安装万向节防尘套小卡夹的方法。				
任务描述	更换驱动轴防尘套				
学时安排	资讯 0.5学时	计划 0.5学时	决策 0.5学时	实施 1.5学时	检查 0.5学时	评价 0.5学时
对学生的要求	1. 能够正确拆装防尘套。 2. 能够正确拆装万向节总成。				

对学生的要求	3. 能够正确安装卡夹。 4. 能够养成 6S 规范作业习惯。 5. 能够养成工匠精神、职业精神。
参考资料	检修汽车底盘系统课程配套微课

材料工具清单

学习情境四	更换驱动轴防尘套					
学时	4 学时					
典型工作过程描述	拆卸卡夹—拆卸万向节总成—安装防尘套及密封垫—安装万向节总成—安装卡夹					
序 号	名　　称	作　用	数　量	型　号	使 用 量	使 用 者
1	卡箍钳	拆装卡夹	1			
2	平口起子	拆卸卡夹	1			
3	卡簧钳	拆装卡簧	1	外卡		
4	水泵钳	安装卡夹	1			
5	润滑脂	润滑三销架	1			
6	锤头	拆装三销架	1			
7	铜棒	拆装三销架	1			
8	记号笔	标记	1			
班　级		第　　组		组长签字		
教师签字		日　　期				

任务一　拆卸卡夹

1. 拆卸卡夹的资讯单

学习情境四	更换驱动轴防尘套
学时	0.1 学时
典型工作过程描述	拆卸卡夹—拆卸万向节总成—安装防尘套及密封垫—安装万向节总成—安装卡夹
收集资讯的方式	线下图书与线上资源相结合。
资讯描述	1. 拆卸卡夹的方法：＿＿＿＿＿＿＿＿＿＿＿＿＿＿＿＿＿＿＿＿＿＿＿。 2. 使用的工具、设备：＿＿＿＿＿＿＿＿＿＿＿＿＿＿＿＿＿＿＿＿。
对学生的要求	1. 能正确拆卸卡夹。 2. 能够养成 6S 规范作业习惯。
参考资料	检修汽车底盘系统课程配套微课

2. 拆卸卡夹的计划单

学习情境四	更换驱动轴防尘套	
学时	0.1 学时	
典型工作过程描述	拆卸卡夹—拆卸万向节总成—安装防尘套及密封垫—安装万向节总成—安装卡夹	
计划制订的方式	小组讨论。	
序 号	工 作 步 骤	注 意 事 项
1	拆卸万向节防尘套大卡夹： 使用卡箍钳、平口起子等工具松开卡夹锁紧部分并拆下卡夹	1. 佩戴防护手套 2. 使用台钳夹住驱动轴，并做好防护，防止夹坏驱动轴防锈漆而导致生锈
2	拆卸万向节防尘套小卡夹： 使用卡箍钳、平口起子等工具松开卡夹锁紧部分并拆下卡夹	
计划评价	班　级：　　　　　第　　组　　组长签字： 教师签字：　　　　　日　期： 评语：	

3. 拆卸卡夹的决策单

学习情境四	更换驱动轴防尘套				
学时	0.1 学时				
典型工作过程描述	拆卸卡夹—拆卸万向节总成—安装防尘套及密封垫—安装万向节总成—安装卡夹				
	计 划 对 比				
序　号	计划的可行性	计划的经济性	计划的可操作性	计划的实施难度	综合评价
1					
2					
3					
4					
决策评价	班　级：　　　　　第　　组　　组长签字： 教师签字：　　　　　日　期： 评语：				

 检修汽车底盘系统

4. 拆卸卡夹的实施单

学习情境四	更换驱动轴防尘套		
学时	0.3学时		
典型工作过程描述	拆卸卡夹—拆卸万向节总成—安装防尘套及密封垫—安装万向节总成—安装卡夹		
序　号	实　施　步　骤		注　意　事　项
1			
2			
实施说明：			
实施评价	班　级		第　组	组长签字	
	教师签字		日　期		
	评语：				

5. 拆卸卡夹的检查单

学习情境四	更换驱动轴防尘套		
学时	0.1学时		
典型工作过程描述	拆卸卡夹—拆卸万向节总成—安装防尘套及密封垫—安装万向节总成—安装卡夹		
检　查　项　目	检　查　标　准	学　生　自　查	教　师　检　查
操作工艺	没有野蛮操作		
检查评价	班　级		第　组	组长签字	
	教师签字		日　期		
	评语：				

6. 拆卸卡夹的评价单

学习情境四	更换驱动轴防尘套			
学时	0.1 学时			
典型工作过程描述	拆卸卡夹—拆卸万向节总成—安装防尘套及密封垫—安装万向节总成—安装卡夹			
评价项目	评价子项目	学生自评	组内评价	教师评价
作业流程完整性	作业流程是否完整			
作业流程规范性	作业流程是否规范			
6S 管理	是否做到 6S 管理			
最终结果				
评价的评价	班　　级		第　　组	组长签字	
	教师签字		日　　期		
	评语：			

任务二　拆卸万向节总成

1. 拆卸万向节总成的资讯单

学习情境四	更换驱动轴防尘套
学时	0.1 学时
典型工作过程描述	拆卸卡夹—拆卸万向节总成—安装防尘套及密封垫—安装万向节总成—安装卡夹
收集资讯的方式	线下图书与线上资源相结合。
资讯描述	1. 拆卸万向节总成的方法是_____。 2. 使用的工具有_____。
对学生的要求	1. 能清除防尘套内的旧润滑脂。 2. 能正确做装配标记。 3. 能正确使用卡簧钳取下卡簧。 4. 能够养成 6S 规范作业习惯。 5. 能够养成严谨细致的工作态度。
参考资料	检修汽车底盘系统课程配套微课

2. 拆卸万向节总成的计划单

学习情境四	更换驱动轴防尘套	
学时	0.1 学时	
典型工作过程描述	拆卸卡夹—拆卸万向节总成—安装防尘套及密封垫—安装万向节总成—安装卡夹	
计划制订的方式	小组讨论。	
序 号	工 作 步 骤	注 意 事 项
1	清除防尘套内的旧润滑脂	主要清除防尘套内驱动轴、三销架部位的润滑脂,以便做好标记和拆卸三销架
2	在驱动轴和万向节壳体上做装配标记	若不需要更换万向节总成,则建议做好装配标记,以便维修后三销架滚子依然在原运动轨迹内运行,防止出现异响等故障
3	取下万向节外壳并清洗干净	清洗时避免洗掉装配标记
4	拆卸三销架卡簧: 1. 在三销架和驱动轴上做装配标记 2. 使用外卡簧钳扩张卡簧,将拉簧从驱动轴上取下	建议佩戴护目镜,防止卡簧弹飞,损伤眼睛
5	取下三销架,并清洗驱动轴及三销架	1. 清洗时避免洗掉装配标记 2. 若三销架花键连接过紧,可使用锤头和铜棒敲击,但不要敲击滚子
6	取下万向节密封垫及防尘套	防尘套过紧时,可使用拉拔器
计划评价	班 级		第 组	组长签字	
	教师签字		日 期		
	评语:				

3. 拆卸万向节总成的决策单

学习情境四	更换驱动轴防尘套				
学时	0.1 学时				
典型工作过程描述	拆卸卡夹—拆卸万向节总成—安装防尘套及密封垫—安装万向节总成—安装卡夹				
计 划 对 比					
序 号	计划的可行性	计划的经济性	计划的可操作性	计划的实施难度	综合评价
1					
2					
3					
决策评价	班 级		第 组	组长签字	
	教师签字		日 期		
	评语:				

4. 拆卸万向节总成的实施单

学习情境四	更换驱动轴防尘套		
学时	0.3学时		
典型工作过程描述	拆卸卡夹—拆卸万向节总成—安装防尘套及密封垫—安装万向节总成—安装卡夹		
序 号	实 施 步 骤	注 意 事 项	
1			
2			
3			
4			
5			
6			

实施说明：

实施评价	班 级		第 组		组长签字	
	教师签字		日 期			
	评语：					

5. 拆卸万向节总成的检查单

学习情境四	更换驱动轴防尘套			
学时	0.1学时			
典型工作过程描述	拆卸卡夹—拆卸万向节总成—安装防尘套及密封垫—安装万向节总成—安装卡夹			
序 号	检 查 项 目	检 查 标 准	学 生 自 查	教 师 检 查
1	装配标记	做好装配标记		
2	部件损坏	未损坏万向节部件		

检查评价	班 级		第 组		组长签字	
	教师签字		日 期			
	评语：					

6. 拆卸万向节总成的评价单

学习情境四	更换驱动轴防尘套			
学时	0.1 学时			
典型工作过程描述	拆卸卡夹—拆卸万向节总成—安装防尘套及密封垫—安装万向节总成—安装卡夹			
评价项目	评价子项目	学生自评	组内评价	教师评价
作业流程完整性	作业流程是否完整			
作业流程规范性	作业流程是否规范			
6S 管理	是否做到 6S 管理			
最终结果				
评价的评价	班　级　　　　　　　　　第　组　　　组长签字			
	教师签字　　　　　　　　日　期			
	评语:			

任务三　安装防尘套及密封垫

1. 安装防尘套及密封垫的资讯单

学习情境四	更换驱动轴防尘套
学时	0.1 学时
典型工作过程描述	拆卸卡夹—拆卸万向节总成—安装防尘套及密封垫—安装万向节总成—安装卡夹
收集资讯的方式	线下图书与线上资源相结合。
资讯描述	1. 安装防尘套及密封垫的方法：＿＿＿＿＿＿＿＿＿＿＿＿＿＿＿＿。 2. 操作注意事项：＿＿＿＿＿＿＿＿＿＿＿＿＿＿＿＿＿＿＿＿。
对学生的要求	1. 能正确安装防尘套及密封垫。 2. 能够养成 6S 规范作业习惯。 3. 能够养成严谨细致的工作态度。
参考资料	检修汽车底盘系统课程配套微课

2. 安装防尘套及密封垫的计划单

学习情境四	更换驱动轴防尘套	
学时	0.1 学时	
典型工作过程描述	拆卸卡夹—拆卸万向节总成—安装防尘套及密封垫—安装万向节总成—安装卡夹	
计划制订的方式	小组讨论。	
序 号	工 作 步 骤	注 意 事 项
1	临时安装小卡夹	只需套入驱动轴,不需要紧固
2	用防护胶带缠绕驱动轴花键	防止驱动轴花键损坏防尘套
3	安装防尘套至限位处: 1. 彻底清洁驱动轴 2. 将防尘套小口套入驱动轴限位凹槽内	
4	临时安装大卡夹	只需套入驱动轴,不需要紧固
5	安装万向节密封垫: 1. 清洁密封垫 2. 将密封垫安装在万向节壳体上	
计划评价	班 级 第 组 组长签字 教师签字 日 期 评语:	

3. 安装防尘套及密封垫的决策单

学习情境四	更换驱动轴防尘套			
学时	0.1 学时			
典型工作过程描述	拆卸卡夹—拆卸万向节总成—安装防尘套及密封垫—安装万向节总成—安装卡夹			
	计 划 对 比			
序 号	计划的可行性	计划的经济性	计划的可操作性	计划的实施难度	综 合 评 价
1					
2					
3					
决策评价	班 级 第 组 组长签字 教师签字 日 期 评语:				

4. 安装防尘套及密封垫的实施单

学习情境四	更换驱动轴防尘套		
学时	0.3 学时		
典型工作过程描述	拆卸卡夹—拆卸万向节总成—安装防尘套及密封垫—安装万向节总成—安装卡夹		
序 号	实 施 步 骤	注 意 事 项	
1			
2			
3			
4			
5			
实施说明：			
实施评价	班 级	第 组	组长签字
	教师签字	日 期	
	评语：		

5. 安装防尘套及密封垫的检查单

学习情境四	更换驱动轴防尘套			
学时	0.1 学时			
典型工作过程描述	拆卸卡夹—拆卸万向节总成—安装防尘套及密封垫—安装万向节总成—安装卡夹			
序 号	检 查 项 目	检 查 标 准	学 生 自 查	教 师 检 查
1	部件防护	缠绕防护胶带		
2	安装位置	防尘套安装到位		
检查评价	班 级		第 组	组长签字
	教师签字		日 期	
	评语：			

6. 安装防尘套及密封垫的评价单

学习情境四	更换驱动轴防尘套			
学时	0.1 学时			
典型工作过程描述	拆卸卡夹—拆卸万向节总成—安装防尘套及密封垫—安装万向节总成—安装卡夹			
评价项目	评价子项目	学 生 自 评	组 内 评 价	教 师 评 价
作业流程完整性	作业流程是否完整			
作业流程规范性	作业流程是否规范			
6S	是否做到 6S 管理			
最终结果				
评价的评价	班　　级		第　　组	组长签字	
	教师签字		日　　期		
	评语:			

任务四　安装万向节总成

1. 安装万向节总成的资讯单

学习情境四	更换驱动轴防尘套
学时	0.1 学时
典型工作过程描述	拆卸卡夹—拆卸万向节总成—安装防尘套及密封垫—安装万向节总成—安装卡夹
收集资讯的方式	线下图书与线上资源相结合。
资讯描述	1. 安装万向节总成的方法：_____。 2. 操作注意事项：_____。
对学生的要求	1. 能彻底清洁万向节部件。 2. 能正确安装三销架及卡簧。 3. 能养成严谨的作业习惯。
参考资料	检修汽车底盘系统课程配套微课

2. 安装万向节总成的计划单

学习情境四	更换驱动轴防尘套
学时	0.1 学时
典型工作过程描述	拆卸卡夹—拆卸万向节总成—安装防尘套及密封垫—安装万向节总成—安装卡夹
计划制订的方式	小组讨论。

序 号	工 作 步 骤	注 意 事 项
1	清洁驱动轴花键、三销架及万向节壳体	
2	按装配标记安装三销架至驱动轴	
3	使用外卡簧钳安装三销架卡簧至驱动轴卡簧槽	建议佩戴护目镜,防止卡簧弹飞,损伤眼睛

计划评价	班 级		第 组	组长签字	
	教师签字		日 期		
	评语:				

3. 安装万向节总成的决策单

学习情境四	更换驱动轴防尘套
学时	0.1 学时
典型工作过程描述	拆卸卡夹—拆卸万向节总成—安装防尘套及密封垫—安装万向节总成—安装卡夹

计 划 对 比					
序 号	计划的可行性	计划的经济性	计划的可操作性	计划的实施难度	综 合 评 价
1					
2					
3					

决策评价	班 级		第 组	组长签字	
	教师签字		日 期		
	评语:				

4. 安装万向节总成的实施单

学习情境四	更换驱动轴防尘套		
学时	0.3学时		
典型工作过程描述	拆卸卡夹—拆卸万向节总成—安装防尘套及密封垫—安装万向节总成—安装卡夹		
序号	实施步骤	注意事项	
1			
2			
3			
实施说明:			
实施评价	班级	第 组	组长签字
	教师签字	日 期	
	评语:		

5. 安装万向节总成的检查单

学习情境四	更换驱动轴防尘套			
学时	0.1学时			
典型工作过程描述	拆卸卡夹—拆卸万向节总成—安装防尘套及密封垫—安装万向节总成—安装卡夹			
序号	检查项目	检查标准	学生自查	教师检查
1	清洁	清洁到位		
2	部件安装	未损坏三销架		
3	装配标记	按标记装配		
检查评价	班级		第 组	组长签字
	教师签字		日 期	
	评语:			

6. 安装万向节总成的评价单

学习情境四	更换驱动轴防尘套			
学时	0.1 学时			
典型工作过程描述	拆卸卡夹—拆卸万向节总成—安装防尘套及密封垫—安装万向节总成—安装卡夹			
评价项目	评价子项目	学 生 自 评	组 内 评 价	教 师 评 价
作业流程完整性	作业流程是否完整			
作业流程规范性	作业流程是否规范			
6S 管理	是否做到 6S 管理			
工作态度	是否做到严谨细致			
最终结果				
评价的评价	班　　级		第　　组	组长签字
	教师签字		日　　期	
	评语:			

任 务 五　安 装 卡 夹

1. 安装卡夹的资讯单

学习情境四	更换驱动轴防尘套
学时	0.1 学时
典型工作过程描述	拆卸卡夹—拆卸万向节总成—安装防尘套及密封垫—安装万向节总成—安装卡夹
收集资讯的方式	线下图书与线上资源相结合。
资讯描述	1. 润滑脂加注量：＿＿＿＿＿＿＿＿＿＿＿＿＿＿＿＿＿＿＿＿＿＿＿＿。 2. 卡夹安装方法：＿＿＿＿＿＿＿＿＿＿＿＿＿＿＿＿＿＿＿＿＿＿＿＿。
对学生的要求	1. 能够正确加注润滑脂。 2. 能够正确紧固卡夹。 3. 能够养成严谨细致的工作态度。
参考资料	检修汽车底盘系统课程配套微课

2. 安装卡夹的计划单

学习情境四	更换驱动轴防尘套	
学时	0.1 学时	
典型工作过程描述	拆卸卡夹—拆卸万向节总成—安装防尘套及密封垫—安装万向节总成—安装卡夹	
计划制订的方式	小组讨论。	
序 号	工 作 步 骤	注 意 事 项
1	按维修手册规定量加注润滑脂： 1. 查询维修手册，确定加注量 2. 查询维修手册，确定润滑脂型号 3. 将润滑脂加入防尘套及万向节壳体内 4. 将防尘套大口套在密封垫上	需加注耐高温润滑脂
2	紧固防尘套小卡夹： 1. 将小卡夹套入防尘套凹槽内 2. 暂时将卡夹杠杆扯回 3. 用水泵钳捏住卡夹暂时固定 4. 调整卡夹杠杆与槽口之间的间隙，以使锁扣边缘与杆端之间的间隙均匀，同时使用塑料锤敲击锁扣使其固定	1. 佩戴手套，防止被划伤 2. 将杠杆正确地安装至导槽 3. 将杠杆折回前检查箍带和杠杆内是否有变形
3	紧固防尘套大卡夹： 1. 将大卡夹安装到防尘套大口凹槽内 2. 保持尺寸（A）在规定长度内，同时将密封垫的凹陷部位拉出，使万向节内部暴露在大气压下 3. 将杠杆支点设置在任一 A 点处并暂时弯曲杠杆 4. 朝工作面按压万向节，同时把身体重量集中到手上并向前转动万向节 5. 转动万向节并折起杠杆，直至听到咔哒声 6. 调整卡夹杠杆与槽口之间的间隙，以使锁扣边缘与杆端之间的间隙均匀，同时使用塑料锤敲击锁扣使其固定	1. 佩戴手套，防止被划伤 2. 执行第 2 步时，万向节内部必须暴露在大气压力下 3. 将杠杆正确地安装至导槽，将卡夹尽可能靠近车辆内侧安装 4. 将杠杆折回前检查箍带和杠杆内是否有变形
4	清洁外漏的润滑脂	
计划评价	班　级		第　　组	组长签字	
	教师签字		日　期		
	评语：				

3. 安装卡夹的决策单

学习情境四	更换驱动轴防尘套				
学时	0.1 学时				
典型工作过程描述	拆卸卡夹—拆卸万向节总成—安装防尘套及密封垫—安装万向节总成—安装卡夹				
计 划 对 比					
序 号	计划的可行性	计划的经济性	计划的可操作性	计划的实施难度	综 合 评 价
1					
2					
3					
决策评价	班 级		第 组	组长签字	
	教师签字		日 期		
	评语:				

4. 安装卡夹的实施单

学习情境四	更换驱动轴防尘套	
学时	0.3 学时	
典型工作过程描述	拆卸卡夹—拆卸万向节总成—安装防尘套及密封垫—安装万向节总成—安装卡夹	
序 号	实 施 步 骤	注 意 事 项
1		
2		
3		
4		
实施说明:		
实施评价	班 级	第 组	组长签字
	教师签字	日 期	
	评语:		

5. 安装卡夹的检查单

学习情境四	更换驱动轴防尘套			
学时	0.1 学时			
典型工作过程描述	拆卸卡夹—拆卸万向节总成—安装防尘套及密封垫—安装万向节总成—安装卡夹			
序号	检查项目	检查标准	学生自查	教师检查
1	润滑脂	加注量、型号合规		
2	卡夹安装	卡箍紧固		
3	部件损坏	未损坏防尘套		
检查评价	班级		第 组	组长签字
	教师签字		日期	
	评语：			

6. 安装卡夹的评价单

学习情境四	更换驱动轴防尘套			
学时	0.1 学时			
典型工作过程描述	拆卸卡夹—拆卸万向节总成—安装防尘套及密封垫—安装万向节总成—安装卡夹			
评价项目	评价子项目	学生自评	组内评价	教师评价
作业流程完整性	作业流程是否完整			
作业流程规范性	作业流程是否规范			
6S 管理	是否做到 6S 管理			
工作态度	是否做到严谨细致			
最终结果				
评价的评价	班级		第 组	组长签字
	教师签字		日期	
	评语：			

学习情境五　拆解自动变速器

客户需求单

客户需求
车辆行驶过程中发现动力不足，经检查发现发动机系统无异常，排放部分ATF（自动变速器油）后，发现 ATF 颜色呈深褐色，并含有大量杂质，初步诊断为自动变速器内部离合器或制动器严重磨损而导致传动效率下降，造成车辆行驶动力不足，现需对自动变速器进行拆解检查。
操作内容
1. 对自动变速器机械部分进行拆检。 　　2. 更换损坏的摩擦片。

学习性工作任务单

学习情境五	拆解自动变速器
学时	8 学时
典型工作过程描述	绘制动力传递路线图—拆卸阀体组件—拆卸输入轴传动组件主动部分—拆卸输入轴传动组件被动部分—安装输入轴传动组件被动部分—安装输入轴传动组件主动部分—安装阀体组件
学习目标	任务一　绘制动力传递路线图的学习目标 　　1. 掌握行星齿轮的结构分类。 　　2. 掌握行星齿轮机构的变速变向原理。 　　3. 学会绘制动力传递路线图。 任务二　拆卸阀体组件的学习目标 　　1. 掌握阀体组件的拆卸方法。 　　2. 掌握拆卸阀体组件的注意事项。 任务三　拆卸输入轴传动组件主动部分的学习目标 　　1. 掌握油泵的拆卸方法。 　　2. 掌握输入轴传动组件主动部分的拆卸方法。 　　3. 掌握摩擦片的检查方法。 任务四　拆卸输入轴传动组件被动部分的学习目标 　　1. 掌握主动齿轮螺母的拆卸方法。 　　2. 掌握输入轴传动组件被动部分的拆卸方法。 　　3. 掌握摩擦片的检查方法。 任务五　安装输入轴传动组件被动部分的学习目标 　　1. 掌握主动齿轮螺栓的安装方法。 　　2. 掌握制动器的安装方法。 　　3. 掌握单向离合器的安装方法。

学习目标	任务六　安装输入轴传动组件主动部分的学习目标 　　1. 掌握离合器组件的安装方法。 　　2. 掌握制动器组件的安装方法。 　　3. 掌握油泵组件的安装方法。 任务七　安装阀体组件的学习目标 　　1. 掌握阀体的安装方法。 　　2. 掌握阀体安装的注意事项。					
任务描述	拆解并组装自动变速器					
学时安排	资讯 0.7 学时	计划 1.1 学时	决策 0.7 学时	实施 4.1 学时	检查 0.7 学时	评价 0.7 学时
对学生的要求	1. 能正确绘制动力传递路线图。 2. 能正确拆解自动变速器输入轴传动部分。 3. 能正确组装自动变速器输入轴传动部分。 4. 能正确拆装阀体组件。 5. 学会查询电子维修资料。 6. 能够养成 6S 规范作业习惯。 7. 能够养成团队意识、工匠精神、职业精神。					
参考资料	检修汽车底盘系统课程配套微课					

材料工具清单

学习情境五	拆解自动变速器				
学时	8 学时				
典型工作过程描述	绘制动力传递路线图—拆卸阀体组件—拆卸输入轴传动组件主动部分—拆卸输入轴传动组件被动部分—安装输入轴传动组件被动部分—安装输入轴传动组件主动部分—安装阀体组件				
序　号	名　称	作　用	数　量	型　号	使　用　量	使　用　者
1	自动变速器专用工具	拆装离合器	1			
2	世达 150 件	拆装螺栓螺母	1			
3	定扭扳手	设定螺栓力矩	1	5～25N·m		
4	定扭扳手	设定螺栓力矩	1	25～100 N·m		
5	定扭扳手	设定螺栓力矩	1	100～200 N·m		
6	平口起子	拆装弹性挡圈	1	40 cm		
7	卡簧钳	拆装弹性挡圈	1	外卡		
8	卡簧钳	拆装弹性挡圈	1	内卡		
9	凡士林	润滑	1			
10	总成修理包	替换部件	1			
11	ATF	浸泡摩擦片	1			

检修汽车底盘系统

12	压床	拆装传动组件	1			
班　　级			第　　组		组长签字	
教师签字			日　　期			

任务一　绘制动力传递路线图

1. 绘制动力传递路线图的资讯单

学习情境五	拆解自动变速器
学时	0.1 学时
典型工作过程描述	绘制动力传递路线图—拆卸阀体组件—拆卸输入轴传动组件主动部分—拆卸输入轴传动组件被动部分—安装输入轴传动组件被动部分—安装输入轴传动组件主动部分—安装阀体组件
收集资讯的方式	线下图书与线上资源相结合。
资讯描述	1. 常见的行星齿轮的结构有＿＿＿＿式和＿＿＿＿式。 2. 在单行星排齿轮机构中固定行星架、太阳轮输入、齿圈输出时，输入与输出转动方向为＿＿＿＿。 3. 太阳轮、行星齿轮、齿圈中齿数最多的是＿＿＿＿。
对学生的要求	1. 能正确描述行星齿轮机构的结构。 2. 能正确描述行星齿轮机构的分类。 3. 能正确绘制动力传递路线图。 4. 能备齐工具、设备。 5. 能够养成 6S 规范作业习惯。 6. 能够养成团队意识、工匠精神、职业精神。
参考资料	检修汽车底盘系统课程配套微课

2. 绘制动力传递路线图的计划单

学习情境五	拆解自动变速器	
学时	0.1 学时	
典型工作过程描述	绘制动力传递路线图—拆卸阀体组件—拆卸输入轴传动组件主动部分—拆卸输入轴传动组件被动部分—安装输入轴传动组件被动部分—安装输入轴传动组件主动部分—安装阀体组件	
计划制订的方式	小组讨论。	
序　　号	工　作　步　骤	注　意　事　项
1	用已拆解的行星齿轮机构学习结构分类： 1. 学习单行星排齿轮机构 2. 学习复合行星排齿轮机构	

1	3. 学习拉维纳式行星齿轮机构 4. 学习辛普森式行星齿轮机构	
2	用已拆解的行星齿轮机构学习变速变向原理： 观察太阳轮、行星架、齿圈的运动速度及方向 		固定	输入	输出	速度	方向
---	---	---	---	---	---
太阳轮	√				
行星架		√			
齿圈			√		| |	固定	输入	输出	速度	方向
---	---	---	---	---	---
太阳轮			√		
行星架	√				
齿圈		√			| |	固定	输入	输出	速度	方向
---	---	---	---	---	---
太阳轮			√		
行星架		√			
齿圈	√						
3	绘制动力传递路线图	

计划评价	班 级		第 组	组长签字	
	教师签字		日 期		
	评语：				

3. 绘制动力传递路线图的决策单

学习情境五	拆解自动变速器				
学时	0.1 学时				
典型工作过程描述	绘制动力传递路线图—拆卸阀体组件—拆卸输入轴传动组件主动部分—拆卸输入轴传动组件被动部分—安装输入轴传动组件被动部分—安装输入轴传动组件主动部分—安装阀体组件				
计 划 对 比					
序　号	计划的可行性	计划的经济性	计划的可操作性	计划的实施难度	综 合 评 价
1					
2					
3					
4					
决策评价	班　级		第　组	组长签字	
	教师签字		日　期		
	评语：				

4. 绘制动力传递路线图的实施单

学习情境五	拆解自动变速器	
学时	1.5 学时	
典型工作过程描述	绘制动力传递路线图—拆卸阀体组件—拆卸输入轴传动组件主动部分—拆卸输入轴传动组件被动部分—安装输入轴传动组件被动部分—安装输入轴传动组件主动部分—安装阀体组件	
序　号	实 施 步 骤	注 意 事 项
1		
2		
3		
实施说明：		
实施评价	班　级		第　组	组长签字	
	教师签字		日　期		
	评语：				

5. 绘制动力传递路线图的检查单

学习情境五	拆解自动变速器			
学时	0.1 学时			
典型工作过程描述	绘制动力传递路线图—拆卸阀体组件—拆卸输入轴传动组件主动部分—拆卸输入轴传动组件被动部分—安装输入轴传动组件被动部分—安装输入轴传动组件主动部分—安装阀体组件			
序 号	检 查 项 目	检 查 标 准	学 生 自 查	教 师 检 查
1	行星齿轮的结构分类	行星齿轮的结构分类描述正确		
2	行星齿轮机构的变速变向原理	行星齿轮机构的变速变向原理描述正确		
3	动力传递路线图	动力传递路线图绘制正确		
检查评价	班 级		第 组	组长签字
	教师签字		日 期	
	评语:			

6. 绘制动力传递路线图的评价单

学习情境五	拆解自动变速器			
学时	0.1 学时			
典型工作过程描述	绘制动力传递路线图—拆卸阀体组件—拆卸输入轴传动组件主动部分—拆卸输入轴传动组件被动部分—安装输入轴传动组件被动部分—安装输入轴传动组件主动部分—安装阀体组件			
评 价 项 目	评价子项目	学 生 自 评	组 内 评 价	教 师 评 价
行星齿轮的结构分类	行星齿轮的结构分类描述是否正确			
行星齿轮机构的变速变向原理	行星齿轮机构的变速变向原理描述是否正确			
动力传递路线图	动力传递路线图绘制是否正确			
最终结果				
评价的评价	班 级		第 组	组长签字
	教师签字		日 期	
	评语:			

任务二 拆卸阀体组件

1. 拆卸阀体组件的资讯单

学习情境五	拆解自动变速器
学时	0.1 学时
典型工作过程描述	绘制动力传递路线图—拆卸阀体组件—拆卸输入轴传动组件主动部分—拆卸输入轴传动组件被动部分—安装输入轴传动组件被动部分—安装输入轴传动组件主动部分—安装阀体组件
收集资讯的方式	线下图书与线上资源相结合。
资讯描述	1. 阀体的作用：_____。 2. 手动阀的作用：_____。
对学生的要求	1. 能正确拆卸阀体组件。 2. 能正确放置阀体。 3. 能够养成 6S 规范作业习惯。 4. 能够养成团队意识、工匠精神、职业精神。
参考资料	检修汽车底盘系统课程配套微课

2. 拆卸阀体组件的计划单

学习情境五	拆解自动变速器	
学时	0.1 学时	
典型工作过程描述	绘制动力传递路线图—拆卸阀体组件—拆卸输入轴传动组件主动部分—拆卸输入轴传动组件被动部分—安装输入轴传动组件被动部分—安装输入轴传动组件主动部分—安装阀体组件	
计划制订的方式	小组讨论。	
序 号	工 作 步 骤	注 意 事 项
1	拆卸油底壳： 按对角、从四周到中间的顺序拧松油底壳螺栓	
2	拆卸滤清器： 1. 取下滤清器 2. 取下滤清器密封圈	

学习情境五　拆解自动变速器

3	拆卸阀体： 1. 断开电磁阀连接插头及线束 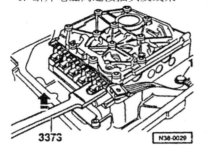 2. 按对角、从四周到中间的顺序拧松阀体固定螺栓 3. 断开手动阀与阀体的连接 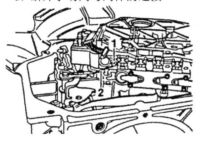	使用 3373 专用工具断开电磁阀插头
4	取下阀板及相应的密封塞、节流片、单向阀等部件 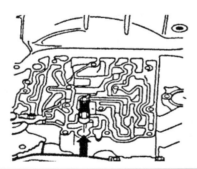	1. 取下阀板后将接触面朝上放置在工作台上 2. 取下阀板时注意观察阀板与变速器壳体之间的密封塞、节流片、单向阀安装位置，同时防止掉落丢失
计划评价	班　　级　　　　　第　　组　　组长签字 教师签字　　　　　日　　期 评语：	

3. 拆卸阀体组件的决策单

学习情境五	拆解自动变速器				
学时	0.1 学时				
典型工作过程描述	绘制动力传递路线图—拆卸阀体组件—拆卸输入轴传动组件主动部分—拆卸输入轴传动组件被动部分—安装输入轴传动组件被动部分—安装输入轴传动组件主动部分—安装阀体组件				
计 划 对 比					
序　号	计划的可行性	计划的经济性	计划的可操作性	计划的实施难度	综 合 评 价
1					
2					
3					
决策评价	班　级：		第　组	组长签字	
	教师签字		日　期		
	评语：				

4. 拆卸阀体组件的实施单

学习情境五	拆解自动变速器	
学时	0.5 学时	
典型工作过程描述	绘制动力传递路线图—拆卸阀体组件—拆卸输入轴传动组件主动部分—拆卸输入轴传动组件被动部分—安装输入轴传动组件被动部分—安装输入轴传动组件主动部分—安装阀体组件	
序　号	实 施 步 骤	注 意 事 项
1		
2		
3		
实施说明：		
实施评价	班　级	第　组　组长签字
	教师签字	日　期
	评语：	

5. 拆卸阀体组件的检查单

学习情境五	拆解自动变速器			
学时	0.1 学时			
典型工作过程描述	绘制动力传递路线图—拆卸阀体组件—拆卸输入轴传动组件主动部分—拆卸输入轴传动组件被动部分—安装输入轴传动组件被动部分—安装输入轴传动组件主动部分—安装阀体组件			
序 号	检查项目	检查标准	学生自查	教师检查
1	松动顺序	拧松螺栓顺序正确		
2	阀板放置	阀板接触面朝上放置		
3	专用工具	使用专用工具		
检查评价	班 级		第 组	组长签字	
	教师签字		日 期		
	评语：				

6. 拆卸阀体组件的评价单

学习情境五	拆解自动变速器			
学时	0.1 学时			
典型工作过程描述	绘制动力传递路线图—拆卸阀体组件—拆卸输入轴传动组件主动部分—拆卸输入轴传动组件被动部分—安装输入轴传动组件被动部分—安装输入轴传动组件主动部分—安装阀体组件			
评价项目	评价子项目	学生自评	组内评价	教师评价
作业流程完整性	作业流程是否完整			
作业流程规范性	作业流程是否规范			
6S 管理	是否做到 6S 管理			
最终结果				
评价的评价	班 级		第 组	组长签字	
	教师签字		日 期		
	评语：				

任务三　拆卸输入轴传动组件主动部分

1. 拆卸输入轴传动组件主动部分的资讯单

学习情境五	拆解自动变速器
学时	0.1 学时
典型工作过程描述	绘制动力传递路线图—拆卸阀体组件—拆卸输入轴传动组件主动部分—拆卸输入轴传动组件被动部分—安装输入轴传动组件被动部分—安装输入轴传动组件主动部分—安装阀体组件
收集资讯的方式	线下图书与线上资源相结合。
资讯描述	1. 油泵的类型有_____、_____、_____等。 2. 变速器输入轴由液力变矩器中的_____驱动。 3. 摩擦片组件包括_____、_____、_____、_____。
对学生的要求	1. 能正确拆卸油泵。 2. 能正确分解输入轴传动组件主动部分。 3. 能够养成 6S 规范作业习惯。 4. 能够养成团队意识、工匠精神、职业精神。
参考资料	检修汽车底盘系统课程配套微课

2. 拆卸输入轴传动组件主动部分的计划单

学习情境五	拆解自动变速器	
学时	0.2 学时	
典型工作过程描述	绘制动力传递路线图—拆卸阀体组件—拆卸输入轴传动组件主动部分—拆卸输入轴传动组件被动部分—安装输入轴传动组件被动部分—安装输入轴传动组件主动部分—安装阀体组件	
计划制订的方式	小组讨论。	
序　号	工 作 步 骤	注 意 事 项
1	拆卸油泵固定螺栓： 按对角顺序拧松油泵螺栓	分两次拧松，防止油泵接触面受力不均匀导致变形，造成油道泄漏故障
2	顶出油泵： 1. 安装 M8 螺栓至有螺纹的两个螺栓孔内 2. 紧固 M8 螺栓，直至油泵与变速箱壳体分离	
3	拆卸主动部分： 用手提起输入轴，将输入轴主动部分组件全部取出	

4	分解主动部分： 1. 取下 B2 制动器，将内片、外片、波形垫片、弹簧、弹簧帽分别放置 2. 取下隔离套管  3. 取下 K2 倒挡离合器 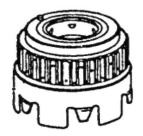 4. 取下 K1 与 K2 之间的调整垫片 5. 使用压床分离 K1 与 K3  6. 取下 K1 离合器弹性挡圈及离合器片组，并将内、外片分别放置 7. 取下 K2 离合器弹性挡圈及离合器片组，并将内、外片分别放置 8. 取下 K3 离合器弹性挡圈及离合器片组，并将内、外片分别放置	

		检查摩擦片：	1. 检查后，若继续使用旧摩擦片，则需清洁后在 ATF 中浸泡 15min 以上；若使用新的摩擦片，则需将摩擦片在 ATF 中浸泡 3h 以上为宜
5		1. 分别检查 B1、K1、K2、K3 片组的摩擦片 2. 摩擦片组外缘有齿的为外片，内缘有齿的为内片，外片为钢制材料，内片为摩擦材料  3. 外片检查时，观察有无翘曲变形、有无高温烧蚀 4. 内片检查时，观察摩擦片有无翘曲变形、摩擦面磨损是否均匀、摩擦材料是否脱落	2. 钢制外片若无变形、烧蚀，清洁后便可继续使用，无须浸泡

计划评价	班　　级		第　　组		组长签字	
	教师签字		日　　期			
	评语：					

3. 拆卸输入轴传动组件主动部分的决策单

学习情境五	拆解自动变速器
学时	0.1 学时
典型工作过程描述	绘制动力传递路线图—拆卸阀体组件—拆卸输入轴传动组件主动部分—拆卸输入轴传动组件被动部分—安装输入轴传动组件被动部分—安装输入轴传动组件主动部分—安装阀体组件

计　划　对　比					
序　　号	计划的可行性	计划的经济性	计划的可操作性	计划的实施难度	综合评价
1					
2					
3					

决策评价	班　　级		第　　组		组长签字	
	教师签字		日　　期			
	评语：					

4. 拆卸输入轴传动组件主动部分的实施单

学习情境五	拆解自动变速器
学时	0.5 学时
典型工作过程描述	绘制动力传递路线图—拆卸阀体组件—拆卸输入轴传动组件主动部分—拆卸输入轴传动组件被动部分—安装输入轴传动组件被动部分—安装输入轴传动组件主动部分—安装阀体组件

序 号	实 施 步 骤	注 意 事 项
1		
2		
3		
4		
5		

实施说明：

实施评价	班 级		第 组		组长签字	
	教师签字		日 期			
	评语：					

5. 拆卸输入轴传动组件主动部分的检查单

学习情境五	拆解自动变速器
学时	0.1 学时
典型工作过程描述	绘制动力传递路线图—拆卸阀体组件—拆卸输入轴传动组件主动部分—拆卸输入轴传动组件被动部分—安装输入轴传动组件被动部分—安装输入轴传动组件主动部分—安装阀体组件

序 号	检 查 项 目	检 查 标 准	学 生 自 查	教 师 检 查
1	油泵拆卸	正确拆卸油泵		
2	操作工艺	没有野蛮操作		
3	分解离合器组件	正确分解主动部分		
4	摩擦片检查	摩擦片检查结论正确		

检查评价	班 级		第 组		组长签字	
	教师签字		日 期			
	评语：					

6. 拆卸输入轴传动组件主动部分的评价单

学习情境五	拆解自动变速器			
学时	0.1学时			
典型工作过程描述	绘制动力传递路线图—拆卸阀体组件—拆卸输入轴传动组件主动部分—拆卸输入轴传动组件被动部分—安装输入轴传动组件被动部分—安装输入轴传动组件主动部分—安装阀体组件			
评价项目	评价子项目	学 生 自 评	组 内 评 价	教 师 评 价
作业流程完整性	作业流程是否完整			
作业流程规范性	作业流程是否规范			
6S 管理	是否做到 6S 管理			
最终结果				
评价的评价	班　　级		第　　组	组长签字
	教师签字		日　　期	
	评语：			

任务四　拆卸输入轴传动组件被动部分

1. 拆卸输入轴传动组件被动部分的资讯单

学习情境五	拆解自动变速器
学时	0.1学时
典型工作过程描述	绘制动力传递路线图—拆卸阀体组件—拆卸输入轴传动组件主动部分—拆卸输入轴传动组件被动部分—安装输入轴传动组件被动部分—安装输入轴传动组件主动部分—安装阀体组件
收集资讯的方式	线下图书与线上资源相结合。
资讯描述	1. 输入轴被动部分驱动的部件有哪些？ 　　　　　　　　　　　　　　　　　　　　　　　　　。 2. 大、小太阳轮能否同时转动？ 　　　　　　　　　　　　　　　　　　　　　　　　　。 3. 单向离合器的作用是什么？ 　　　　　　　　　　　　　　　　　　　　　　　　　。
对学生的要求	1. 能正确拆卸小输入轴。 2. 能正确拆卸主动齿轮固定螺母。 3. 能正确拆卸单向离合器。 4. 能正确检查摩擦片。
参考资料	检修汽车底盘系统课程配套微课

2. 拆卸输入轴传动组件被动部分的计划单

学习情境五	拆解自动变速器
学时	0.2 学时
典型工作过程描述	绘制动力传递路线图—拆卸阀体组件—拆卸输入轴传动组件主动部分—拆卸输入轴传动组件被动部分—安装输入轴传动组件被动部分—安装输入轴传动组件主动部分—安装阀体组件
计划制订的方式	小组讨论。

序 号	工 作 步 骤	注 意 事 项
1	拆卸变速器后端盖及密封垫	
2	拆卸小输入轴固定螺栓及调整垫片	由于拉维纳式复合行星排齿轮结构在小输入轴逆时针转动时,大太阳轮会顺时针转动,所以在松动小输入轴固定螺栓时,需先将大太阳轮固定,然后才可松动螺栓
3	拆卸主动齿轮固定螺母	松动主动齿轮固定螺母时,主动齿轮及齿圈会随之转动,所以需操作选挡机构,将变速器挡位置于 P 挡,锁止输出轴齿轮,方可松动螺母
4	拆卸分解被动部分组件: 1. 拆卸单向离合器弹性挡圈 2. 取出单向离合器	取出行星架时,同时取出行星架内花键处的橡胶密封圈,安装时必须更换

4	3. 取出行星架 4. 取出 B1 制动器组件 5. 取出主动齿轮组件	
5	检查摩擦片： 1. 检查 B2 片组的摩擦片 2. 摩擦片组外缘有齿的为外片，内缘有齿的为内片，外片为钢制材料，内片为摩擦材料 3. 外片检查时，观察有无翘曲变形、有无高温烧蚀 4. 内片检查时，观察摩擦片有无翘曲变形、摩擦面磨损是否均匀、摩擦材料是否脱落	1. 检查后，若继续使用旧摩擦片，则需清洁后在 ATF 中浸泡 15min 以上；若使用新的摩擦片，则需将摩擦片在 ATF 中浸泡 3h 以上为宜 2. 钢制外片若无变形、烧蚀，清洁后便可继续使用，无须浸泡

计划评价	班　级		第　　组		组长签字	
	教师签字			日　　期		
	评语：					

学习情境五 拆解自动变速器

3. 拆卸输入轴传动组件被动部分的决策单

学习情境五	拆解自动变速器				
学时	0.1学时				
典型工作过程描述	绘制动力传递路线图—拆卸阀体组件—拆卸输入轴传动组件主动部分—拆卸输入轴传动组件被动部分—安装输入轴传动组件被动部分—安装输入轴传动组件主动部分—安装阀体组件				
计 划 对 比					
序 号	计划的可行性	计划的经济性	计划的可操作性	计划的实施难度	综 合 评 价
1					
2					
3					
决策评价	班 级		第 组	组长签字	
	教师签字		日 期		
	评语:				

4. 拆卸输入轴传动组件被动部分的实施单

学习情境五	拆解自动变速器	
学时	0.5学时	
典型工作过程描述	绘制动力传递路线图—拆卸阀体组件—拆卸输入轴传动组件主动部分—拆卸输入轴传动组件被动部分—安装输入轴传动组件被动部分—安装输入轴传动组件主动部分—安装阀体组件	
序 号	实 施 步 骤	注 意 事 项
1		
2		
3		
4		
5		
实施说明:		
实施评价	班 级		第 组	组长签字	
	教师签字		日 期		
	评语:				

 检修汽车底盘系统

5. 拆卸输入轴传动组件被动部分的检查单

学习情境五	拆解自动变速器			
学时	0.1 学时			
典型工作过程描述	绘制动力传递路线图—拆卸阀体组件—拆卸输入轴传动组件主动部分—拆卸输入轴传动组件被动部分—安装输入轴传动组件被动部分—安装输入轴传动组件主动部分—安装阀体组件			
序 号	检查项目	检查标准	学生自查	教师检查
1	操作工艺	没有野蛮操作		
2	组件分解	正确分解被动组件		
3	摩擦片检查	摩擦片检查结论正确		
检查评价	班 级		第 组	组长签字
	教师签字		日 期	
	评语:			

6. 拆卸输入轴传动组件被动部分的评价单

学习情境五	拆解自动变速器			
学时	0.1 学时			
典型工作过程描述	绘制动力传递路线图—拆卸阀体组件—拆卸输入轴传动组件主动部分—拆卸输入轴传动组件被动部分—安装输入轴传动组件被动部分—安装输入轴传动组件主动部分—安装阀体组件			
评价项目	评价子项目	学生自评	组内评价	教师评价
作业流程完整性	作业流程是否完整			
作业流程规范性	作业流程是否规范			
6S 管理	是否做到 6S 管理			
最终结果				
评价的评价	班 级		第 组	组长签字
	教师签字		日 期	
	评语:			

学习情境五　拆解自动变速器

任务五　安装输入轴传动组件被动部分

1. 安装输入轴传动组件被动部分的资讯单

学习情境五	拆解自动变速器
学时	0.1 学时
典型工作过程描述	绘制动力传递路线图—拆卸阀体组件—拆卸输入轴传动组件主动部分—拆卸输入轴传动组件被动部分—安装输入轴传动组件被动部分—安装输入轴传动组件主动部分—安装阀体组件
收集资讯的方式	线下图书与线上资源相结合。
资讯描述	1. 行星架中的密封圈是否需要更换?_____。 2. 大太阳轮输入轴与小太阳轮输入轴之间的部件是_____。
对学生的要求	1. 能正确安装输入轴传动组件被动部分。 2. 能查询手册,并按手册标准执行。 3. 能够养成 6S 规范作业习惯。
参考资料	检修汽车底盘系统课程配套微课

2. 安装输入轴传动组件被动部分的计划单

学习情境五	拆解自动变速器	
学时	0.2 学时	
典型工作过程描述	绘制动力传递路线图—拆卸阀体组件—拆卸输入轴传动组件主动部分—拆卸输入轴传动组件被动部分—安装输入轴传动组件被动部分—安装输入轴传动组件主动部分—安装阀体组件	
计划制订的方式	小组讨论。	
序　号	工 作 步 骤	注 意 事 项
1	安装主动齿轮: 1. 清洁变速箱壳体内部 2. 清洁主动齿轮 3. 放置主动齿轮 4. 紧固主动齿轮固定螺母(力矩需查询维修手册)	1. 输入轴主动齿轮需与输出轴主动齿轮啮合,安装后需用手转动齿轮,检查转动是否平稳 2. 紧固主动齿轮固定螺母时,将变速器挡位挂入 P 挡
2	安装行星架: 1. 清洁行星架及相关组件 2. 安装推力轴承垫片(光滑面装入主动齿轮) 3. 安装推力滚针轴承	装入行星架组件后,用手转动行星架,检查转动是否平稳

2	4. 安装推力轴承垫圈 5. 安装行星架内O形密封圈（必须更换新的） 6. 安装行星架	图注： 1—主动齿轮 2—推力轴承垫圈 3—推力滚针轴承 4—推力轴承垫圈 5—行星齿轮组件
3	安装B1制动器： 1. 清洁摩擦片 2. 安装推力滚针轴承垫圈至小太阳轮 3. 安装推力滚针轴承至推力滚针轴承垫圈上方 4. 安装B1制动器片组	图注： 1—弹性挡圈（用于隔离套管） 2—弹性挡圈（用于单向离合器） 3—单向离合器，带B1活塞 4—蝶形弹簧 5—压盘 6—内片 7—外片 8—调整垫片 9—变速箱壳体 注意： 1. 调整垫片安装在片组最下方 2. 碟形弹簧凸起面朝上（装反则导致B1活塞不能复位）
4	使用专用工具安装单向离合器总成	图注： 1—辊子 2—弹簧 3—保持架 4—外环 5—活塞 注意： 1. 安装前需用ATF浸润活塞密封唇 2. 装入活塞时需转动活塞，防止外环刮伤密封唇
5	安装弹性挡圈	注意：必须将弹性挡圈装入壳体卡槽内

6	安装传动组件： 1. 安装推力滚针轴承垫圈 2. 安装推力滚针轴承 3. 安装大太阳轮 4. 安装推力滚针轴承垫圈（带台肩） 5. 安装推力滚针轴承 6. 安装大输入轴（小太阳轮） 7. 安装推力滚针轴承 8. 安装滚针轴承 9. 安装小输入轴 10. 安装小输入轴固定螺栓（力矩需查询维修手册）	注意： 1. 安装大太阳轮后，需用手转动大太阳轮，检查转动是否平稳 2. 安装小太阳轮后，需用手转动大太阳轮，检查转动是否平稳 3. 安装小输入轴后，需用手转动大太阳轮，检查转动是否平稳 4. 紧固小输入轴固定螺栓时，需固定大太阳轮，防止因小输入轴转动而无法紧固螺栓 图注： 1—小输入轴 2—滚针轴承 3—推力滚针轴承 4—大输入轴（小太阳轮） 5—推力滚针轴承 6—推力滚针轴承垫圈（带台肩） 7—大太阳轮 8—推力滚针轴承 9—推力滚针轴承垫圈 10—
计划评价	班　　级　　　　　　　　　　第　　组　　　组长签字 教师签字　　　　　　　　　　日　　期 评语：	

3. 安装输入轴传动组件被动部分的决策单

学习情境五	拆解自动变速器
学时	0.1 学时
典型工作过程描述	绘制动力传递路线图—拆卸阀体组件—拆卸输入轴传动组件主动部分—拆卸输入轴传动组件被动部分—安装输入轴传动组件被动部分—安装输入轴传动组件主动部分—安装阀体组件

计　划　对　比					
序　号	计划的可行性	计划的经济性	计划的可操作性	计划的实施难度	综 合 评 价
1					
2					
3					
决策评价	班　　级　　　　　　　　　第　　组　　　组长签字 教师签字　　　　　　　　　日　　期 评语：					

4. 安装输入轴传动组件被动部分的实施单

学习情境五	拆解自动变速器			
学时	0.5 学时			
典型工作过程描述	绘制动力传递路线图—拆卸阀体组件—拆卸输入轴传动组件主动部分—拆卸输入轴传动组件被动部分—安装输入轴传动组件被动部分—安装输入轴传动组件主动部分—安装阀体组件			
序 号	实 施 步 骤		注 意 事 项	
1				
2				
3				
4				
5				
实施说明：				
实施评价	班 级		第 组	组长签字
	教师签字		日 期	
	评语：			

5. 安装输入轴传动组件被动部分的检查单

学习情境五	拆解自动变速器			
学时	0.1 学时			
典型工作过程描述	绘制动力传递路线图—拆卸阀体组件—拆卸输入轴传动组件主动部分—拆卸输入轴传动组件被动部分—安装输入轴传动组件被动部分—安装输入轴传动组件主动部分—安装阀体组件			
序 号	检 查 项 目	检 查 标 准	学 生 自 查	教 师 检 查
1	装配顺序	安装顺序正确		
2	部件安装	垫片及轴承未遗漏		
3	装配检查	转动检查正确		
检查评价	班 级		第 组	组长签字
	教师签字		日 期	
	评语：			

6. 安装输入轴传动组件被动部分的评价单

学习情境五	拆解自动变速器			
学时	0.1 学时			
典型工作过程描述	绘制动力传递路线图—拆卸阀体组件—拆卸输入轴传动组件主动部分—拆卸输入轴传动组件被动部分—安装输入轴传动组件被动部分—安装输入轴传动组件主动部分—安装阀体组件			
评价项目	评价子项目	学 生 自 评	组 内 评 价	教 师 评 价
作业流程完整性	作业流程是否完整			
作业流程规范性	作业流程是否规范			
6S 管理	是否做到 6S 管理			
工作态度	是否养成严谨细致的工作态度			
最终结果				
评价的评价	班　　级		第　　组	组长签字
	教师签字		日　　期	
	评语：			

任务六　安装输入轴传动组件主动部分

1. 安装输入轴传动组件主动部分的资讯单

学习情境五	拆解自动变速器
学时	0.1 学时
典型工作过程描述	绘制动力传递路线图—拆卸阀体组件—拆卸输入轴传动组件主动部分—拆卸输入轴传动组件被动部分—安装输入轴传动组件被动部分—安装输入轴传动组件主动部分—安装阀体组件
收集资讯的方式	线下图书与线上资源相结合。
资讯描述	1. K1 离合器外片厚度为_____和_____。 2. K3 主动部分与被动部分之间的部件是_____。
对学生的要求	1. 能正确组装离合器组件。 2. 能正确安装油泵。 3. 能够养成 6S 规范作业习惯。
参考资料	检修汽车底盘系统课程配套微课

2. 安装输入轴传动组件主动部分的计划单

学习情境五	拆解自动变速器
学时	0.2 学时
典型工作过程描述	绘制动力传递路线图—拆卸阀体组件—拆卸输入轴传动组件主动部分—拆卸输入轴传动组件被动部分—安装输入轴传动组件被动部分—安装输入轴传动组件主动部分—安装阀体组件
计划制订的方式	小组讨论。

序 号	工 作 步 骤	注 意 事 项
1	组装 K3 离合器 1. 安装片组及弹性挡圈 2. 检查活塞环接口 	图注： 1—弹性挡圈 2—压盘 3—内片 4—外片 5—压板 6—波形弹簧垫圈 7—卡环 8—K3 离合器压盘 9—K3 离合器弹簧 10—K3 离合器活塞 11—K3 离合器壳体 12—O 形密封圈（必须更换） 13—活塞环
2	组装 K1 离合器： 1. 将压盘和片组安装在内片支架上	图注： 1—立式止推轴承 2—内片支架 3—弹性挡圈 4—压盘（光面朝上，与内片支架一同安装） 5—内片 6—外片（必须是 1.5 mm 厚度） 7—外片（必须是 2.0 mm 厚度） 8—波形弹性垫圈 9—卡环 10—K1 离合器压盘 11—K1 离合器弹簧

2	● 装上压盘 a，光滑面朝向内片，阶梯面朝向内片支架 ● 装上 3 个内片 b 和 2 个外片 c ● 夹住带棱的立式止推轴承 2. 将波形弹簧垫片和片组装入离合器壳 3. 安装内片支架和弹性挡圈	12—K1 离合器活塞 13—K1 离合器壳体 注意：安装时，稍微抬起内片支架
3	组装 K1 与 K3 离合器： 使用压床及专用工具，将 K3 与 K1 压合	压合前仔细对准花键槽
4	安装 K1 与 K3 离合器组件： 1. 安装 K3 离合器止推轴承 2. 将 K1 与 K3 离合器组件安装至小输入轴	图注： 1—止推轴承 2—K3 离合器 注意：安装前检查离合器摩擦片内齿是否对齐
5	组装 K2 离合器： 将片组安装至 K2 离合器壳体内	安装方法与 K3 相同

6	安装 K2 离合器： 1. 安装隔离套管 2. 安装 K2 至 K1 上	注意： 1. 隔离套管缺口对准单向离合器缺口 2. 安装前检查离合器摩擦片内齿是否对齐
7	安装 B2 制动器： 1. 安装 3 mm 厚度外片及弹簧帽至最下方 2. 安装其他片组及弹簧 3. 安装调整垫片及弹簧帽至最上方 4. 安装波形弹簧垫片	
8	安装油泵： 1. 清洁壳体法兰 2. 清洁油泵接触面 3. 安装油泵垫片 4. 在油泵密封圈上涂抹 ATF 或凡士林 5. 对准油泵与壳体油道安装油泵 6. 按维修手册规定力矩紧固油泵固定螺栓（按对角顺序）	

计划评价	班　级		第　组	组长签字	
	教师签字		日　期		
	评语：				

3. 安装输入轴传动组件主动部分的决策单

学习情境五	拆解自动变速器				
学时	0.1 学时				
典型工作过程描述	绘制动力传递路线图—拆卸阀体组件—拆卸输入轴传动组件主动部分—拆卸输入轴传动组件被动部分—安装输入轴传动组件被动部分—安装输入轴传动组件主动部分—安装阀体组件				
计 划 对 比					
序　号	计划的可行性	计划的经济性	计划的可操作性	计划的实施难度	综 合 评 价
1					
2					
3					
4					

决策评价	班　级		第　组	组长签字	
	教师签字		日　期		
	评语：				

4. 安装输入轴传动组件主动部分的实施单

学习情境五	拆解自动变速器
学时	0.5 学时
典型工作过程描述	绘制动力传递路线图—拆卸阀体组件—拆卸输入轴传动组件主动部分—拆卸输入轴传动组件被动部分—安装输入轴传动组件被动部分—安装输入轴传动组件主动部分—安装阀体组件

序 号	实 施 步 骤	注 意 事 项
1		
2		
3		
4		
5		
6		
7		
8		

实施说明：

实施评价	班 级		第 组		组长签字	
	教师签字		日 期			
	评语：					

5. 安装输入轴传动组件主动部分的检查单

学习情境五	拆解自动变速器
学时	0.1 学时
典型工作过程描述	绘制动力传递路线图—拆卸阀体组件—拆卸输入轴传动组件主动部分—拆卸输入轴传动组件被动部分—安装输入轴传动组件被动部分—安装输入轴传动组件主动部分—安装阀体组件

序 号	检 查 项 目	检 查 标 准	学 生 自 查	教 师 检 查
1	安装顺序	安装顺序正确		
2	安装部件	垫片及轴承未遗漏		

检查评价	班 级		第 组		组长签字	
	教师签字		日 期			
	评语：					

6. 安装输入轴传动组件主动部分的评价单

学习情境五	拆解自动变速器			
学时	0.1 学时			
典型工作过程描述	绘制动力传递路线图—拆卸阀体组件—拆卸输入轴传动组件主动部分—拆卸输入轴传动组件被动部分—安装输入轴传动组件被动部分—安装输入轴传动组件主动部分—安装阀体组件			
评价项目	评价子项目	学 生 自 评	组 内 评 价	教 师 评 价
作业流程完整性	作业流程是否完整			
作业流程规范性	作业流程是否规范			
6S 管理	是否做到 6S 管理			
工作态度	是否养成严谨细致的工作态度			
最终结果				
	班　　级		第　　组	组长签字
	教师签字		日　　期	
评价的评价	评语:			

任务七　安装阀体组件

1. 安装阀体组件的资讯单

学习情境五	拆解自动变速器
学时	0.1 学时
典型工作过程描述	绘制动力传递路线图—拆卸阀体组件—拆卸输入轴传动组件主动部分—拆卸输入轴传动组件被动部分—安装输入轴传动组件被动部分—安装输入轴传动组件主动部分—安装阀体组件
收集资讯的方式	线下图书与线上资源相结合。
资讯描述	1. 手动阀控制＿＿＿、＿＿＿、＿＿＿、＿＿＿、＿＿＿、＿＿＿挡位。 2. 阀板中的脉冲阀是＿＿＿、＿＿＿。
对学生的要求	1. 能正确安装阀体组件。 2. 能正确调整手动阀位置。 3. 能够养成 6S 规范作业习惯。 4. 能够养成团队意识、工匠精神、职业精神。
参考资料	检修汽车底盘系统课程配套微课

2. 安装阀体组件的计划单

学习情境五	拆解自动变速器
学时	0.1 学时
典型工作过程描述	绘制动力传递路线图—拆卸阀体组件—拆卸输入轴传动组件主动部分—拆卸输入轴传动组件被动部分—安装输入轴传动组件被动部分—安装输入轴传动组件主动部分—安装阀体组件
计划制订的方式	小组讨论。

序 号	工 作 步 骤	注 意 事 项
1	安装手动阀并调整位置 1. 清洁阀体总成（无须拆解阀体） 2. 清洁变速箱壳体接触面 3. 安装 B1 制动器密封塞 4. 安装并调整手动阀	1. 将选挡轴置于 P 位置 2. 将手动阀推入阀体孔最底部 3. 紧固手动阀螺栓
2	安装阀体至变速箱壳体： 1. 安装阀体 2. 按维修手册规定力矩紧固螺栓	按照对角顺序，并从中间向四周方向紧固
3	安装电磁阀插头	禁止弯折、扭曲阀体线束
4	更换滤清器	检查滤清器密封圈是否安装到位
5	安装油底壳： 1. 更换油底壳密封垫 2. 安装油底壳 3. 按维修手册规定力矩紧固螺栓	

计划评价	班 级		第 组	组长签字	
	教师签字		日 期		
	评语：				

3. 安装阀体组件的决策单

学习情境五	拆解自动变速器
学时	0.1 学时
典型工作过程描述	绘制动力传递路线图—拆卸阀体组件—拆卸输入轴传动组件主动部分—拆卸输入轴传动组件被动部分—安装输入轴传动组件被动部分—安装输入轴传动组件主动部分—安装阀体组件

计 划 对 比					
序 号	计划的可行性	计划的经济性	计划的可操作性	计划的实施难度	综 合 评 价
1					
2					
3					
4					

决策评价	班 级		第 组	组长签字	
	教师签字		日 期		
	评语：				

4. 安装阀体组件的实施单

学习情境五	拆解自动变速器		
学时	0.1 学时		
典型工作过程描述	绘制动力传递路线图—拆卸阀体组件—拆卸输入轴传动组件主动部分—拆卸输入轴传动组件被动部分—安装输入轴传动组件被动部分—安装输入轴传动组件主动部分—安装阀体组件		
序　号	实　施　步　骤	注　意　事　项	
1			
2			
3			
4			
5			
实施说明：			
实施评价	班　级		第　组		组长签字	
	教师签字		日　期			
	评语：					

5. 安装阀体组件的检查单

学习情境五	拆解自动变速器		
学时	0.1 学时		
典型工作过程描述	绘制动力传递路线图—拆卸阀体组件—拆卸输入轴传动组件主动部分—拆卸输入轴传动组件被动部分—安装输入轴传动组件被动部分—安装输入轴传动组件主动部分—安装阀体组件		
序　号	检　查　项　目	检　查　标　准	学　生　自　查	教　师　检　查
1	螺栓拧紧顺序	螺栓拧紧顺序正确		
2	螺栓拧紧力矩	螺栓拧紧力矩正确		
3	密封垫	已更换油底壳密封垫		
检查评价	班　级		第　组		组长签字	
	教师签字		日　期			
	评语：					

6. 安装阀体组件的评价单

学习情境五	拆解自动变速器			
学时	0.1 学时			
典型工作过程描述	绘制动力传递路线图—拆卸阀体组件—拆卸输入轴传动组件主动部分—拆卸输入轴传动组件被动部分—安装输入轴传动组件被动部分—安装输入轴传动组件主动部分—安装阀体组件			
评价项目	评价子项目	学生自评	组内评价	教师评价
作业流程完整性	作业流程是否完整			
作业流程规范性	作业流程是否规范			
6S 管理	是否做到 6S 管理			
最终结果				
评价的评价	班 级		第 组	组长签字
	教师签字		日 期	
	评语:			

学习情境六　检修自动变速器

客户需求单

客户需求
对车辆自动变速器进行拆检后，更换了离合器及制动器片组，现需按维修手册规定工艺进行装配，并调整离合器、制动器间隙。
操作内容
1. 按维修手册装配自动变速器部件。 2. 检查测量各挡位离合器、制动器间隙。 3. 查询维修手册，选择合适的调整垫片对各挡位离合器、制动器间隙进行调整。

学习性工作任务单

学习情境六	检修自动变速器
学时	8 学时
典型工作过程描述	测量 B1 制动器间隙—调整 B1 制动器间隙—测量离合器 K1 与 K2 之间间隙—调整离合器 K1 与 K2 之间间隙—调整 B2 制动器间隙
学习目标	任务一　测量 B1 制动器间隙的学习目标 　　1. 安装 B1 制动器组件。 　　2. 学习测量 B1 制动器间隙的方法。 任务二　调整 B1 制动器间隙的学习目标 　　1. 学习确定 I 的方法。 　　2. 学习确定 m 的方法。 　　3. 学习计算间隙 X 的方法。 　　4. 学习确定调整垫圈厚度的方法。 任务三　测量离合器 K1 与 K2 之间间隙的学习目标 　　1. 学习安装全部传动部件及油泵。 　　2. 学习安装百分表支架及百分表。 　　3. 学习测量间隙的方法。 任务四　调整离合器 K1 与 K2 之间间隙的学习目标 　　1. 学习确定 a 的方法。 　　2. 学习确定 b 的方法。 　　3. 学习计算间隙 X 的方法。 　　4. 学习确定调整垫圈厚度的方法。 任务五　调整 B2 制动器间隙的学习目标 　　1. 学习确定 a 的方法。 　　2. 学习确定 b 的方法。 　　3. 学习计算间隙 X 的方法。 　　4. 学习确定调整垫圈厚度的方法。

学习情境六 检修自动变速器

任务描述	测量并调整自动变速器各离合器、制动器的间隙					
学时安排	资讯 0.5 学时	计划 0.8 学时	决策 0.5 学时	实施 5 学时	检查 0.7 学时	评价 0.5 学时
对学生的要求	1. 能够正确调整 B1 制动器间隙。 2. 能够正确调整离合器 K1 与 K2 之间间隙。 3. 能够正确调整 B2 制动器间隙。 4. 能够养成 6S 规范工作态度。 5. 能够养成工匠精神、职业精神。					
参考资料	检修汽车底盘系统课程配套微课					

材料工具清单

学习情境六	检修自动变速器					
学时	8 学时					
典型工作过程描述	测量 B1 制动器间隙—调整 B1 制动器间隙—测量离合器 K1 与 K2 之间间隙—调整离合器 K1 与 K2 之间间隙—调整 B2 制动器间隙					
序号	名称	作用	数量	型号	使用量	使用者
1	导板	测量	2			
2	塞尺	测量	1			
3	深度尺	测量	1			
4	外径千分尺	测量	1	0~25mm		
5	百分表支架	测量	1			
6	百分表	测量	1			
7	尖嘴钳	测量	1			
8	世达 150 件	拆装	1			
班级			第 组	组长签字		
教师签字			日 期			

任务一 测量 B1 制动器间隙

1. 测量 B1 制动器间隙的资讯单

学习情境六	检修自动变速器
学时	0.1 学时
典型工作过程描述	测量 B1 制动器间隙—调整 B1 制动器间隙—测量离合器 K1 与 K2 之间间隙—调整离合器 K1 与 K2 之间间隙—调整 B2 制动器间隙
收集资讯的方式	线下图书与线上资源相结合。
资讯描述	测量 B1 制动器间隙的工具是_____。
对学生的要求	1. 能正确测量 B1 制动器间隙。 2. 能够养成 6S 规范工作态度。
参考资料	检修汽车底盘系统课程配套微课

111

2. 测量 B1 制动器间隙的计划单

学习情境六	检修自动变速器
学时	0.1 学时
典型工作过程描述	测量 B1 制动器间隙—调整 B1 制动器间隙—测量离合器 K1 与 K2 之间间隙—调整离合器 K1 与 K2 之间间隙—调整 B2 制动器间隙
计划制订的方式	小组讨论。

序　号	工　作　步　骤	注　意　事　项
1	将 B1 制动器组件安装至变速箱壳体 （图）	图注： 1—变速箱壳体 2—调整垫圈 3—外片 4—内片 5—压板 6—碟形弹簧 7—单向离合器（带 B1 活塞） 8—弹性挡圈
2	测量 B1 制动器间隙： 1. 清洁塞尺 2. 测量 B1 制动器间隙 （图）	图注： A—塞尺

计划评价	班　级		第　　组		组长签字	
	教师签字		日　期			
	评语：					

3. 测量 B1 制动器间隙的决策单

学习情境六	检修自动变速器				
学时	0.1 学时				
典型工作过程描述	测量 B1 制动器间隙—调整 B1 制动器间隙—测量离合器 K1 与 K2 之间间隙—调整离合器 K1 与 K2 之间间隙—调整 B2 制动器间隙				
计 划 对 比					
序　号	计划的可行性	计划的经济性	计划的可操作性	计划的实施难度	综 合 评 价
1					
2					
3					
决策评价	班　级		第　　组		组长签字	
	教师签字		日　　期			
	评语：					

4. 测量 B1 制动器间隙的实施单

学习情境六	检修自动变速器	
学时	1 学时	
典型工作过程描述	测量 B1 制动器间隙—调整 B1 制动器间隙—测量离合器 K1 与 K2 之间间隙—调整离合器 K1 与 K2 之间间隙—调整 B2 制动器间隙	
序　号	实 施 步 骤	注 意 事 项
1		
2		

实施说明：

实施评价	班　级		第　　组		组长签字	
	教师签字		日　　期			
	评语：					

5. 测量 B1 制动器间隙的检查单

学习情境六	检修自动变速器			
学时	0.2 学时			
典型工作过程描述	测量 B1 制动器间隙—调整 B1 制动器间隙—测量离合器 K1 与 K2 之间间隙—调整离合器 K1 与 K2 之间间隙—调整 B2 制动器间隙			
序 号	检 查 项 目	检 查 标 准	学 生 自 查	教 师 检 查
1	装配工艺	安装到位		
2	测量值	测量值准确		
3	测量结论	判断结果准确		
检查评价	班 级		第 组	组长签字	
	教师签字		日 期		
	评语:				

6. 测量 B1 制动器间隙的评价单

学习情境六	检修自动变速器			
学时	0.1 学时			
典型工作过程描述	测量 B1 制动器间隙—调整 B1 制动器间隙—测量离合器 K1 与 K2 之间间隙—调整离合器 K1 与 K2 之间间隙—调整 B2 制动器间隙			
评价项目	评价子项目	学 生 自 评	组 内 评 价	教 师 评 价
作业流程完整性	作业流程是否完整			
作业流程规范性	作业流程是否规范			
6S 管理	是否做到 6S 管理			
工作态度	是否做到严谨细致			
最终结果				
评价的评价	班 级		第 组	组长签字	
	教师签字		日 期		
	评语:				

任务二 调整 B1 制动器间隙

1. 调整 B1 制动器间隙的资讯单

学习情境六	检修自动变速器
学时	0.1 学时
典型工作过程描述	测量 B1 制动器间隙—调整 B1 制动器间隙—测量离合器 K1 与 K2 之间间隙—调整离合器 K1 与 K2 之间间隙—调整 B2 制动器间隙
收集资讯的方式	线下图书与线上资源相结合。
资讯描述	计算 B1 调整垫片厚度的公式为_____。
对学生的要求	1. 能正确测量 I。 2. 能正确测量 m。 3. 能正确计算间隙 X。 4. 能正确选择合适的调整垫圈。 5. 能够养成 6S 规范工作态度。 6. 能够养成严谨细致的工作态度。
参考资料	检修汽车底盘系统课程配套微课

2. 调整 B1 制动器间隙的计划单

学习情境六	检修自动变速器	
学时	0.2 学时	
典型工作过程描述	测量 B1 制动器间隙—调整 B1 制动器间隙—测量离合器 K1 与 K2 之间间隙—调整离合器 K1 与 K2 之间间隙—调整 B2 制动器间隙	
计划制订的方式	小组讨论。	
序 号	工 作 步 骤	注 意 事 项
1	确定 I： 1. 按箭头方向将活塞压到挡块上 2. 将导板 A 压在单向离合器外环上 3. 用深度尺 B 测量活塞内棱高度 	1. 计算方法： I=测量值－导板高度 51.8 mm 2. 计算结果： I=（ ）

2	确定 m： 1. 将全部 B2 制动器内片、外片、压板放在挡板上 2. 将导板 A 压在片组上 3. 用深度尺 B 测量压板到挡板的距离		1. 计算方法： m=测量值－导板高度 48.2 mm 2. 计算结果： m=（　　　　　　）
3	计算间隙 X 		1. 调整垫圈厚度由间隙尺寸 X 确定 2. 计算方法： $X=K+I/2-m$ K=恒定值 26.8 mm 3. 计算结果： X=（　　　　）
4	确定调整垫圈： 根据计算出的 X，在维修手册中查找对应厚度的调整垫片，进行更换		更换调整垫片后，需再次测量 B1 制动器间隙，保证其在标准范围内
计划评价	班　　级		第　　组	组长签字	
	教师签字		日　　期		
	评语：				

3. 调整 B1 制动器间隙的决策单

学习情境六	检修自动变速器			
学时	0.1 学时			
典型工作过程描述	测量 B1 制动器间隙—调整 B1 制动器间隙—测量离合器 K1 与 K2 之间间隙—调整离合器 K1 与 K2 之间间隙—调整 B2 制动器间隙			
计 划 对 比				
序　号	计划的可行性	计划的经济性	计划的可操作性	计划的实施难度	综 合 评 价
1					
2					
3					
决策评价	班　级		第　组		组长签字	
	教师签字		日　期			
	评语：					

4. 调整 B1 制动器间隙的实施单

学习情境六	检修自动变速器	
学时	1 学时	
典型工作过程描述	测量 B1 制动器间隙—调整 B1 制动器间隙—测量离合器 K1 与 K2 之间间隙—调整离合器 K1 与 K2 之间间隙—调整 B2 制动器间隙	
序　号	实 施 步 骤	注 意 事 项
1		
2		
3		
4		
实施说明：		
实施评价	班　级		第　组	组长签字	
	教师签字		日　期		
	评语：				

5. 调整 B1 制动器间隙的检查单

学习情境六	检修自动变速器			
学时	0.2 学时			
典型工作过程描述	测量 B1 制动器间隙—调整 B1 制动器间隙—测量离合器 K1 与 K2 之间间隙—调整离合器 K1 与 K2 之间间隙—调整 B2 制动器间隙			
序 号	检 查 项 目	检 查 标 准	学 生 自 查	教 师 检 查
1	测量	测量值准确		
2	调整垫圈选配	调整垫圈选配准确		
检查评价	班 级		第 组	组长签字
	教师签字		日 期	
	评语：			

6. 调整 B1 制动器间隙的评价单

学习情境六	检修自动变速器			
学时	0.1 学时			
典型工作过程描述	测量 B1 制动器间隙—调整 B1 制动器间隙—测量离合器 K1 与 K2 之间间隙—调整离合器 K1 与 K2 之间间隙—调整 B2 制动器间隙			
评价项目	评价子项目	学 生 自 评	组 内 评 价	教 师 评 价
作业流程完整性	作业流程是否完整			
作业流程规范性	作业流程是否规范			
6S 管理	是否做到 6S 管理			
工作态度	是否做到严谨细致			
最终结果				
评价的评价	班 级		第 组	组长签字
	教师签字		日 期	
	评语：			

学习情境六 检修自动变速器

任务三 测量离合器 K1 与 K2 之间间隙

1. 测量离合器 K1 与 K2 之间间隙的资讯单

学习情境六	检修自动变速器
学时	0.1 学时
典型工作过程描述	测量 B1 制动器间隙—调整 B1 制动器间隙—测量离合器 K1 与 K2 之间间隙—调整离合器 K1 与 K2 之间间隙—调整 B2 制动器间隙
收集资讯的方式	线下图书与线上资源相结合。
资讯描述	1. 测量离合器 K1 与 K2 之间间隙的工具是＿＿＿＿＿＿＿＿＿＿。 2. 间隙标准值是＿＿＿＿＿＿＿＿＿＿＿＿＿＿＿＿＿＿＿＿＿。
对学生的要求	1. 能正确测量离合器 K1 与 K2 之间间隙。 2. 能够养成 6S 规范工作态度。 3. 能够养成严谨细致的工作态度。
参考资料	检修汽车底盘系统课程配套微课

2. 测量离合器 K1 与 K2 之间间隙的计划单

学习情境六	检修自动变速器	
学时	0.2 学时	
典型工作过程描述	测量 B1 制动器间隙—调整 B1 制动器间隙—测量离合器 K1 与 K2 之间间隙—调整离合器 K1 与 K2 之间间隙—调整 B2 制动器间隙	
计划制订的方式	小组讨论。	
序 号	工 作 步 骤	注 意 事 项
1	安装全部传动部件及油泵	
2	安装百分表支架及百分表: 1. 安装百分表支架 2. 安装百分表 3. 调整预压量	
3	测量间隙: 来回摆动涡轮轴并读出间隙值	标准范围请查阅维修手册
计划评价	班 级 / 第 组 / 组长签字 教师签字 / 日 期 评语:	

3. 测量离合器 K1 与 K2 之间间隙的决策单

学习情境六	检修自动变速器				
学时	0.1 学时				
典型工作过程描述	测量 B1 制动器间隙—调整 B1 制动器间隙—测量离合器 K1 与 K2 之间间隙—调整离合器 K1 与 K2 之间间隙—调整 B2 制动器间隙				
计 划 对 比					
序 号	计划的可行性	计划的经济性	计划的可操作性	计划的实施难度	综 合 评 价
1					
2					
3					
决策评价	班　级		第　组	组长签字	
	教师签字		日　期		
	评语：				

4. 测量离合器 K1 与 K2 之间间隙的实施单

学习情境六	检修自动变速器	
学时	1 学时	
典型工作过程描述	测量 B1 制动器间隙—调整 B1 制动器间隙—测量离合器 K1 与 K2 之间间隙—调整离合器 K1 与 K2 之间间隙—调整 B2 制动器间隙	
序　号	实 施 步 骤	注 意 事 项
1		
2		
3		
实施说明：		
实施评价	班　级		第　组	组长签字	
	教师签字		日　期		
	评语：				

5. 测量离合器 K1 与 K2 之间间隙的检查单

学习情境六	检修自动变速器			
学时	0.1 学时			
典型工作过程描述	测量 B1 制动器间隙—调整 B1 制动器间隙—测量离合器 K1 与 K2 之间间隙—调整离合器 K1 与 K2 之间间隙—调整 B2 制动器间隙			
序　号	检查项目	检查标准	学生自查	教师检查
1	油泵安装	安装到位		
2	测量	测量值准确		
检查评价	班　级		第　组	组长签字
	教师签字		日　期	
	评语：			

6. 测量离合器 K1 与 K2 之间间隙的评价单

学习情境六	检修自动变速器			
学时	0.1 学时			
典型工作过程描述	测量 B1 制动器间隙—调整 B1 制动器间隙—测量离合器 K1 与 K2 之间间隙—调整离合器 K1 与 K2 之间间隙—调整 B2 制动器间隙			
评价项目	评价子项目	学生自评	组内评价	教师评价
作业流程完整性	作业流程是否完整			
作业流程规范性	作业流程是否规范			
6S 管理	是否做到 6S 管理			
工作态度	是否做到严谨细致			
最终结果				
评价的评价	班　级		第　组	组长签字
	教师签字		日　期	
	评语：			

任务四　调整离合器 K1 与 K2 之间间隙

1. 调整离合器 K1 与 K2 之间间隙的资讯单

学习情境六	检修自动变速器
学时	0.1 学时
典型工作过程描述	测量 B1 制动器间隙—调整 B1 制动器间隙—测量离合器 K1 与 K2 之间间隙—调整离合器 K1 与 K2 之间间隙—调整 B2 制动器间隙
收集资讯的方式	线下图书与线上资源相结合。
资讯描述	1. 调整离合器 K1 与 K2 之间间隙的工具有＿＿＿＿＿＿＿＿＿＿＿。 2. 计算公式是＿＿＿＿＿＿＿＿＿＿＿＿＿＿＿＿＿＿＿＿＿＿。
对学生的要求	1. 能正确确定 a。 2. 能正确确定 b。 3. 能正确计算间隙 X。 4. 能正确确定调整垫圈厚度。 5. 能够养成严谨的工作态度。
参考资料	检修汽车底盘系统课程配套微课

2. 调整离合器 K1 与 K2 之间间隙的计划单

学习情境六	检修自动变速器
学时	0.2 学时
典型工作过程描述	测量 B1 制动器间隙—调整 B1 制动器间隙—测量离合器 K1 与 K2 之间间隙—调整离合器 K1 与 K2 之间间隙—调整 B2 制动器间隙
计划制订的方式	小组讨论。

序　号	工　作　步　骤	注　意　事　项
1	确定 a： 1. 将导板 A 按箭头方向压在变速箱壳体上 2. 用深度尺 B 测量导板至 K1 离合器的距离，得出测量值 1 	1. 测量时取下调整垫片 2. 计算方法： a=测量值 1-测量值 2 3. 计算结果： a=（　　　　　）

1	3. 用深度尺 B 测量导板 A 至变速箱壳体油泵法兰的距离，得出测量值 2	
2	确定 b： 将导板 A 放在导轮支座上	1. 测量时将油泵密封垫安装在油泵上 2. 计算方法： b=测量值－导板高度 3. 计算结果： b=（　　　　　）
3	计算间隙 X	1. 计算方法： $X=a-b$ 2. 计算结果： X=（　　　　　）
4	确定调整垫圈厚度： 根据计算出的 X，在维修手册中查找对应厚度的调整垫片，并进行更换	更换调整垫片后，需再次测量离合器 K1 与 K2 之间的间隙，保证其在标准范围内
计划评价	班　级		第　　组	组长签字	
	教师签字		日　期		
	评语：				

3. 调整离合器 K1 与 K2 之间间隙的决策单

学习情境六	检修自动变速器				
学时	0.1 学时				
典型工作过程描述	测量 B1 制动器间隙—调整 B1 制动器间隙—测量离合器 K1 与 K2 之间间隙—调整离合器 K1 与 K2 之间间隙—调整 B2 制动器间隙				
计 划 对 比					
序 号	计划的可行性	计划的经济性	计划的可操作性	计划的实施难度	综 合 评 价
1					
2					
3					
决策评价	班 级： 第 组 组长签字： 教师签字： 日 期： 评语：				

4. 调整离合器 K1 与 K2 之间间隙的实施单

学习情境六	检修自动变速器	
学时	1 学时	
典型工作过程描述	测量 B1 制动器间隙—调整 B1 制动器间隙—测量离合器 K1 与 K2 之间间隙—调整离合器 K1 与 K2 之间间隙—调整 B2 制动器间隙	
序 号	实 施 步 骤	注 意 事 项
1		
2		
3		
4		
实施说明：		
实施评价	班 级： 第 组 组长签字： 教师签字： 日 期： 评语：	

5. 调整离合器 K1 与 K2 之间间隙的检查单

学习情境六	检修自动变速器			
学时	0.1 学时			
典型工作过程描述	测量 B1 制动器间隙—调整 B1 制动器间隙—测量离合器 K1 与 K2 之间间隙—调整离合器 K1 与 K2 之间间隙—调整 B2 制动器间隙			
序　号	检 查 项 目	检 查 标 准	学 生 自 查	教 师 检 查
1	测量	测量值准确		
2	调整垫圈选配	调整垫圈选配准确		
检查评价	班　级		第　组	组长签字	
	教师签字		日　期		
	评语：				

6. 调整离合器 K1 与 K2 之间间隙的评价单

学习情境六	检修自动变速器			
学时	0.1 学时			
典型工作过程描述	测量 B1 制动器间隙—调整 B1 制动器间隙—测量离合器 K1 与 K2 之间间隙—调整离合器 K1 与 K2 之间间隙—调整 B2 制动器间隙			
评 价 项 目	评价子项目	学 生 自 评	组 内 评 价	教 师 评 价
作业流程完整性	作业流程是否完整			
作业流程规范性	作业流程是否规范			
6S 管理	是否做到 6S 管理			
工作态度	是否做到严谨细致			
最终结果				
评价的评价	班　级		第　组	组长签字	
	教师签字		日　期		
	评语：				

任务五　调整 B2 制动器间隙

1. 调整 B2 制动器间隙的资讯单

学习情境六	检修自动变速器
学时	0.1 学时
典型工作过程描述	测量 B1 制动器间隙—调整 B1 制动器间隙—测量离合器 K1 与 K2 之间间隙—调整离合器 K1 与 K2 之间间隙—调整 B2 制动器间隙
收集资讯的方式	线下图书与线上资源相结合。
资讯描述	1. 调整 B2 制动器间隙的工具有＿＿＿＿＿＿＿＿＿＿＿＿＿＿＿＿＿。 2. 计算公式是＿＿＿＿＿＿＿＿＿＿＿＿＿＿＿＿＿＿＿＿＿＿。
对学生的要求	1. 能正确确定 a。 2. 能正确确定 b。 3. 能正确计算间隙 X。 4. 能正确确定调整垫圈厚度。 5. 能够养成严谨的工作态度。
参考资料	检修汽车底盘系统课程配套微课

2. 调整 B2 制动器间隙的计划单

学习情境六	检修自动变速器	
学时	0.1 学时	
典型工作过程描述	测量 B1 制动器间隙—调整 B1 制动器间隙—测量离合器 K1 与 K2 之间间隙—调整离合器 K1 与 K2 之间间隙—调整 B2 制动器间隙	
计划制订的方式	小组讨论。	
序　号	工 作 步 骤	注 意 事 项
1	确定 a： 用深度尺 A 测量变速箱壳体油泵法兰到第一个 B1 制动器内片的高度，得出测量值 a 	

2	确定 b： 将导板 B 压在导轮支座下部，用深度尺 A 测量导板至油泵法兰的高度，得出测量值 b	1. 测量时安装油泵密封圈 2. 计算方法： $b=$ 测量值－导板高度 3. 计算结果： $b=$（　　　　）
3	计算间隙 X	1. 计算方法： $X=a-b-3.2$ mm 2. 计算结果： $X=$（　　　　）
4	确定最后一个外片的厚度 根据计算出的 X，在维修手册中查找对应厚度的最后一个外片，并进行安装	可安装 2 个外片
计划评价	班　级　　　　　　　　　第　组　　　组长签字 教师签字　　　　　　　　日　期 评语：	

3. 调整 B2 制动器间隙的决策单

学习情境六	检修自动变速器
学时	0.1 学时
典型工作过程描述	测量 B1 制动器间隙—调整 B1 制动器间隙—测量离合器 K1 与 K2 之间间隙—调整离合器 K1 与 K2 之间间隙—调整 B2 制动器间隙

计　划　对　比					
序　号	计划的可行性	计划的经济性	计划的可操作性	计划的实施难度	综 合 评 价
1					
2					
3					

决策评价	班　级　　　　　　　　　第　组　　　组长签字 教师签字　　　　　　　　日　期 评语：

4. 调整 B2 制动器间隙的实施单

学习情境六	检修自动变速器		
学时	1 学时		
典型工作过程描述	测量 B1 制动器间隙—调整 B1 制动器间隙—测量离合器 K1 与 K2 之间间隙—调整离合器 K1 与 K2 之间间隙—调整 B2 制动器间隙		
序　号	实　施　步　骤	注　意　事　项	
1			
2			
3			
4			
实施说明：			
实施评价	班　　级		第　　组	组长签字	
	教师签字		日　　期		
	评语：				

5. 调整 B2 制动器间隙的检查单

学习情境六	检修自动变速器			
学时	0.1 学时			
典型工作过程描述	测量 B1 制动器间隙—调整 B1 制动器间隙—测量离合器 K1 与 K2 之间间隙—调整离合器 K1 与 K2 之间间隙—调整 B2 制动器间隙			
序　号	检　查　项　目	检　查　标　准	学　生　自　查	教　师　检　查
1	测量	测量值准确		
2	调整垫圈选配	调整垫圈选配准确		
检查评价	班　　级		第　　组	组长签字	
	教师签字		日　　期		
	评语：				

6. 调整 B2 制动器间隙的评价单

学习情境六	检修自动变速器			
学时	0.1 学时			
典型工作过程描述	测量 B1 制动器间隙—调整 B1 制动器间隙—测量离合器 K1 与 K2 之间间隙—调整离合器 K1 与 K2 之间间隙—调整 B2 制动器间隙			
评价项目	评价子项目	学 生 自 评	组 内 评 价	教 师 评 价
作业流程完整性	作业流程是否完整			
作业流程规范性	作业流程是否规范			
6S 管理	是否做到 6S 管理			
工作态度	是否做到严谨细致			
最终结果				
评价的评价	班　级		第　　组	组长签字
	教师签字		日　期	
	评语:			

学习情境七　更换 ATF

客户需求单

客户需求
一辆车龄 4 年的速腾轿车，已行驶 68000km，根据维修保养作业内容，现需对该车辆进行 ATF 更换作业，以保证车辆行驶的平顺性、燃油经济性，以及延长车辆使用寿命。
操作内容
1. 利用循环机更换 ATF。 2. 更换型号、数量匹配的 ATF。 3. 更换后进行路试，确保自动变速器运行正常。

学习性工作任务单

学习情境七	更换 ATF
学时	4 学时
典型工作过程描述	连接设备—循环清洗—等量交换—液位检查—排空油箱—路试
学习目标	任务一　连接设备的学习目标 　　1. 能计算并记录换油周期。 　　2. 能正确连接循环机。 　　3. 能校准换油机称重系统。 任务二　循环清洗的学习目标 　　1. 能正确选择清洗模式。 　　2. 能正确操作换挡杆。 　　3. 能正确操作发动机启动与停机。 任务三　等量交换的学习目标 　　1. 能正确查阅手册获得标准加注量。 　　2. 能正确添加自动变速器油。 　　3. 能正确辨别油品颜色。 任务四　液位检查的学习目标 　　1. 能正确检查变速器油温。 　　2. 能正确检查变速器油位。 任务五　排空油箱的学习目标 　　能正确排空设备油箱。 任务六　路试的学习目标 　　能正确完成道路测试。

任务描述	使用 ATF 循环机更换 ATF					
学时安排	资讯 0.6 学时	计划 0.6 学时	决策 0.6 学时	实施 1 学时	检查 0.6 学时	评价 0.6 学时
对学生的要求	1. 能够掌握 ATF 更换周期。 2. 能够正确使用 ATF 循环机。 3. 能够养成 6S 规范作业习惯。 4. 能够养成工匠精神、职业精神。					
参考资料	检修汽车底盘系统课程配套微课					

材料工具清单

学习情境七	更换 ATF					
学时	4 学时					
典型工作过程描述	连接设备—循环清洗—等量交换—液位检查—排空油箱—路试					
序 号	名 称	作 用	数 量	型 号	使 用 量	使 用 者
1	ATF 循环机	更换 ATF	1			
2	世达 150 件	拆装油管等部件	1			
3	扭力扳手	紧固螺栓	1			
班 级			第 组		组长签字	
教师签字			日 期			

任务一 连接设备

1. 连接设备的资讯单

学习情境七	更换 ATF
学时	0.1 学时
典型工作过程描述	连接设备—循环清洗—等量交换—液位检查—排空油箱—路试
收集资讯的方式	线下图书与线上资源相结合。
资讯描述	1. ATF 的更换周期是_____。 2. 除了使用循环机更换 ATF，还可以使用的方法是_____。
对学生的要求	1. 能正确描述 ATF 更换周期。 2. 能正确连接仪器设备。 3. 能正确检查循环机称重系统。
参考资料	检修汽车底盘系统课程配套微课

2. 连接设备的计划单

学习情境七	更换 ATF	
学时	0.1 学时	
典型工作过程描述	连接设备—循环清洗—等量交换—液位检查—排空油箱—路试	
计划制订的方式	小组讨论。	
序 号	工 作 步 骤	注 意 事 项
1	描述 ATF 更换周期	
2	连接循环机	连接牢固,防止管路接头泄漏
3	检查循环机称重系统	称重存在偏差时需先对电子秤进行校准,然后进行换油作业
计划评价	班 级: 第 组 组长签字: 教师签字: 日 期: 评语:	

3. 连接设备的决策单

学习情境七	更换 ATF				
学时	0.1 学时				
典型工作过程描述	连接设备—循环清洗—等量交换—液位检查—排空油箱—路试				
	计 划 对 比				
序 号	计划的可行性	计划的经济性	计划的可操作性	计划的实施难度	综 合 评 价
1					
2					
3					
决策评价	班 级: 第 组 组长签字: 教师签字: 日 期: 评语:				

4. 连接设备的实施单

学习情境七	更换 ATF
学时	0.1 学时
典型工作过程描述	连接设备—循环清洗—等量交换—液位检查—排空油箱—路试

序　号	实 施 步 骤	注 意 事 项
1		
2		
3		

实施说明：

实施评价	班　级		第　组		组长签字	
	教师签字		日　期			
	评语：					

5. 连接设备的检查单

学习情境七	更换 ATF
学时	0.1 学时
典型工作过程描述	连接设备—循环清洗—等量交换—液位检查—排空油箱—路试

序　号	检 查 项 目	检 查 标 准	学 生 自 查	教 师 检 查
1	ATF 更换周期	描述准确		
2	机器连接	机器连接正确		
3	称重检查	称重系统检查正确		

检查评价	班　级		第　组		组长签字	
	教师签字		日　期			
	评语：					

6. 连接设备的评价单

学习情境七	更换 ATF			
学时	0.1 学时			
典型工作过程描述	连接设备—循环清洗—等量交换—液位检查—排空油箱—路试			
评价项目	评价子项目	学生自评	组内评价	教师评价
作业流程完整性	作业流程是否完整			
作业流程规范性	作业流程是否规范			
6S 管理	是否做到 6S 管理			
最终结果				
评价的评价	班　级		第　　组	组长签字	
	教师签字		日　期		
	评语：				

任务二　循　环　清　洗

1. 循环清洗的资讯单

学习情境七	更换 ATF
学时	0.1 学时
典型工作过程描述	连接设备—循环清洗—等量交换—液位检查—排空油箱—路试
收集资讯的方式	线下图书与线上资源相结合。
资讯描述	1. 循环清洗的目的是_____。 2. 循环清洗的压力是_____。
对学生的要求	1. 能正确操作循环机。 2. 能正确操作车辆换挡。 3. 能够养成 6S 规范作业习惯。 4. 能够养成严谨细致的工作作风。
参考资料	检修汽车底盘系统课程配套微课

2. 循环清洗的计划单

学习情境七	更换 ATF	
学时	0.1 学时	
典型工作过程描述	连接设备—循环清洗—等量交换—液位检查—排空油箱—路试	
计划制订的方式	小组讨论。	
序 号	工 作 步 骤	注 意 事 项
1	启动车辆，选择"循环清洗"功能，并开始清洗	先启动车辆，再启动循环机
2	循环换挡： 1. 各挡位停留时间为 3~5s 2. 对于手自一体车辆，也要切换到手动模式并循环换挡 3. 清洗时间为 3~5min 4. 清洗过程中需观察循环机压力表，压力应在 0.1~0.5MPa，若不在此压力范围内，则使用重力换油方法更换 ATF	1. 各挡位停留时间为 3~5 s 2. 各挡位换挡操作过程中必须持续保持踩下制动踏板，防止车辆移动，出现安全事故 3. 若循环机压力不在 0.1~0.5MPa，应立即停止循环机工作，防止变速器内部元件损坏
3	清洗结束后，将挡位置于 P 挡位置	
4	发动机熄火： 将点火开关置于 OFF 位置	
计划评价	班　　级		第　　组	组长签字	
	教师签字		日　　期		
	评语：				

3. 循环清洗的决策单

学习情境七	更换 ATF
学时	0.1 学时
典型工作过程描述	连接设备—循环清洗—等量交换—液位检查—排空油箱—路试

计 划 对 比					
序　号	计划的可行性	计划的经济性	计划的可操作性	计划的实施难度	综 合 评 价
1					
2					
3					
决策评价	班　　级		第　　组	组长签字	
	教师签字		日　　期		
	评语：				

4. 循环清洗的实施单

学习情境七	更换 ATF		
学时	0.2 学时		
典型工作过程描述	连接设备—循环清洗—等量交换—液位检查—排空油箱—路试		
序　号	实　施　步　骤		注　意　事　项
1			
2			
3			
4			
实施说明：			
实施评价	班　级		第　组	组长签字	
	教师签字		日　期		
	评语：				

5. 循环清洗的检查单

学习情境七	更换 ATF			
学时	0.1 学时			
典型工作过程描述	连接设备—循环清洗—等量交换—液位检查—排空油箱—路试			
序　号	检　查　项　目	检　查　标　准	学　生　自　查	教　师　检　查
1	循环机操作	"循环清洗"功能选择正确		
2	挡位切换	循环换挡		
3	熄火挡位检查	P 挡熄火		
检查评价	班　级		第　组	组长签字	
	教师签字		日　期		
	评语：				

6. 循环清洗的评价单

学习情境七	更换 ATF			
学时	0.1 学时			
典型工作过程描述	连接设备—循环清洗—等量交换—液位检查—排空油箱—路试			
评 价 项 目	评价子项目	学 生 自 评	组 内 评 价	教 师 评 价
作业流程完整性	作业流程是否完整			
作业流程规范性	作业流程是否规范			
6S 管理	是否做到 6S 管理			
最终结果				
评价的评价	班 级		第 组	组长签字
	教师签字		日 期	
	评语:			

任务三 等量交换

1. 等量交换的资讯单

学习情境七	更换 ATF
学时	0.1 学时
典型工作过程描述	连接设备—循环清洗—等量交换—液位检查—排空油箱—路试
收集资讯的方式	线下图书与线上资源相结合。
资讯描述	1. ATF 的正常工作温度是_____。 2. ATF 的循环换油量是_____。
对学生的要求	1. 能正确加入规定量的 ATF。 2. 能正确判断变速箱工作温度。 3. 能正确设定更换量。 4. 能正确操作循环机进行等量交换。 5. 能够养成 6S 规范作业习惯。
参考资料	检修汽车底盘系统课程配套微课

2. 等量交换的计划单

学习情境七	更换 ATF
学时	0.1 学时
典型工作过程描述	连接设备—循环清洗—等量交换—液位检查—排空油箱—路试
计划制订的方式	小组讨论。

序　号	工　作　步　骤	注　意　事　项
1	加入 ATF 至循环机： 1. 在维修手册中查询更换车辆的 ATF 加注量 2. 加注量计算：以 01M 变速器为例，维修手册中显示第一次加注量为 5.3L，换油为 3.0L，说明液力变矩器中含有 2.3L 的 ATF。若使用重力换油，则使用 3.0L 即可；若使用循环机换油，则考虑到"循环清洗"环节中会将液力变矩器内部的 AFT 同时循环清洗，为保证清洗效果，需要加入循环机的 ATF 量约为正常换油量的 1 倍，即 01M 变速器循环换油量约为 10.6L 行星齿轮系 | 油　量 | 行星齿轮系 | 自动变速器 | | 第一次加油 | 5.3 L | 01M | | 换油 | 约 3.0L | | | 润滑油 | 大众自动变速器油 | |	1. 使用循环机更换 ATF 时，应将液力变矩器容量计算在内 2. 若保证高质量清洗效果的情况下，可以适当加大 ATF 加注量，但需与客户提前沟通
2	启动车辆预热： 1. 启动车辆预热 2. 使用诊断仪"数据流"功能，读取变速器油温，正常工作温度保持在 80℃	
3	设定更换量，开始等量交换： 1. 操作循环机，设定交换量 2. 设定时需预留 1L 新的 ATF，用于调整变速箱液位	
4	循环换挡： 1. 各挡位停留时间为 3～5s 2. 对于手自一体车辆，也要切换到手动模式并循环换挡 3. 同时观察循环机观察窗内新旧 ATF 颜色变化，旧 ATF 颜色越接近新 ATF 颜色说明更换效果越好	1. 设定的更换量完成交换后，循环机会自动停止 2. 更换效果根据观察窗内的 ATF 颜色判断 3. 若更换效果不达预期，则需继续更换，但不得在交换过程中添加新 ATF，需等交换结束后再进行添加

5	选择 P 挡熄火： 1. 等量交换结束后选择 P 挡 2. 熄灭发动机				
计划评价	班　级		第　组	组长签字	
	教师签字		日　期		
	评语：				

3. 等量交换的决策单

学习情境七	更换 ATF
学时	0.1 学时
典型工作过程描述	连接设备—循环清洗—等量交换—液位检查—排空油箱—路试

计 划 对 比					
序　号	计划的可行性	计划的经济性	计划的可操作性	计划的实施难度	综 合 评 价
1					
2					
3					

决策评价	班　级		第　组	组长签字	
	教师签字		日　期		
	评语：				

4. 等量交换的实施单

学习情境七	更换 ATF
学时	0.2 学时
典型工作过程描述	连接设备—循环清洗—等量交换—液位检查—排空油箱—路试

序　号	实　施　步　骤	注　意　事　项
1		
2		
3		
4		
5		

实施说明：

实施评价	班　级		第　组		组长签字	
	教师签字		日　期			
	评语：					

5. 等量交换的检查单

学习情境七	更换 ATF
学时	0.1 学时
典型工作过程描述	连接设备—循环清洗—等量交换—液位检查—排空油箱—路试

序　号	检 查 项 目	检 查 标 准	学 生 自 查	教 师 检 查
1	等量交换	加入量符合要求		
2	循环换挡	换挡停留 3～5s		

检查评价	班　级		第　组		组长签字	
	教师签字		日　期			
	评语：					

6. 等量交换的评价单

学习情境七	更换 ATF			
学时	0.1 学时			
典型工作过程描述	连接设备—循环清洗—等量交换—液位检查—排空油箱—路试			
评价项目	评价子项目	学 生 自 评	组 内 评 价	教 师 评 价
作业流程完整性	作业流程是否完整			
作业流程规范性	作业流程是否规范			
6S 管理	是否做到 6S 管理			
最终结果				
评价的评价	班　级		第　　组	组长签字
	教师签字		日　期	
	评语:			

任务四　液　位　检　查

1. 液位检查的资讯单

学习情境七	更换 ATF
学时	0.1 学时
典型工作过程描述	连接设备—循环清洗—等量交换—液位检查—排空油箱—路试
收集资讯的方式	线下图书与线上资源相结合。
资讯描述	1. 检查液位前需要对各挡位进行_____。 2. 01M 变速器检查液位应在_____部位。
对学生的要求	1. 能够正确检查 ATF 液位。 2. 能够正确调整 ATF 液位。 3. 能够养成严谨的作业习惯。
参考资料	检修汽车底盘系统课程配套微课

2. 液位检查的计划单

学习情境七	更换 ATF
学时	0.1 学时
典型工作过程描述	连接设备—循环清洗—等量交换—液位检查—排空油箱—路试
计划制订的方式	小组讨论。

序 号	工 作 步 骤	注 意 事 项
1	检查 ATF 液位： 自动变速箱型号不同，检查液位的方法也有所不同。 1. 有变速箱油尺的使用油尺检查，热车情况下请在 HOT 标记区间内查看 2. 溢流管式的，请拆下变速箱油底壳放油螺栓观察，若拆下后有 ATF 溢出，说明液位偏高，待溢流管中 ATF 溢尽，则说明液位适中，安装放油螺栓即可；若没有 ATF 溢出，则说明液位偏低，需添加 ATF	由于 ATF 黏度会随温度的变化而变化，因此使用油尺检查时，要确认变速箱油温，观察对应温度区间的液位
2	液位不足时需添加 ATF： 1. 发动机熄火 2. 选择"加注新油"功能 3. 设定加注量，进行加注	液位正常，则跳过此步骤
3	液位过高时需回收 ATF： 1. 发动机熄火 2. 选择"回收旧油"功能 3. 设定回收量，进行回收	液位正常，则跳过此步骤

计划评价	班 级		第 组		组长签字	
	教师签字		日 期			
	评语：					

3. 液位检查的决策单

学习情境七	更换 ATF
学时	0.1 学时
典型工作过程描述	连接设备—循环清洗—等量交换—液位检查—排空油箱—路试

计 划 对 比					
序 号	计划的可行性	计划的经济性	计划的可操作性	计划的实施难度	综 合 评 价
1					
2					
3					

决策评价	班 级		第 组		组长签字	
	教师签字		日 期			
	评语：					

4. 液位检查的实施单

学习情境七	更换 ATF
学时	0.2 学时
典型工作过程描述	连接设备—循环清洗—等量交换—液位检查—排空油箱—路试

序 号	实 施 步 骤	注 意 事 项
1		
2		
3		

实施说明：

	班 级		第 组	组长签字	
实施评价	教师签字		日 期		
	评语：				

5. 液位检查的检查单

学习情境七	更换 ATF
学时	0.1 学时
典型工作过程描述	连接设备—循环清洗—等量交换—液位检查—排空油箱—路试

序 号	检 查 项 目	检 查 标 准	学 生 自 查	教 师 检 查
1	液位检查	液位检查方法正确		
2	加注新油	添加方法正确		
3	回收旧油	回收方法正确		

	班 级		第 组	组长签字	
检查评价	教师签字		日 期		
	评语：				

6. 液位检查的评价单

学习情境七	更换 ATF			
学时	0.1 学时			
典型工作过程描述	连接设备—循环清洗—等量交换—液位检查—排空油箱—路试			
评价项目	评价子项目	学生自评	组内评价	教师评价
作业流程完整性	作业流程是否完整			
作业流程规范性	作业流程是否规范			
6S 管理	是否做到 6S 管理			
紧急情况处理能力	操作过程中出现机器故障或安全隐患时是否及时妥当处理			
最终结果				
评价的评价	班 级		第 组	组长签字
	教师签字		日 期	
	评语:			

任务五 排空油箱

1. 排空油箱的资讯单

学习情境七	更换 ATF
学时	0.1 学时
典型工作过程描述	连接设备—循环清洗—等量交换—液位检查—排空油箱—路试
收集资讯的方式	线下图书与线上资源相结合。
资讯描述	循环机中剩余的 ATF 需要_____。
对学生的要求	1. 能够正确断开车辆连接管路。 2. 能够正确恢复原车连接管路。 3. 能够养成细致作业的工作作风。 4. 能够养成环保意识。
参考资料	检修汽车底盘系统课程配套微课

2. 排空油箱的计划单

学习情境七	更换 ATF	
学时	0.1 学时	
典型工作过程描述	连接设备—循环清洗—等量交换—液位检查—排空油箱—路试	
计划制订的方式	小组讨论。	
序 号	工 作 步 骤	注 意 事 项
1	断开设备连接管路： 拆卸循环机与变速箱油管的连接	及时清洁落在车辆及地面上的油污，防止滑倒摔伤
2	恢复原车连接管路： 1. 清洁管路接头处的油污 2. 连接管路接头 3. 安装接头卡箍	1. 若卡箍稍有损坏，需更换新卡箍 2. 将卡箍安装在原有位置，防止泄漏 3. 重新启动车辆，循环换挡，再次检查车辆管路连接情况
3	回收： 1. 将循环机外接管路连接到指定的废油回收桶 2. 选择"排空油箱"功能，排放新旧油箱的 ATF	1. 禁止将废油直接排入下水道 2. 若更换 ATF 滤清器，则按垃圾分类要求处理废旧滤清器 3. 每次换油后需排空循环机油箱，防止操作系统失准，同时防止发生火灾
计划评价	班 级		第 组	组长签字	
	教师签字		日 期		
	评语：				

3. 排空油箱的决策单

学习情境七	更换 ATF				
学时	0.1 学时				
典型工作过程描述	连接设备—循环清洗—等量交换—液位检查—排空油箱—路试				
计 划 对 比					
序 号	计划的可行性	计划的经济性	计划的可操作性	计划的实施难度	综 合 评 价
1					
2					
3					
决策评价	班 级		第 组	组长签字	
	教师签字		日 期		
	评语：				

4. 排空油箱的实施单

学习情境七	更换 ATF	
学时	0.2 学时	
典型工作过程描述	连接设备—循环清洗—等量交换—液位检查—排空油箱—路试	
序　号	实　施　步　骤	注　意　事　项
1		
2		
3		
实施说明：		
实施评价	班　级　　　　　　　　　　第　组　　组长签字	
	教师签字　　　　　　　　　日　期	
	评语：	

5. 排空油箱的检查单

学习情境七	更换 ATF		
学时	0.1 学时		
典型工作过程描述	连接设备—循环清洗—等量交换—液位检查—排空油箱—路试		
序　号	检查项目	检查标准	学生自查	教师检查
1	管路连接	1. 断开设备连接管路 2. 恢复车辆连接管路		
2	回收	回收到指定油桶		
检查评价	班　级　　　　　　　　　　第　组　　组长签字			
	教师签字　　　　　　　　　日　期			
	评语：			

6. 排空油箱的评价单

学习情境七	更换 ATF			
学时	0.1 学时			
典型工作过程描述	连接设备—循环清洗—等量交换—液位检查—排空油箱—路试			
评价项目	评价子项目	学生自评	组内评价	教师评价
作业流程完整性	作业流程是否完整			
作业流程规范性	作业流程是否规范			
6S 管理	是否做到 6S 管理			
环保意识	是否养成环保意识			
最终结果				
评价的评价	班　级		第　　组	组长签字
	教师签字		日　　期	
	评语：			

任务六　路　　试

1. 路试的资讯单

学习情境七	更换 ATF
学时	0.1 学时
典型工作过程描述	连接设备—循环清洗—等量交换—液位检查—排空油箱—路试
收集资讯的方式	线下图书与线上资源相结合。
资讯描述	1. 路试的目的是＿＿＿＿＿＿＿＿＿＿。 2. 路试的内容有＿＿＿＿＿＿＿＿＿＿。
对学生的要求	1. 能正确描述路试的目的。 2. 能正确描述路试的内容。 3. 能够养成遵纪守法意识。
参考资料	检修汽车底盘系统课程配套微课

2. 路试的计划单

学习情境七	更换 ATF
学时	0.1 学时
典型工作过程描述	连接设备—循环清洗—等量交换—液位检查—排空油箱—路试
计划制订的方式	小组讨论

序 号	工 作 步 骤	注 意 事 项
1	路试： 1. 规划路试线路 2. 路试距离在 3~5km 为宜 3. 行驶过程中可消除换油时产生的气泡 4. 感受车辆换挡的平顺性 5. 对于手自一体变速箱，可在手动模式下进行路试	1. 路试线路尽量选择车流量、人流量较少的路段，有条件的可以选择在封闭场地路试 2. 遵守交通法规，同时严禁无驾驶证维修人员进行路试（包括封闭场地） 3. 可邀请客户驾车路试，以更好地体会换油后的驾驶感受
2	复检： 路试后，举升车辆，再次复检管路连接情况，防止泄漏	

计划评价	班 级		第 组		组长签字	
	教师签字		日 期			
	评语：					

3. 路试的决策单

学习情境七	更换 ATF
学时	0.1 学时
典型工作过程描述	连接设备—循环清洗—等量交换—液位检查—排空油箱—路试

	计 划 对 比

序 号	计划的可行性	计划的经济性	计划的可操作性	计划的实施难度	综 合 评 价
1					
2					
3					

决策评价	班 级		第 组		组长签字	
	教师签字		日 期			
	评语：					

4. 路试的实施单

学习情境七	更换 ATF	
学时	0.1 学时	
典型工作过程描述	连接设备—循环清洗—等量交换—液位检查—排空油箱—路试	
序　号	实 施 步 骤	注 意 事 项
1		
2		
实施说明：		
实施评价	班　级		第　组	组长签字	
	教师签字		日　期		
	评语：				

5. 路试的检查单

学习情境七	更换 ATF		
学时	0.1 学时		
典型工作过程描述	连接设备—循环清洗—等量交换—液位检查—排空油箱—路试		
序　号	检 查 项 目	检 查 标 准	学 生 自 查	教 师 检 查
1	路试的目的	正确描述路试的目的		
2	路试的内容	正确描述路试的内容		
检查评价	班　级		第　组	组长签字	
	教师签字		日　期		
	评语：				

6. 路试的评价单

学习情境七	更换 ATF			
学时	0.1 学时			
典型工作过程描述	连接设备—循环清洗—等量交换—液位检查—排空油箱—路试			
评价项目	评价子项目	学生自评	组内评价	教师评价
作业流程完整性	作业流程是否完整			
作业流程规范性	作业流程是否规范			
遵纪守法	是否养成遵纪守法的意识			
最终结果				
评价的评价	班　级		第　组	组长签字	
	教师签字		日　期		
	评语：			

学习情境八　更换转向横拉杆

客户需求单

客户需求
黄先生的车辆在行驶过程中出现颠簸路面"咯哒咯哒"响、车身不稳定且左右摇摆等情况，经过检查发现转向横拉杆球头间隙过大，现需更换转向横拉杆外球头。
操作内容
1. 更换转向横拉杆的准备工作。 2. 转向横拉杆检查。 3. 转向横拉杆外球头拆卸。 4. 转向横拉杆外球头安装。 5. 转向横拉杆检查调整。

学习性工作任务单

学习情境八	更换转向横拉杆
学时	6学时
典型工作过程描述	更换转向横拉杆的准备工作—转向横拉杆检查—转向横拉杆外球头拆卸—转向横拉杆外球头安装—转向横拉杆检查调整
学习目标	任务一　更换转向横拉杆的准备工作的学习目标 　　1. 掌握转向横拉杆的作用。 　　2. 掌握转向横拉杆的结构。 　　3. 掌握转向横拉杆损坏导致的故障现象。 　　4. 学会使用维修手册。 任务二　转向横拉杆检查的学习目标 　　1. 熟悉转向横拉杆检查的项目及方法。 　　2. 熟悉转向横拉杆检查的注意事项。 任务三　转向横拉杆外球头拆卸的学习目标 　　1. 学会使用转向横拉杆外球头拆卸的专用工具。 　　2. 熟悉转向横拉杆外球头拆卸的流程。 　　3. 熟悉转向横拉杆外球头拆卸的注意事项。 任务四　转向横拉杆外球头安装的学习目标 　　1. 熟悉转向横拉杆外球头安装的注意事项。 　　2. 熟悉转向横拉杆外球头安装的流程。 任务五　转向横拉杆检查调整的学习目标 　　1. 熟悉转向横拉杆检查调整的项目及方法。 　　2. 熟悉转向横拉杆检查调整的标准。

 检修汽车底盘系统

任务描述	按照操作流程，进行转向横拉杆外球头的拆装，并进行检查调整					
学时安排	资讯 0.5学时	计划 0.7学时	决策 0.5学时	实施 3.3学时	检查 0.5学时	评价 0.5学时
对学生的要求	1. 掌握转向横拉杆的作用与结构。 2. 掌握转向横拉杆损坏导致的故障现象。 3. 能够对转向横拉杆进行检查调整。 4. 能够正确拆装转向横拉杆外球头。 5. 能够养成6S规范作业习惯。 6. 能够养成团队意识、工匠精神、职业精神。					
参考资料	检修汽车底盘系统课程配套微课					

材料工具清单

学习情境八	更换转向横拉杆					
学时	6学时					
典型工作过程描述	更换转向横拉杆的准备工作—转向横拉杆检查—转向横拉杆外球头拆卸—转向横拉杆外球头安装—转向横拉杆检查调整					
序号	名称	作用	数量	型号	使用量	使用者
1	球头拆卸专用工具		1	F3287AG、Hazet6450d-214		
2	世达工具		1	120件		
3	扭力扳手		1	0～300N·m		
4	撬杠		1			
5	车内四件套		1			
6	翼子板布、前格栅布		1			
	车轮挡块		1			
班级		第 组		组长签字		
教师签字		日 期				

任务一　更换转向横拉杆的准备工作

1. 更换转向横拉杆的准备工作的资讯单

学习情境八	更换转向横拉杆
学时	0.1学时
典型工作过程描述	更换转向横拉杆的准备工作—转向横拉杆检查—转向横拉杆外球头拆卸—转向横拉杆外球头安装—转向横拉杆检查调整

学习情境八　更换转向横拉杆

收集资讯的方式	线下图书与线上资源相结合。
资讯描述	1. 转向横拉杆的作用：＿＿＿＿＿＿＿＿。 2. 转向横拉杆由＿＿＿＿、＿＿＿＿、＿＿＿＿、防尘套等组成。 3. 转向横拉杆损坏导致的故障现象：＿＿＿＿＿＿＿＿。
对学生的要求	1. 掌握转向横拉杆损坏导致的故障现象。 2. 掌握转向横拉杆的作用。 3. 掌握转向横拉杆的结构。 4. 熟练掌握维修手册的使用方法。 5. 学会使用专用工具。 6. 能够养成 6S 规范作业习惯。 7. 能够养成团队意识、工匠精神、职业精神。
参考资料	检修汽车底盘系统课程配套微课

2. 更换转向横拉杆的准备工作的计划单

学习情境八	更换转向横拉杆	
学时	0.1 学时	
典型工作过程描述	更换转向横拉杆的准备工作—转向横拉杆检查—转向横拉杆外球头拆卸—转向横拉杆外球头安装—转向横拉杆检查调整	
计划制订的方式	小组讨论。	
序　号	工　作　步　骤	注　意　事　项
1	掌握转向横拉杆的作用	描述清楚
2	掌握转向横拉杆的结构	描述清楚
3	掌握转向横拉杆损坏导致的故障现象	描述清楚
4	掌握维修手册的使用方法	查找方法
5	掌握专用工具的使用方法	型号：F3287AG、Hazet6450d-214
计划评价	班　级　　　　　　　第　　组　　组长签字 教师签字　　　　　　日　期 评语：	

3. 更换转向横拉杆的准备工作的决策单

学习情境八	更换转向横拉杆				
学时	0.1 学时				
典型工作过程描述	更换转向横拉杆的准备工作—转向横拉杆检查—转向横拉杆外球头拆卸—转向横拉杆外球头安装—转向横拉杆检查调整				
计 划 对 比					
序 号	计划的可行性	计划的经济性	计划的可操作性	计划的实施难度	综 合 评 价
1					
2					
3					
决策评价	班 级		第 组	组长签字	
	教师签字		日 期		
	评语:				

4. 更换转向横拉杆的准备工作的实施单

学习情境八	更换转向横拉杆	
学时	0.1 学时	
典型工作过程描述	更换转向横拉杆的准备工作—转向横拉杆检查—转向横拉杆外球头拆卸—转向横拉杆外球头安装—转向横拉杆检查调整	
序 号	实 施 步 骤	注 意 事 项
1		
2		
3		
4		
5		

实施说明:

实施评价	班 级		第 组	组长签字	
	教师签字		日 期		
	评语:				

5. 更换转向横拉杆的准备工作的检查单

学习情境八	更换转向横拉杆			
学时	0.1 学时			
典型工作过程描述	更换转向横拉杆的准备工作—转向横拉杆检查—转向横拉杆外球头拆卸—转向横拉杆外球头安装—转向横拉杆检查调整			
序 号	检 查 项 目	检 查 标 准	学 生 自 查	教 师 检 查
1	转向横拉杆的作用	描述清楚		
2	转向横拉杆的结构	描述清楚		
3	转向横拉杆损坏导致的故障现象	描述清楚		
4	维修手册的使用	查找正确		
5	专用工具的使用	使用熟练		
检查评价	班　　级		第　　组	组长签字
	教师签字		日　　期	
	评语：			

6. 更换转向横拉杆的准备工作的评价单

学习情境八	更换转向横拉杆			
学时	0.1 学时			
典型工作过程描述	更换转向横拉杆的准备工作—转向横拉杆检查—转向横拉杆外球头拆卸—转向横拉杆外球头安装—转向横拉杆检查调整			
评 价 项 目	评价子项目	学 生 自 评	组 内 评 价	教 师 评 价
转向横拉杆的作用	描述是否清楚			
转向横拉杆的结构	描述是否清楚			
转向横拉杆损坏导致的故障现象	描述是否清楚			
维修手册的使用	注意查找方法			
专用工具的使用	型号：F3287AG、Hazet6450d-214			
最终结果				
评价的评价	班　　级		第　　组	组长签字
	教师签字		日　　期	
	评语：			

任务二　转向横拉杆检查

1. 转向横拉杆检查的资讯单

学习情境八	更换转向横拉杆
学时	0.1 学时
典型工作过程描述	更换转向横拉杆的准备工作—转向横拉杆检查—转向横拉杆外球头拆卸—转向横拉杆外球头安装—转向横拉杆检查调整
收集资讯的方式	线下图书与线上资源相结合。
资讯描述	1. 描述转向横拉杆检查的项目及方法：＿＿＿＿＿＿＿＿＿＿。 2. 描述转向横拉杆检查的注意事项：＿＿＿＿＿＿＿＿＿＿。
对学生的要求	1. 能检查转向横拉杆球头。 2. 能检查转向器防尘罩。 3. 能检查转向横拉杆。 4. 能够养成 6S 规范作业习惯。 5. 能够养成团队意识、工匠精神、职业精神。
参考资料	检修汽车底盘系统课程配套微课

2. 转向横拉杆检查的计划单

学习情境八	更换转向横拉杆		
学时	0.1 学时		
典型工作过程描述	更换转向横拉杆的准备工作—转向横拉杆检查—转向横拉杆外球头拆卸—转向横拉杆外球头安装—转向横拉杆检查调整		
计划制订的方式	小组讨论。		
序　号	工　作　步　骤	注　意　事　项	
1	检查转向横拉杆球头		
2	检查转向器防尘罩		
3	检查转向横拉杆		
计划评价	班　级　　　　　　　　　　　第　组　　组长签字		
	教师签字　　　　　　　　　　日　期		
	评语：		

3. 转向横拉杆检查的决策单

学习情境八	更换转向横拉杆				
学时	0.1 学时				
典型工作过程描述	更换转向横拉杆的准备工作—转向横拉杆检查—转向横拉杆外球头拆卸—转向横拉杆外球头安装—转向横拉杆检查调整				
计 划 对 比					
序 号	计划的可行性	计划的经济性	计划的可操作性	计划的实施难度	综合评价
1					
2					
3					
决策评价	班　级　　　　　　　　　　　　　第　组　　　组长签字				
	教师签字　　　　　　　　　　　　日　期				
	评语:				

4. 转向横拉杆检查的实施单

学习情境八	更换转向横拉杆	
学时	0.4 学时	
典型工作过程描述	更换转向横拉杆的准备工作—转向横拉杆检查—转向横拉杆外球头拆卸—转向横拉杆外球头安装—转向横拉杆检查调整	
序　号	实 施 步 骤	注 意 事 项
1		
2		
3		
实施说明:		
实施评价	班　级　　　　　　　　　　　　第　组　　　组长签字	
	教师签字　　　　　　　　　　　日　期	
	评语:	

5. 转向横拉杆检查的检查单

学习情境八	更换转向横拉杆				
学时	0.1 学时				
典型工作过程描述	更换转向横拉杆的准备工作—转向横拉杆检查—转向横拉杆外球头拆卸—转向横拉杆外球头安装—转向横拉杆检查调整				
序　号	检查项目		检查标准	学生自查	教师检查
1	检查转向横拉杆球头： 1. 检查球头上的螺纹，如有损坏，应更换球头总成 2. 检查球头防尘罩，如有橡胶老化、破裂等现象，应提前更换球头总成 3. 上下方向推拉球头销，如果存在明显旷量，应更换球头总成		检查全面		
2	检查转向器防尘罩，如有橡胶老化、裂纹及折断等损伤，应更换防尘罩		检查仔细		
3	检查转向横拉杆： 1. 检查转向横拉杆及其螺纹，如有损伤、变形，应更换新件 2. 检查转向横拉杆橡胶衬套，如有开裂、偏磨等损伤，应更换新衬套		检查全面		
检查评价	班　　级		第　　组	组长签字	
	教师签字		日　　期		
	评语：				

6. 转向横拉杆检查的评价单

学习情境八	更换转向横拉杆			
学时	0.1 学时			
典型工作过程描述	更换转向横拉杆的准备工作—转向横拉杆检查—转向横拉杆外球头拆卸—转向横拉杆外球头安装—转向横拉杆检查调整			
评价项目	评价子项目	学生自评	组内评价	教师评价
作业流程完整性	作业流程是否完整			
作业流程规范性	作业流程是否规范			
6S 管理	是否做到 6S 管理			
最终结果				
评价的评价	班　　级		第　　组	组长签字
	教师签字		日　　期	
	评语：			

任务三　转向横拉杆外球头拆卸

1. 转向横拉杆外球头拆卸的资讯单

学习情境八	更换转向横拉杆
学时	0.1 学时
典型工作过程描述	更换转向横拉杆的准备工作—转向横拉杆检查—转向横拉杆外球头拆卸—转向横拉杆外球头安装—转向横拉杆检查调整
收集资讯的方式	线下图书与线上资源相结合。
资讯描述	1. 转向横拉杆外球头拆卸的注意事项：＿＿＿＿＿＿＿＿＿＿。 2. 转向横拉杆外球头拆卸的标准流程：＿＿＿＿＿＿＿＿＿＿。
对学生的要求	1. 掌握转向横拉杆外球头拆卸的注意事项。 2. 掌握转向横拉杆外球头拆卸的标准流程。 3. 学会正确拆卸转向横拉杆外球头。 4. 能够养成 6S 规范作业习惯。
参考资料	检修汽车底盘系统课程配套微课

2. 转向横拉杆外球头拆卸的计划单

学习情境八	更换转向横拉杆		
学时	0.2 学时		
典型工作过程描述	更换转向横拉杆的准备工作—转向横拉杆检查—转向横拉杆外球头拆卸—转向横拉杆外球头安装—转向横拉杆检查调整		
计划制订的方式	小组讨论。		
序　号	工　作　步　骤	注　意　事　项	
1	将方向盘旋转到正前打直位置		
2	拧松车轮紧固螺母，拆下车轮		
3	用转接头 Hazet6450d-214 松开螺母		
4	标记转向横拉杆外球头在转向横拉杆上的位置		
5	将六角螺母松开，但不要拧下，用球形万向节按压器 F3287AG 从车轮轴承支座中压出转向横拉杆外球头，并拧下螺母		
6	从转向横拉杆上拧下转向横拉杆外球头		
计划评价	班　级　　　　　　　　　　第　　组　　组长签字 教师签字　　　　　　　　　日　　期 评语：		

3. 转向横拉杆外球头拆卸的决策单

学习情境八	更换转向横拉杆				
学时	0.1 学时				
典型工作过程描述	更换转向横拉杆的准备工作—转向横拉杆检查—转向横拉杆外球头拆卸—转向横拉杆外球头安装—转向横拉杆检查调整				
计 划 对 比					
序　号	计划的可行性	计划的经济性	计划的可操作性	计划的实施难度	综 合 评 价
1					
2					
3					
决策评价	班　级		第　组	组长签字	
	教师签字		日　期		
	评语：				

4. 转向横拉杆外球头拆卸的实施单

学习情境八	更换转向横拉杆	
学时	1.5 学时	
典型工作过程描述	更换转向横拉杆的准备工作—转向横拉杆检查—转向横拉杆外球头拆卸—转向横拉杆外球头安装—转向横拉杆检查调整	
序　号	实 施 步 骤	注 意 事 项
1		
2		
3		
4		
5		
6		
实施说明：		
实施评价	班　级		第　组	组长签字	
	教师签字		日　期		
	评语：				

5. 转向横拉杆外球头拆卸的检查单

学习情境八	更换转向横拉杆			
学时	0.1 学时			
典型工作过程描述	更换转向横拉杆的准备工作—转向横拉杆检查—转向横拉杆外球头拆卸—转向横拉杆外球头安装—转向横拉杆检查调整			
序号	检查项目	检查标准	学生自查	教师检查
1	将方向盘旋转到正前打直位置	旋转到位		
2	拧松车轮紧固螺母，拆下车轮	车轮紧固螺母的拆卸要按对角顺序并分2～3次进行		
3	用转接头松开螺母	工具使用熟练		
4	标记转向横拉杆外球头在转向横拉杆上的位置	标记准确		
5	将六角螺母松开，但不要拧下，用球形万向节按压器从车轮轴承支座中压出转向横拉杆外球头，并拧下螺母	操作标准		
6	从转向横拉杆上拧下转向横拉杆外球头	操作标准		
检查评价	班　级		第　组	组长签字	
	教师签字		日　期		
	评语：				

6. 转向横拉杆外球头拆卸的评价单

学习情境八	更换转向横拉杆			
学时	0.1 学时			
典型工作过程描述	更换转向横拉杆的准备工作—转向横拉杆检查—转向横拉杆外球头拆卸—转向横拉杆外球头安装—转向横拉杆检查调整			
评价项目	评价子项目	学生自评	组内评价	教师评价
作业流程完整性	作业流程是否完整			
作业流程规范性	作业流程是否规范			
最终结果				
评价的评价	班　级		第　组	组长签字	
	教师签字		日　期		
	评语：				

任务四　转向横拉杆外球头安装

1. 转向横拉杆外球头安装的资讯单

学习情境八	更换转向横拉杆
学时	0.1 学时
典型工作过程描述	更换转向横拉杆的准备工作—转向横拉杆检查—转向横拉杆外球头拆卸—转向横拉杆外球头安装—转向横拉杆检查调整
收集资讯的方式	线下图书与线上资源相结合。
资讯描述	1. 描述转向横拉杆外球头安装的注意事项：_____。 2. 描述转向横拉杆外球头安装的标准流程：_____。
对学生的要求	1. 掌握转向横拉杆外球头安装的注意事项。 2. 掌握转向横拉杆外球头安装的标准流程。 3. 学会正确安装转向横拉杆外球头。 4. 能够养成 6S 规范作业习惯。
参考资料	检修汽车底盘系统课程配套微课

2. 转向横拉杆外球头安装的计划单

学习情境八	更换转向横拉杆		
学时	0.2 学时		
典型工作过程描述	更换转向横拉杆的准备工作—转向横拉杆检查—转向横拉杆外球头拆卸—转向横拉杆外球头安装—转向横拉杆检查调整		
计划制订的方式	小组讨论。		
序号	工作步骤	注意事项	
1	旋转转向横拉杆外球头，直至事先在转向横拉杆上标记的位置，并用防松螺母固定		
2	将转向横拉杆外球头插入车轮轴承支座中		
3	用新螺母拧紧转向横拉杆外球头		
4	安装前轮并拧紧		
计划评价	班　　级		第　　组	组长签字
	教师签字		日　　期	
	评语：			

3. 转向横拉杆外球头安装的决策单

学习情境八	更换转向横拉杆				
学时	0.1 学时				
典型工作过程描述	更换转向横拉杆的准备工作—转向横拉杆检查—转向横拉杆外球头拆卸—转向横拉杆外球头安装—转向横拉杆检查调整				
计 划 对 比					
序　号	计划的可行性	计划的经济性	计划的可操作性	计划的实施难度	综 合 评 价
1					
2					
3					
4					
决策评价	班　级：		第　组	组长签字	
	教师签字		日　期		
	评语:				

4. 转向横拉杆外球头安装的实施单

学习情境八	更换转向横拉杆	
学时	1.2 学时	
典型工作过程描述	更换转向横拉杆的准备工作—转向横拉杆检查—转向横拉杆外球头拆卸—转向横拉杆外球头安装—转向横拉杆检查调整	
序　号	实　施　步　骤	注　意　事　项
1		
2		
3		
4		

实施说明：

实施评价	班　级		第　组	组长签字	
	教师签字		日　期		
	评语:				

5. 转向横拉杆外球头安装的检查单

学习情境八	更换转向横拉杆			
学时	0.1学时			
典型工作过程描述	更换转向横拉杆的准备工作—转向横拉杆检查—转向横拉杆外球头拆卸—转向横拉杆外球头安装—转向横拉杆检查调整			
序号	检查项目	检查标准	学生自查	教师检查
1	旋转转向横拉杆外球头,直至事先在转向横拉杆上标记的位置,并用防松螺母固定	拧紧力矩为50N·m		
2	将转向横拉杆外球头插入车轮轴承支座中	安装到位		
3	用新螺母拧紧转向横拉杆外球头	拧紧力矩为20N·m+继续旋转90°		
4	安装前轮并拧紧	拧紧力矩为110N·m		
检查评价	班级		第 组	组长签字
	教师签字		日 期	
	评语:			

6. 转向横拉杆外球头安装的评价单

学习情境八	更换转向横拉杆			
学时	0.1学时			
典型工作过程描述	更换转向横拉杆的准备工作—转向横拉杆检查—转向横拉杆外球头拆卸—转向横拉杆外球头安装—转向横拉杆检查调整			
评价项目	评价子项目	学生自评	组内评价	教师评价
作业流程完整性	作业流程是否完整			
作业流程规范性	作业流程是否规范			
最终结果				
评价的评价	班级		第 组	组长签字
	教师签字		日 期	
	评语:			

学习情境八　更换转向横拉杆

任务五　转向横拉杆检查调整

1. 转向横拉杆检查调整的资讯单

学习情境八	更换转向横拉杆
学时	0.1学时
典型工作过程描述	更换转向横拉杆的准备工作—转向横拉杆检查—转向横拉杆外球头拆卸—转向横拉杆外球头安装—转向横拉杆检查调整
收集资讯的方式	线下图书与线上资源相结合。
资讯描述	1. 描述转向横拉杆检查调整的项目及方法：＿＿＿＿＿＿＿＿＿＿＿＿＿＿＿＿。 2. 描述转向横拉杆检查调整的标准：＿＿＿＿＿＿＿＿＿＿＿＿＿＿＿＿。
对学生的要求	1. 掌握转向横拉杆检查调整的项目及方法。 2. 学会做四轮定位。 3. 学会进行试车检查。 4. 能够养成6S规范作业习惯。
参考资料	检修汽车底盘系统课程配套微课

2. 转向横拉杆检查调整的计划单

学习情境八	更换转向横拉杆			
学时	0.1学时			
典型工作过程描述	更换转向横拉杆的准备工作—转向横拉杆检查—转向横拉杆外球头拆卸—转向横拉杆外球头安装—转向横拉杆检查调整			
计划制订的方式	小组讨论。			
序　号	工　作　步　骤	注　意　事　项		
1	做四轮定位			
2	进行试车检查			
计划评价	班　级		第　组	组长签字
	教师签字		日　期	
	评语：			

3. 转向横拉杆检查调整的决策单

学习情境八	更换转向横拉杆				
学时	0.1 学时				
典型工作过程描述	更换转向横拉杆的准备工作—转向横拉杆检查—转向横拉杆外球头拆卸—转向横拉杆外球头安装—转向横拉杆检查调整				
计 划 对 比					
序 号	计划的可行性	计划的经济性	计划的可操作性	计划的实施难度	综 合 评 价
1					
2					
3					
决策评价	班 级: 第 组 组长签字: 教师签字: 日 期: 评语:				

4. 转向横拉杆检查调整的实施单

学习情境八	更换转向横拉杆	
学时	0.1 学时	
典型工作过程描述	更换转向横拉杆的准备工作—转向横拉杆检查—转向横拉杆外球头拆卸—转向横拉杆外球头安装—转向横拉杆检查调整	
序 号	实 施 步 骤	注 意 事 项
1		
2		
实施说明:		
实施评价	班 级: 第 组 组长签字: 教师签字: 日 期: 评语:	

5. 转向横拉杆检查调整的检查单

学习情境八	更换转向横拉杆			
学时	0.1学时			
典型工作过程描述	更换转向横拉杆的准备工作—转向横拉杆检查—转向横拉杆外球头拆卸—转向横拉杆外球头安装—转向横拉杆检查调整			
序 号	检 查 项 目	检 查 标 准	学 生 自 查	教 师 检 查
1	四轮定位检查调整	符合标准		
2	试车检查	全面仔细		
检查评价	班 级		第 组	组长签字	
	教师签字		日 期		
	评语:				

6. 转向横拉杆检查调整的评价单

学习情境八	更换转向横拉杆			
学时	0.1学时			
典型工作过程描述	更换转向横拉杆的准备工作—转向横拉杆检查—转向横拉杆外球头拆卸—转向横拉杆外球头安装—转向横拉杆检查调整			
评价项目	评价子项目	学 生 自 评	组内评价	教 师 评 价
作业流程完整性	作业流程是否完整			
作业流程规范性	作业流程是否规范			
最终结果				
评价的评价	班 级		第 组	组长签字	
	教师签字		日 期		
	评语:				

学习情境九　更换转向助力液

客户需求单

客户需求
张先生的车辆已经行驶了 4 万 km，现需对该车进行转向助力液更换。
操作内容
1. 准备工作。 2. 检查转向助力液。 3. 更换转向助力液。 4. 液压式转向助力系统排气。 5. 再次检查转向助力液。

学习性工作任务单

学习情境九	更换转向助力液
学时	6 学时
典型工作过程描述	更换转向助力液的准备工作—检查转向助力液—更换转向助力液—液压式转向助力系统排气—再次检查转向助力液
学习目标	任务一　更换转向助力液的准备工作的学习目标 　　1. 掌握转向助力液更换里程及时间。 　　2. 掌握选择与使用转向助力液的方法。 　　3. 掌握转向助力液缺少、变质导致的故障现象。 任务二　检查转向助力液的学习目标 　　1. 掌握检查转向助力液的项目及方法。 　　2. 掌握检查转向助力液的注意事项。 任务三　更换转向助力液的学习目标 　　1. 掌握转向助力液更换流程。 　　2. 掌握转向助力液更换的注意事项。 任务四　液压式转向助力系统排气的学习目标 　　1. 掌握液压式转向助力系统排气的正确方法。 　　2. 掌握液压式转向助力系统排气的注意事项。 任务五　再次检查转向助力液的学习目标 　　1. 掌握检查转向助力液液位高度的方法。 　　2. 掌握检查助力油管渗漏问题的方法。

学习情境九　更换转向助力液

任务描述	正确检查转向助力液，并进行更换					
学时安排	资讯 0.5学时	计划 0.7学时	决策 0.5学时	实施 3.3学时	检查 0.5学时	评价 0.5学时
对学生的要求	1. 掌握转向助力液更换里程及时间。 2. 掌握选择与使用转向助力液的方法。 3. 掌握转向助力液缺少、变质导致的故障现象。 4. 能够正确更换转向助力液。 5. 能够进行液压式转向助力系统排气。 6. 能够正确检查转向助力液。 7. 能够养成6S规范作业习惯。 8. 能够养成团队意识、工匠精神、职业精神。					
参考资料	检修汽车底盘系统课程配套微课					

材料工具清单

学习情境九	更换转向助力液						
学时	6学时						
典型工作过程描述	更换转向助力液的准备工作—检查转向助力液—更换转向助力液—液压式转向助力系统排气—再次检查转向助力液						
序号	名称	作用	数量	型号	使用量	使用者	
1	原厂转向助力液		1				
2	鲤鱼钳		1				
3	平口起子		1				
4	世达工具		1	120件			
班级		第　　组		组长签字			
教师签字		日　　期					

任务一　更换转向助力液的准备工作

1. 更换转向助力液的准备工作的资讯单

学习情境九	更换转向助力液
学时	0.1学时
典型工作过程描述	更换转向助力液的准备工作—检查转向助力液—更换转向助力液—液压式转向助力系统排气—再次检查转向助力液
收集资讯的方式	线下图书与线上资源相结合。
资讯描述	1. 描述转向助力液更换里程及时间：_____。 2. 描述选择与使用转向助力液的方法：_____。 3. 描述转向助力液缺少、变质导致的故障现象：_____。

对学生的要求	1. 掌握转向助力液更换里程及时间。 2. 掌握选择与使用转向助力液的方法。 3. 掌握转向助力液缺少、变质导致的故障现象。 4. 准备工具材料。 5. 能够养成 6S 规范作业习惯。 6. 能够养成团队意识、工匠精神、职业精神。
参考资料	检修汽车底盘系统课程配套微课

2. 更换转向助力液的准备工作的计划单

学习情境九	更换转向助力液		
学时	0.1 学时		
典型工作过程描述	更换转向助力液的准备工作—检查转向助力液—更换转向助力液—液压式转向助力系统排气—再次检查转向助力液		
计划制订的方式	小组讨论。		
序 号	工 作 步 骤	注 意 事 项	
1	掌握转向助力液更换里程及时间	描述清楚	
2	掌握选择与使用转向助力液的方法	描述清楚	
3	掌握转向助力液缺少、变质导致的故障现象	描述清楚	
4	准备工具、材料	选择符合规定的转向助力液	
计划评价	班 级	第 组	组长签字
	教师签字	日 期	
	评语：		

3. 更换转向助力液的准备工作的决策单

学习情境九	更换转向助力液				
学时	0.1 学时				
典型工作过程描述	更换转向助力液的准备工作—检查转向助力液—更换转向助力液—液压式转向助力系统排气—再次检查转向助力液				
计 划 对 比					
序 号	计划的可行性	计划的经济性	计划的可操作性	计划的实施难度	综 合 评 价
1					
2					
3					
4					
决策评价	班 级		第 组	组长签字	
	教师签字		日 期		
	评语：				

学习情境九 更换转向助力液

4. 更换转向助力液的准备工作的实施单

学习情境九	更换转向助力液	
学时	0.1 学时	
典型工作过程描述	更换转向助力液的准备工作—检查转向助力液—更换转向助力液—液压式转向助力系统排气—再次检查转向助力液	
序　号	实　施　步　骤	注　意　事　项
1		
2		
3		
4		
实施说明：		
实施评价	班　级　　　　　　　　　第　　组　　　组长签字	
	教师签字　　　　　　　　日　　期	
	评语：	

5. 更换转向助力液的准备工作的检查单

学习情境九	更换转向助力液			
学时	0.1 学时			
典型工作过程描述	更换转向助力液的准备工作—检查转向助力液—更换转向助力液—液压式转向助力系统排气—再次检查转向助力液			
序　号	检　查　项　目	检　查　标　准	学　生　自　查	教　师　检　查
1	掌握转向助力液更换里程及时间	描述清楚		
2	掌握选择与使用转向助力液的方法	描述清楚		
3	掌握转向助力液缺少、变质导致的故障现象	描述清楚		
4	准备工具、材料	工具、材料准备齐全		
检查评价	班　级　　　　　　　　　第　　组　　　组长签字			
	教师签字　　　　　　　　日　　期			
	评语：			

6. 更换转向助力液的准备工作的评价单

学习情境九	更换转向助力液			
学时	0.1 学时			
典型工作过程描述	更换转向助力液的准备工作—检查转向助力液—更换转向助力液—液压式转向助力系统排气—再次检查转向助力液			
评价项目	评价子项目	学生自评	组内评价	教师评价
掌握转向助力液更换里程及时间	是否描述清楚			
掌握选择与使用转向助力液的方法	是否描述清楚			
掌握转向助力液缺少、变质导致的故障现象	是否描述清楚			
准备工具、材料	是否选择符合规定的转向助力液			
最终结果				
评价的评价	班　　级		第　　组	组长签字
	教师签字		日　　期	
	评语:			

任务二　检查转向助力液

1. 检查转向助力液的资讯单

学习情境九	更换转向助力液
学时	0.1 学时
典型工作过程描述	更换转向助力液的准备工作—检查转向助力液—更换转向助力液—液压式转向助力系统排气—再次检查转向助力液
收集资讯的方式	线下图书与线上资源相结合。
资讯描述	1. 描述转向助力液检查的项目和方法：_____。 2. 描述转向助力液检查的注意事项：_____。
对学生的要求	1. 能正确检查转向助力液液位。 2. 能正确检查转向助力液品质。 3. 能够养成 6S 规范作业习惯。 4. 能够养成团队意识、工匠精神、职业精神。
参考资料	检修汽车底盘系统课程配套微课

2. 检查转向助力液的计划单

学习情境九	更换转向助力液
学时	0.1 学时
典型工作过程描述	更换转向助力液的准备工作—检查转向助力液—更换转向助力液—液压式转向助力系统排气—再次检查转向助力液
计划制订的方式	小组讨论。

序 号	工 作 步 骤	注 意 事 项
1	将汽车停放在平坦的硬质路面上	
2	检查转向助力液液面高度	
3	启动发动机,怠速运转	
4	左右转动转向盘数次,使动力转向油温度上升到80℃左右	
5	观察储油箱中动力转向油有无泡沫和乳化现象	
6	检查油液质量	

计划评价	班　级		第　　组	组长签字	
	教师签字		日　期		
	评语:				

3. 检查转向助力液的决策单

学习情境九	更换转向助力液
学时	0.1 学时
典型工作过程描述	更换转向助力液的准备工作—检查转向助力液—更换转向助力液—液压式转向助力系统排气—再次检查转向助力液

计 划 对 比					
序　号	计划的可行性	计划的经济性	计划的可操作性	计划的实施难度	综 合 评 价
1					
2					
3					
4					

决策评价	班　级		第　　组	组长签字	
	教师签字		日　期		
	评语:				

4. 检查转向助力液的实施单

学习情境九	更换转向助力液		
学时	0.4 学时		
典型工作过程描述	更换转向助力液的准备工作—检查转向助力液—更换转向助力液—液压式转向助力系统排气—再次检查转向助力液		
序 号	实 施 步 骤	注 意 事 项	
1			
2			
3			
4			
5			
6			
实施说明：			
实施评价	班 级		第 组	组长签字	
	教师签字		日 期		
	评语：				

5. 检查转向助力液的检查单

学习情境九	更换转向助力液			
学时	0.1 学时			
典型工作过程描述	更换转向助力液的准备工作—检查转向助力液—更换转向助力液—液压式转向助力系统排气—再次检查转向助力液			
序 号	检 查 项 目	检 查 标 准	学 生 自 查	教 师 检 查
1	检查转向助力液液位	检查液位正常		
2	检查转向助力液品质	检查品质合格		
检查评价	班 级		第 组	组长签字	
	教师签字		日 期		
	评语：				

6. 检查转向助力液的评价单

学习情境九	更换转向助力液			
学时	0.1 学时			
典型工作过程描述	更换转向助力液的准备工作—检查转向助力液—更换转向助力液—液压式转向助力系统排气—再次检查转向助力液			
评价项目	评价子项目	学 生 自 评	组 内 评 价	教 师 评 价
作业流程完整性	作业流程是否完整			
作业流程规范性	作业流程是否规范			
6S 管理	是否做到 6S 管理			
最终结果				
评价的评价	班 级		第　　组	组长签字
	教师签字		日　　期	
	评语:			

任务三　更换转向助力液

1. 更换转向助力液的资讯单

学习情境九	更换转向助力液
学时	0.1 学时
典型工作过程描述	更换转向助力液的准备工作—检查转向助力液—更换转向助力液—液压式转向助力系统排气—再次检查转向助力液
收集资讯的方式	线下图书与线上资源相结合。
资讯描述	1. 描述转向助力液更换流程：＿＿＿＿＿＿＿＿＿＿＿＿＿＿＿＿。 2. 描述转向助力液更换的注意事项：＿＿＿＿＿＿＿＿＿＿＿＿＿。
对学生的要求	1. 能正确更换转向助力液。 2. 能够养成 6S 规范作业习惯。 3. 能够养成团队意识、工匠精神、职业精神。
参考资料	检修汽车底盘系统课程配套微课

2. 更换转向助力液的计划单

学习情境九	更换转向助力液				
学时	0.2 学时				
典型工作过程描述	更换转向助力液的准备工作—检查转向助力液—更换转向助力液—液压式转向助力系统排气—再次检查转向助力液				
计划制订的方式	小组讨论。				
序 号	工 作 步 骤		注 意 事 项		
1	打开转向助力液油壶盖				
2	将车辆举升,把底部护板拆下				
3	用鲤鱼钳将油管卡子打开并移动到一边				
4	将油管拔下,将油放出				
5	左右打方向,将旧的助力液排出				
6	将助力液放完后把助力液管装回原处,将油管卡子卡到原来位置				
7	将车辆落下,加入助力液(在加助力液的时候需要两个人配合,一个人在车上打方向,另一个人加助力液)				
计划评价	班 级		第 组	组长签字	
	教师签字		日 期		
	评语:				

3. 更换转向助力液的决策单

学习情境九	更换转向助力液				
学时	0.1 学时				
典型工作过程描述	更换转向助力液的准备工作—检查转向助力液—更换转向助力液—液压式转向助力系统排气—再次检查转向助力液				
计 划 对 比					
序 号	计划的可行性	计划的经济性	计划的可操作性	计划的实施难度	综合评价
1					
2					
3					
决策评价	班 级		第 组	组长签字	
	教师签字		日 期		
	评语:				

学习情境九 更换转向助力液

4. 更换转向助力液的实施单

学习情境九	更换转向助力液			
学时	1.5 学时			
典型工作过程描述	更换转向助力液的准备工作—检查转向助力液—更换转向助力液—液压式转向助力系统排气—再次检查转向助力液			
序 号	实 施 步 骤		注 意 事 项	
1				
2				
3				
4				
5				
6				
7				
实施说明:				
实施评价	班 级		第 组	组长签字
	教师签字		日 期	
	评语:			

5. 更换转向助力液的检查单

学习情境九	更换转向助力液			
学时	0.1 学时			
典型工作过程描述	更换转向助力液的准备工作—检查转向助力液—更换转向助力液—液压式转向助力系统排气—再次检查转向助力液			
序 号	检 查 项 目	检 查 标 准	学 生 自 查	教 师 检 查
1	打开转向助力液油壶盖			
2	将车辆举升,把底部护板拆下			
3	用鲤鱼钳将油管卡子打开并移动到一边	未在启动车辆和打死方向的情况下操作		
4	将油管拔下,将油放出			
5	左右打方向,将旧的助力液排出	未飞溅到身上		
6	将助力液放完后把助力液管装回原处,将液管卡子卡到原来位置	卡子按以前卡的痕迹卡到位		
7	将车辆落下,加入助力液(在加助力液时候需要两个人配合,一个人在车上打方向,另一个人加助力液)	加助力液时,未启动车辆,未猛打方向		
检查评价	班 级		第 组	组长签字
	教师签字		日 期	
	评语:			

177

6. 更换转向助力液的评价单

学习情境九	更换转向助力液		
学时	0.1 学时		
典型工作过程描述	更换转向助力液的准备工作—检查转向助力液—更换转向助力液—液压式转向助力系统排气—再次检查转向助力液		
评价项目	评价子项目	学生自评	组内评价	教师评价
作业流程完整性	作业流程是否完整			
作业流程规范性	作业流程是否规范			
最终结果				

	班 级		第 组		组长签字	
	教师签字		日 期			
评价的评价	评语：					

任务四 液压式转向助力系统排气

1. 液压式转向助力系统排气的资讯单

学习情境九	更换转向助力液
学时	0.1 学时
典型工作过程描述	更换转向助力液的准备工作—检查转向助力液—更换转向助力液—液压式转向助力系统排气—再次检查转向助力液
收集资讯的方式	线下图书与线上资源相结合。
资讯描述	1. 描述液压式转向助力系统排气的操作方法：_____。 2. 描述液压式转向助力系统排气的注意事项：_____。
对学生的要求	1. 掌握液压式转向助力系统排气的操作流程。 2. 能够对液压式转向助力系统进行排气。
参考资料	检修汽车底盘系统课程配套微课

学习情境九　更换转向助力液

2. 液压式转向助力系统排气的计划单

学习情境九	更换转向助力液		
学时	0.2 学时		
典型工作过程描述	更换转向助力液的准备工作—检查转向助力液—更换转向助力液—液压式转向助力系统排气—再次检查转向助力液		
计划制订的方式	小组讨论。		
序　号	工　作　步　骤		注意事项
1	将汽车举升,车轮离地		
2	不启动发动机,转动转向盘至左右极限位置,来回3～5次		
3	启动发动机,怠速运转,并重复上述转动转向盘3～5次		
4	关闭发动机,落下汽车		
5	启动发动机,怠速运转,来回转动转向盘 5～8 次,使油温升高		
6	转向盘在中间位置时,观察储液罐的助力液高度		
7	关闭发动机,3～5min 后,再观察储液罐的助力液高度,与第 6 步的液位高度比较,若高度差小于 5mm,且油液中无气泡或乳化现象,说明系统内空气已排尽。否则,重复第 6 至第 7 步,直至空气排尽		
计划评价	班　级	第　　组	组长签字
	教师签字	日　　期	
	评语:		

3. 液压式转向助力系统排气的决策单

学习情境九	更换转向助力液				
学时	0.1 学时				
典型工作过程描述	更换转向助力液的准备工作—检查转向助力液—更换转向助力液—液压式转向助力系统排气—再次检查转向助力液				
	计　划　对　比				
序　号	计划的可行性	计划的经济性	计划的可操作性	计划的实施难度	综 合 评 价
1					
2					
3					
决策评价	班　级	第　　组		组长签字	
	教师签字	日　　期			
	评语:				

4. 液压式转向助力系统排气的实施单

学习情境九	更换转向助力液		
学时	1.2 学时		
典型工作过程描述	更换转向助力液的准备工作—检查转向助力液—更换转向助力液—液压式转向助力系统排气—再次检查转向助力液		
序 号	实 施 步 骤	注 意 事 项	
1			
2			
3			
4			
5			
6			
7			
实施说明：			
实施评价	班 级	第 组	组长签字
	教师签字	日 期	
	评语：		

5. 液压式转向助力系统排气的检查单

学习情境九	更换转向助力液			
学时	0.1 学时			
典型工作过程描述	更换转向助力液的准备工作—检查转向助力液—更换转向助力液—液压式转向助力系统排气—再次检查转向助力液			
序 号	检 查 项 目	检 查 标 准	学 生 自 查	教 师 检 查
1	将汽车举升，车轮离地	规范使用举升机		
2	不启动发动机，转动转向盘至左右极限位置，来回3～5次	转动转向盘不宜过猛		
3	启动发动机，怠速运转，并重复上述转动转向盘3～5次			
4	关闭发动机，落下汽车			
5	启动发动机，怠速运转，来回转动转向盘5～8次，使油温升高			

学习情境九　更换转向助力液

6	转向盘在中间位置时,观察储液罐的助力液高度	观察仔细并记录		
7	关闭发动机,3~5min 后,再观察储液罐的助力液高度,与第6步的液位高度比较,若高度差小于 5mm,且油液中无气泡或乳化现象,说明系统内空气已排尽。否则,重复第6至第7步,直至空气排尽	观察仔细并记录		
检查评价	班　级		第　组	组长签字	
	教师签字		日　期		
	评语:				

6. 液压式转向助力系统排气的评价单

学习情境九	更换转向助力液			
学时	0.1 学时			
典型工作过程描述	更换转向助力液的准备工作—检查转向助力液—更换转向助力液—液压式转向助力系统排气—再次检查转向助力液			
评价项目	评价子项目	学生自评	组内评价	教师评价
作业流程完整性	作业流程是否完整			
作业流程规范性	作业流程是否规范			
最终结果				
评价的评价	班　级		第　组	组长签字	
	教师签字		日　期		
	评语:				

任务五 再次检查转向助力液

1. 再次检查转向助力液的资讯单

学习情境九	更换转向助力液
学时	0.1 学时
典型工作过程描述	更换转向助力液的准备工作—检查转向助力液—更换转向助力液—液压式转向助力系统排气—再次检查转向助力液
收集资讯的方式	线下图书与线上资源相结合。
资讯描述	1. 描述转向助力系统检查的项目和方法：_____。 2. 描述转向助力系统检查的注意事项：_____。
对学生的要求	1. 能正确检查转向助力液液位。 2. 能正确检查转向助力液渗漏问题。 3. 能正确检查转向助力系统的工作情况。 4. 能够养成 6S 规范作业习惯。 5. 能够养成团队意识、工匠精神、职业精神。
参考资料	检修汽车底盘系统课程配套微课

2. 再次检查转向助力液的计划单

学习情境九	更换转向助力液		
学时	0.1 学时		
典型工作过程描述	更换转向助力液的准备工作—检查转向助力液—更换转向助力液—液压式转向助力系统排气—再次检查转向助力液		
计划制订的方式	小组讨论。		
序 号	工 作 步 骤	注 意 事 项	
1	将汽车停放在平坦的硬质路面上		
2	检查转向助力液液面高度		
3	启动车辆，将车辆升起，检查助力液管是否有漏油渗油现象。把底盘护板装好，落车，试车，无异常后交车		
4	落车后试车，查看转向助力系统的工作情况。无异常后把底盘护板装好并交车		
计划评价	班 级	第 组	组长签字
	教师签字	日 期	
	评语：		

3. 再次检查转向助力液的决策单

学习情境九	更换转向助力液				
学时	0.1 学时				
典型工作过程描述	更换转向助力液的准备工作—检查转向助力液—更换转向助力液—液压式转向助力系统排气—再次检查转向助力液				
计 划 对 比					
序　号	计划的可行性	计划的经济性	计划的可操作性	计划的实施难度	综 合 评 价
1					
2					
3					
决策评价	班　级： ；　第　组；　组长签字： 　　　　　　　　　　　　教师签字： ；　日　期： 　　　　　　　　　　　　评语：				

4. 再次检查转向助力液的实施单

学习情境九	更换转向助力液	
学时	0.1 学时	
典型工作过程描述	更换转向助力液的准备工作—检查转向助力液—更换转向助力液—液压式转向助力系统排气—再次检查转向助力液	
序　号	实 施 步 骤	注 意 事 项
1		
2		
3		
4		
实施说明：		
实施评价	班　级： ；　第　组；　组长签字： 　　　　　　　　　　　　教师签字： ；　日　期： 　　　　　　　　　　　　评语：	

5. 再次检查转向助力液的检查单

学习情境九	更换转向助力液			
学时	0.1 学时			
典型工作过程描述	更换转向助力液的准备工作—检查转向助力液—更换转向助力液—液压式转向助力系统排气—再次检查转向助力液			
序 号	检 查 项 目	检 查 标 准	学 生 自 查	教 师 检 查
1	将汽车停放在平坦的硬质路面上			
2	检查转向助力液液面高度	助力液液位不低于下线位置,也不高于上线位置		
3	启动车辆,将车辆升起,检查助力液管是否有漏油渗油现象。把底盘护板装好,落车,试车,无异常后交车	检查仔细,保证无渗漏现象,并将油污处理干净		
4	落车后试车,查看转向助力系统的工作情况。无异常后把底盘护板装好并交车			
检查评价	班 级		第 组	组长签字
	教师签字		日 期	
	评语:			

6. 再次检查转向助力液的评价单

学习情境九	更换转向助力液			
学时	0.1 学时			
典型工作过程描述	更换转向助力液的准备工作—检查转向助力液—更换转向助力液—液压式转向助力系统排气—再次检查转向助力液			
评价项目	评价子项目	学 生 自 评	组 内 评 价	教 师 评 价
作业流程完整性	作业流程是否完整			
作业流程规范性	作业流程是否规范			
最终结果				
评价的评价	班 级		第 组	组长签字
	教师签字		日 期	
	评语:			

学习情境十　校准转向角度传感器

客户需求单

客户需求
一台行驶了 3 万 km 的丰田汉兰达汽车，车主描述防侧滑指示灯点亮，并且车主表示该车曾经发生过事故，在其他地方维修过，提车时发现故障灯点亮，经一段时间维修未果，车主觉得该店维修技术水平有限，于是将车开到我店维修。 　　维修人员通过诊断仪发现该车转向角度传感器内部故障，查询维修手册及咨询厂家后，确定需要更换转向角度传感器，而且不允许维修，进一步通过数据流验证转向角度传感器损坏，建议车主进行更换维修，而车主不想更换。由于此部件容易损坏，也没有对其进行维修过，一般都是总成进行更换，因此只能根据车主要求尝试维修转向角度传感器，拆卸后发现 2 个小齿轮与电路板上的感应器件初始位置不同步，校对完成后试车，故障灯熄灭，数据流也恢复正常，数据流能够根据转向盘的转向而相应地变大变小，试车正常。
操作内容
1. 确认故障现象。 　2. 读取故障代码。 　3. 分析可能原因并排除故障。

学习性工作任务单

学习情境十	校准转向角度传感器
学时	4 学时
典型工作过程描述	校准转向角度传感器的准备工作—连接诊断仪，选择引导性功能—确定转向系中间位置—调整转向角—初始化转向角度传感器
学习目标	任务一　校准转向角度传感器的准备工作的学习目标 　1. 掌握如何更换转向角度传感器。 　2. 掌握在哪些情况下校准转向角度传感器。 　3. 掌握校准转向角度传感器的方法。 任务二　连接诊断仪，选择引导性功能的学习目标 　1. 掌握诊断仪的使用方法。 　2. 掌握诊断仪引导性功能的使用方法。 　3. 掌握转向匹配的方法。 任务三　确定转向系中间位置的学习目标 　1. 掌握转向盘与诊断仪配合使用的技巧。 　2. 掌握确定转向系中间位置的方法。 　3. 掌握识别脉冲沿到索引标志的方法。

学习目标	任务四　调整转向角的学习目标 　　1. 将转向系缓慢转到右侧，紧接着转到左侧机械限位位置。 　　2. 将转向系转回至转向系中心，查看状态显示。 任务五　初始化转向角度传感器的学习目标 　　1. 将转向盘转到第一个机械止动位。 　　2. 将转向盘转到另一个机械止动位。 　　3. 将转向盘重新转回到转向系中心位置。 　　4. 检查组合仪表的故障灯，故障信号灯必须熄灭。					
任务描述	使用量具和维修手册，正确查询和检测离合器自由间隙是否正常					
学时安排	资讯 0.5学时	计划 1学时	决策 0.5学时	实施 1学时	检查 0.5学时	评价 0.5学时
对学生的要求	1. 掌握如何更换转向角度传感器。 2. 掌握在哪些情况下校准转向角度传感器。 3. 掌握校准转向角度传感器的方法。 4. 掌握诊断仪的使用方法。 5. 掌握诊断仪引导性功能的使用方法。 6. 掌握转向匹配的方法。 7. 掌握转向盘与诊断仪配合使用的技巧。 8. 掌握确定转向系中间位置的方法。 9. 掌握识别脉冲沿到索引标志的方法。 10. 将转向系缓慢转到右侧，紧接着转到左侧机械限位位置。 11. 将转向系转回至转向系中心，查看状态显示。 12. 检查组合仪表的故障灯。					
参考资料	检修汽车底盘系统课程配套微课					

材料工具清单

学习情境十	校准转向角度传感器					
学时	4学时					
典型工作过程描述	校准转向角度传感器的准备工作—连接诊断仪，选择引导性功能—确定转向系中间位置—调整转向角—初始化转向角度传感器					
序　号	名　称	作　用	数　量	型　号	使 用 量	使 用 者
1	诊断仪		1			
2	世达工具		1			
3						
4						
5						
班　级			第　组		组长签字	
教师签字			日　期			

学习情境十 校准转向角度传感器

任务一 校准转向角度传感器的准备工作

1. 校准转向角度传感器的准备工作的资讯单

学习情境十	校准转向角度传感器
学时	0.1 学时
典型工作过程描述	校准转向角度传感器的准备工作—连接诊断仪,选择引导性功能—确定转向系中间位置—调整转向角—初始化转向角度传感器
收集资讯的方式	线下图书与线上资源相结合。
资讯描述	1. 转向角度传感器的作用:_____。 2. 需要校准转向角度传感器的情况:_____。 3. 校准转向角度传感器的方法:_____。
对学生的要求	1. 掌握如何更换转向角度传感器。 2. 掌握在哪些情况下校准转向角度传感器。 3. 掌握校准转向角度传感器的方法。 4. 能够养成 6S 规范作业习惯。 5. 能够养成团队意识、工匠精神、职业精神。
参考资料	检修汽车底盘系统课程配套微课

2. 校准转向角度传感器的准备工作的计划单

学习情境十	校准转向角度传感器			
学时	0.2 学时			
典型工作过程描述	校准转向角度传感器的准备工作—连接诊断仪,选择引导性功能—确定转向系中间位置—调整转向角—初始化转向角度传感器			
计划制订的方式	小组讨论。			
序 号	工 作 步 骤		注 意 事 项	
1	了解转向角度传感器的作用			
2	掌握校准转向角度传感器的情况		分析全面	
3	学习校准转向角度传感器的方法			
4	准备工具与设备			
计划评价	班 级		第 组	组长签字
	教师签字		日 期	
	评语:			

3. 校准转向角度传感器的准备工作的决策单

学习情境十	校准转向角度传感器			
学时	0.1 学时			
典型工作过程描述	校准转向角度传感器的准备工作—连接诊断仪,选择引导性功能—确定转向系中间位置—调整转向角—初始化转向角度传感器			
计 划 对 比				
序 号	计划的可行性	计划的经济性	计划的可操作性	计划的实施难度	综 合 评 价
1					
2					
3					
决策评价	班 级		第 组	组长签字	
	教师签字		日 期		
	评语:				

4. 校准转向角度传感器的准备工作的实施单

学习情境十	校准转向角度传感器	
学时	0.2 学时	
典型工作过程描述	校准转向角度传感器的准备工作—连接诊断仪,选择引导性功能—确定转向系中间位置—调整转向角—初始化转向角度传感器	
序 号	实 施 步 骤	注 意 事 项
1		
2		
3		
实施说明:		
实施评价	班 级		第 组	组长签字	
	教师签字		日 期		
	评语:				

5. 校准转向角度传感器的准备工作的检查单

学习情境十	校准转向角度传感器			
学时	0.1学时			
典型工作过程描述	校准转向角度传感器的准备工作—连接诊断仪,选择引导性功能—确定转向系中间位置—调整转向角—初始化转向角度传感器			
序号	检查项目	检查标准	学生自查	教师检查
1	了解转向角度传感器的作用	掌握准确		
2	掌握校准转向角度传感器的情况	描述清楚		
3	学习校准转向角度传感器的方法	掌握准确		
检查评价	班级： 第 组 组长签字： 教师签字： 日期： 评语：			

6. 校准转向角度传感器的准备工作的评价单

学习情境十	校准转向角度传感器			
学时	0.1学时			
典型工作过程描述	校准转向角度传感器的准备工作—连接诊断仪,选择引导性功能—确定转向系中间位置—调整转向角—初始化转向角度传感器			
评价项目	评价子项目	学生自评	组内评价	教师评价
作业流程完整性	作业流程是否完整			
作业流程规范性	作业流程是否规范			
6S管理	是否做到6S管理			
最终结果				
评价的评价	班级： 第 组 组长签字： 教师签字： 日期： 评语：			

任务二 连接诊断仪，选择引导性功能

1. 连接诊断仪，选择引导性功能的资讯单

学习情境十	校准转向角度传感器
学时	0.1 学时
典型工作过程描述	校准转向角度传感器的准备工作—连接诊断仪，选择引导性功能—确定转向系中间位置—调整转向角—初始化转向角度传感器
收集资讯的方式	线下图书与线上资源相结合。
资讯描述	1. 诊断仪的使用注意事项：_____。 2. 诊断仪引导性功能：_____。 3. 转向匹配的方法：_____。
对学生的要求	1. 掌握诊断仪的使用方法。 2. 掌握诊断仪引导性功能的使用方法。 3. 掌握转向匹配的方法。 4. 能够养成 6S 规范作业习惯。 5. 能够养成团队意识、工匠精神、职业精神。
参考资料	检修汽车底盘系统课程配套微课

2. 连接诊断仪，选择引导性功能的计划单

学习情境十	校准转向角度传感器		
学时	0.2 学时		
典型工作过程描述	校准转向角度传感器的准备工作—连接诊断仪，选择引导性功能—确定转向系中间位置—调整转向角—初始化转向角度传感器		
计划制订的方式	小组讨论。		
序　号	工　作　步　骤	注　意　事　项	
1	连接诊断仪蓝牙接头		
2	打开点火开关，打开诊断仪网络布置图		
3	打开转向系统中的引导性功能		
4	打开引导性功能中的电动机械式动力转向系统以进行匹配		
5	匹配转向辅助控制单元		
6	等待控制单元进行数据收集，对控制单元进行参数设置		
计划评价	班　级：	第　　组	组长签字
	教师签字	日　期	
	评语：		

3. 连接诊断仪，选择引导性功能的决策单

学习情境十	校准转向角度传感器				
学时	0.1 学时				
典型工作过程描述	校准转向角度传感器的准备工作—连接诊断仪，选择引导性功能—确定转向系中间位置—调整转向角—初始化转向角度传感器				
计 划 对 比					
序 号	计划的可行性	计划的经济性	计划的可操作性	计划的实施难度	综 合 评 价
1					
2					
3					
决策评价	班 级		第 组	组长签字	
	教师签字		日 期		
	评语：				

4. 连接诊断仪，选择引导性功能的实施单

学习情境十	校准转向角度传感器	
学时	0.2 学时	
典型工作过程描述	校准转向角度传感器的准备工作—连接诊断仪，选择引导性功能—确定转向系中间位置—调整转向角—初始化转向角度传感器	
序 号	实 施 步 骤	注 意 事 项
1		
2		
3		
4		
5		
6		
实施说明：		
实施评价	班 级		第 组	组长签字	
	教师签字		日 期		
	评语：				

5. 连接诊断仪，选择引导性功能的检查单

学习情境十	校准转向角度传感器			
学时	0.1学时			
典型工作过程描述	校准转向角度传感器的准备工作—连接诊断仪，选择引导性功能—确定转向系中间位置—调整转向角—初始化转向角度传感器			
序号	检查项目	检查标准	学生自查	教师检查
1	连接诊断仪蓝牙接头			
2	打开点火开关，打开诊断仪网络布置图			
3	打开转向系统中的引导性功能			
4	打开引导性功能中的电动机械式动力转向系统以进行匹配			
5	匹配转向辅助控制单元			
6	等待控制单元进行数据收集，对控制单元进行参数设置			
检查评价	班级		第 组	组长签字
	教师签字		日 期	
	评语：			

6. 连接诊断仪，选择引导性功能的评价单

学习情境十	校准转向角度传感器			
学时	0.1学时			
典型工作过程描述	校准转向角度传感器的准备工作—连接诊断仪，选择引导性功能—确定转向系中间位置—调整转向角—初始化转向角度传感器			
评价项目	评价子项目	学生自评	组内评价	教师评价
作业流程完整性	作业流程是否完整			
作业流程规范性	作业流程是否规范			
6S管理	是否做到6S管理			
最终结果				
评价的评价	班级		第 组	组长签字
	教师签字		日 期	
	评语：			

学习情境十 校准转向角度传感器

任务三 确定转向系中间位置

1. 确定转向系中间位置的资讯单

学习情境十	校准转向角度传感器
学时	0.1 学时
典型工作过程描述	校准转向角度传感器的准备工作—连接诊断仪,选择引导性功能—确定转向系中间位置—调整转向角—初始化转向角度传感器
收集资讯的方式	线下图书与线上资源相结合。
资讯描述	1. 转向盘与诊断仪配合使用的技巧:_____。 2. 确定转向系中间位置的方法:_____。 3. 识别脉冲沿到索引标志的方法:_____。
对学生的要求	1. 掌握转向盘与诊断仪配合使用的技巧。 2. 掌握确定转向系中间位置的方法。 3. 掌握识别脉冲沿到索引标志的方法。 4. 能够养成 6S 规范作业习惯。 5. 能够养成团队意识、工匠精神、职业精神。
参考资料	检修汽车底盘系统课程配套微课

2. 确定转向系中间位置的计划单

学习情境十	校准转向角度传感器		
学时	0.2 学时		
典型工作过程描述	校准转向角度传感器的准备工作—连接诊断仪,选择引导性功能—确定转向系中间位置—调整转向角—初始化转向角度传感器		
计划制订的方式	小组讨论。		
序 号	工 作 步 骤	注 意 事 项	
1	连接好诊断仪		
2	启动发动机		
3	将方向盘缓慢向左和向右转到索引标志(约 45°)(配合诊断仪)		
4	识别到所有(4个)脉冲沿且索引标志位于 1 上		
5	确定转向系中间位置		
计划评价	班 级	第 组	组长签字
	教师签字	日 期	
	评语:		

3. 确定转向系中间位置的决策单

学习情境十	校准转向角度传感器				
学时	0.1 学时				
典型工作过程描述	校准转向角度传感器的准备工作—连接诊断仪,选择引导性功能—确定转向系中间位置—调整转向角—初始化转向角度传感器				
计 划 对 比					
序　号	计划的可行性	计划的经济性	计划的可操作性	计划的实施难度	综 合 评 价
1					
2					
3					
决策评价	班　级		第　组	组长签字	
	教师签字		日　期		
	评语:				

4. 确定转向系中间位置的实施单

学习情境十	校准转向角度传感器	
学时	0.2 学时	
典型工作过程描述	校准转向角度传感器的准备工作—连接诊断仪,选择引导性功能—确定转向系中间位置—调整转向角—初始化转向角度传感器	
序　号	实 施 步 骤	注 意 事 项
1		
2		
3		
4		
5		
实施说明:		
实施评价	班　级		第　组	组长签字	
	教师签字		日　期		
	评语:				

5. 确定转向系中间位置的检查单

学习情境十	校准转向角度传感器			
学时	0.1 学时			
典型工作过程描述	校准转向角度传感器的准备工作—连接诊断仪,选择引导性功能—确定转向系中间位置—调整转向角—初始化转向角度传感器			
序 号	检 查 项 目	检 查 标 准	学 生 自 查	教 师 检 查
1	连接好诊断仪			
2	启动发动机			
3	将方向盘缓慢向左和向右转到索引标志(约45°)(配合诊断仪)			
4	识别到所有(4个)脉冲沿且索引标志位于1上			
5	确定转向系中间位置			
检查评价	班　级 　　　　　第　组　　　组长签字 教师签字　　　　　　日　期 评语:			

6. 确定转向系中间位置的评价单

学习情境十	校准转向角度传感器			
学时	0.1 学时			
典型工作过程描述	校准转向角度传感器的准备工作—连接诊断仪,选择引导性功能—确定转向系中间位置—调整转向角—初始化转向角度传感器			
评 价 项 目	评价子项目	学 生 自 评	组 内 评 价	教 师 评 价
作业流程完整性	作业流程是否完整			
作业流程规范性	作业流程是否规范			
6S 管理	是否做到 6S 管理			
最终结果				
评价的评价	班　级　　　　　　第　组　　　组长签字 教师签字　　　　　　日　期 评语:			

任务四 调整转向角

1. 调整转向角的资讯单

学习情境十	校准转向角度传感器
学时	0.1 学时
典型工作过程描述	校准转向角度传感器的准备工作—连接诊断仪,选择引导性功能—确定转向系中间位置—调整转向角—初始化转向角度传感器
收集资讯的方式	线下图书与线上资源相结合。
资讯描述	1. 仪表中电子转向系统的指示灯颜色是_____。 2. 仪表中电子转向系统的指示灯是_____形状。
对学生的要求	1. 将转向系缓慢转到右侧,紧接着转到左侧机械限位位置。 2. 将转向系转回至转向系中心,查看状态显示。
参考资料	检修汽车底盘系统课程配套微课

2. 调整转向角的计划单

学习情境十	校准转向角度传感器		
学时	0.2 学时		
典型工作过程描述	校准转向角度传感器的准备工作—连接诊断仪,选择引导性功能—确定转向系中间位置—调整转向角—初始化转向角度传感器		
计划制订的方式	小组讨论。		
序 号	工 作 步 骤	注 意 事 项	
1	将转向系转到右侧		
2	紧接着转到左侧机械限位位置		
3	将转向系转回至转向系中心,直至状态显示为结果许用		
4	状态许用后,将方向盘缓慢转到正前行驶方向		
计划评价	班 级	第 组	组长签字
	教师签字	日 期	
	评语:		

3. 调整转向角的决策单

学习情境十	校准转向角度传感器				
学时	0.1学时				
典型工作过程描述	校准转向角度传感器的准备工作—连接诊断仪,选择引导性功能—确定转向系中间位置—调整转向角—初始化转向角度传感器				
计 划 对 比					
序　号	计划的可行性	计划的经济性	计划的可操作性	计划的实施难度	综 合 评 价
1					
2					
3					
决策评价	班　级		第　组		组长签字	
	教师签字		日　期			
	评语:					

4. 调整转向角的实施单

学习情境十	校准转向角度传感器	
学时	0.2学时	
典型工作过程描述	校准转向角度传感器的准备工作—连接诊断仪,选择引导性功能—确定转向系中间位置—调整转向角—初始化转向角度传感器	
序　号	实　施　步　骤	注　意　事　项
1		
2		
3		
4		
实施说明:		
实施评价	班　级		第　组		组长签字	
	教师签字		日　期			
	评语:					

5. 调整转向角的检查单

学习情境十	校准转向角度传感器			
学时	0.1 学时			
典型工作过程描述	校准转向角度传感器的准备工作—连接诊断仪,选择引导性功能—确定转向系中间位置—调整转向角—初始化转向角度传感器			
序号	检查项目	检查标准	学生自查	教师检查
1	将转向系转到右侧			
2	紧接着转到左侧机械限位位置			
3	将转向系转回至转向系中心,直至状态显示为结果许用			
4	状态许用后,将方向盘缓慢转到正前行驶方向			
检查评价	班级		第 组	组长签字	
	教师签字		日 期		
	评语:				

6. 调整转向角的评价单

学习情境十	校准转向角度传感器			
学时	0.1 学时			
典型工作过程描述	校准转向角度传感器的准备工作—连接诊断仪,选择引导性功能—确定转向系中间位置—调整转向角—初始化转向角度传感器			
评价项目	评价子项目	学生自评	组内评价	教师评价
作业流程完整性	作业流程是否完整			
作业流程规范性	作业流程是否规范			
6S 管理	是否做到 6S 管理			
最终结果				
评价的评价	班级		第 组	组长签字	
	教师签字		日 期		
	评语:				

学习情境十 校准转向角度传感器

任务五 初始化转向角度传感器

1. 初始化转向角度传感器的资讯单

学习情境十	校准转向角度传感器
学时	0.1 学时
典型工作过程描述	校准转向角度传感器的准备工作—连接诊断仪,选择引导性功能—确定转向系中间位置—调整转向角—初始化转向角度传感器
收集资讯的方式	线下图书与线上资源相结合。
资讯描述	转向故障灯的含义:_____。
对学生的要求	1. 将转向盘转到第一个机械止动位置。 2. 将转向盘转到另一个机械止动位置。 3. 将转向盘重新转回到转向系中心位置。 4. 检查组合仪表的故障灯,故障信号灯必须熄灭。 5. 能够养成 6S 规范作业习惯。
参考资料	检修汽车底盘系统课程配套微课

2. 初始化转向角度传感器的计划单

学习情境十	校准转向角度传感器		
学时	0.2 学时		
典型工作过程描述	校准转向角度传感器的准备工作—连接诊断仪,选择引导性功能—确定转向系中间位置—调整转向角—初始化转向角度传感器		
计划制订的方式	小组讨论。		
序 号	工 作 步 骤	注 意 事 项	
1	将转向盘转到第一个机械止动位置		
2	将转向盘转到另一个机械止动位置		
3	将转向盘重新转回到转向系中心位置		
4	检查仪表板上的黄色故障灯,组合仪表内的故障信号灯必须熄灭		
5	关闭发动机(至此已成功完成转向角度传感器的校准)		
计划评价	班 级		第 组	组长签字	
	教师签字		日 期		
	评语:				

3. 初始化转向角度传感器的决策单

学习情境十	校准转向角度传感器				
学时	0.1 学时				
典型工作过程描述	校准转向角度传感器的准备工作—连接诊断仪，选择引导性功能—确定转向系中间位置—调整转向角—初始化转向角度传感器				
计 划 对 比					
序　号	计划的可行性	计划的经济性	计划的可操作性	计划的实施难度	综 合 评 价
1					
2					
3					
决策评价	班　级：		第　组	组长签字	
	教师签字		日　期		
	评语：				

4. 初始化转向角度传感器的实施单

学习情境十	校准转向角度传感器	
学时	0.2 学时	
典型工作过程描述	校准转向角度传感器的准备工作—连接诊断仪，选择引导性功能—确定转向系中间位置—调整转向角—初始化转向角度传感器	
序　号	实 施 步 骤	注 意 事 项
1		
2		
3		
4		
5		
实施说明：		
实施评价	班　级 　　　　　　　　第　组　组长签字	
	教师签字　　　　　　　　日　期	
	评语：	

5. 初始化转向角度传感器的检查单

学习情境十	校准转向角度传感器			
学时	0.1 学时			
典型工作过程描述	校准转向角度传感器的准备工作—连接诊断仪,选择引导性功能—确定转向系中间位置—调整转向角—初始化转向角度传感器			
序 号	检 查 项 目	检 查 标 准	学 生 自 查	教 师 检 查
1	将转向盘转到第一个机械止动位置			
2	将转向盘转到另一个机械止动位置			
3	将转向盘重新转回到转向系中心位置			
4	检查仪表板上的黄色故障灯,组合仪表内的故障信号灯必须熄灭			
5	关闭发动机			
检查评价	班 级		第 组	组长签字
	教师签字		日 期	
	评语:			

6. 初始化转向角度传感器的评价单

学习情境十	校准转向角度传感器			
学时	0.1 学时			
典型工作过程描述	校准转向角度传感器的准备工作—连接诊断仪,选择引导性功能—确定转向系中间位置—调整转向角—初始化转向角度传感器			
评价项目	评价子项目	学 生 自 评	组 内 评 价	教 师 评 价
作业流程完整性	作业流程是否完整			
作业流程规范性	作业流程是否规范			
6S 管理	是否做到 6S 管理			
最终结果				
评价的评价	班 级		第 组	组长签字
	教师签字		日 期	
	评语:			

学习情境十一　检测车轮动平衡

客户需求单

客户需求
客户反映，驾驶车辆行驶至时速为 90km 时，转向盘出现震动现象，车速超过 100km/h 时震动消失，根据客户反映的故障现象，初步判定为前轮动平衡失准，需对车轮动平衡重新调整。
操作内容
1. 使用动平衡机对两侧前轮进行动平衡检测。 　　2. 根据检测结果调整动平衡参数。 　　3. 调整后再次确认动平衡参数是否合格。

学习性工作任务单

学习情境十一	检测车轮动平衡
学时	6 学时
典型工作过程描述	检测车轮动平衡的准备工作—清洁轮胎、轮毂—安装锁止轮胎—输入轮胎尺寸—检测动平衡值—找出不平衡点—安装动平衡块—再次测试动平衡值
学习目标	任务一　检测车轮动平衡的准备工作的学习目标 　　1. 了解车轮动平衡的影响因素。 　　2. 了解车轮动不平衡导致的故障现象。 　　3. 了解检测车轮动平衡的工具、设备。 　　4. 了解轮胎型号的含义。 任务二　清洁轮胎、轮毂的学习目标 　　1. 学会检查轮胎磨损情况。 　　2. 学会检查轮毂变形情况。 　　3. 学会检查轮胎气压，并调整至规定值。 　　4. 学会清洁轮胎花纹内的杂质。 　　5. 学会清洁轮毂上的旧动平衡块及杂质。 任务三　安装锁止轮胎的学习目标 　　1. 选择合适的支撑圈。 　　2. 将轮胎固定在动平衡机上并锁止。 任务四　输入轮胎尺寸的学习目标 　　1. 按轮胎型号输入轮辋直径。 　　2. 用卡尺测量断面宽度并输入到动平衡机。 　　3. 用标尺测量动平衡机至轮毂内缘的距离，并输入到动平衡机。 任务五　检测动平衡值的学习目标 　　1. 放下安全罩。 　　2. 动平衡机自动运行。

学习情境十一 检测车轮动平衡

学习目标	任务六　找出不平衡点的学习目标 1. 等待动平衡机停止转动。 2. 打开安全罩。 3. 用手转动轮胎，根据动平衡机提示找到不平衡点。 任务七　安装动平衡块的学习目标 1. 根据动平衡机显示的不平衡量，选择对应重量的动平衡块。 2. 在动平衡机转动轴对应位置上端安装动平衡块。 任务八　再次测试动平衡值的学习目标 1. 放下安全罩，动平衡机自动运行。 2. 待动平衡机停止转动。 3. 读取检测值，内外两侧不平衡值相加≤10，则视为调整合格。 4. 若内外两侧不平衡值相加＞10，则重新进行动平衡测试，并调整。
任务描述	使用轮胎动平衡机，正确检测轮胎动平衡值，并进行调整

学时安排	资讯 0.8学时	计划 0.8学时	决策 0.8学时	实施 2学时	检查 0.8学时	评价 0.8学时

对学生的要求	1. 掌握轮胎型号的含义。 2. 掌握车轮动不平衡时导致的故障现象。 3. 掌握导致车轮动不平衡的原因。 4. 能够正确使用动平衡机。 5. 能够正确调整车轮动平衡值。 6. 能够养成6S规范作业习惯。 7. 能够养成团队意识、工匠精神、职业精神。
参考资料	检修汽车底盘系统课程配套微课

材料工具清单

学习情境十一	检测车轮动平衡						
学时	6学时						
典型工作过程描述	检测车轮动平衡的准备工作—清洁轮胎、轮毂—安装锁止轮胎—输入轮胎尺寸—检测动平衡值—找出不平衡点—安装动平衡块—再次测试动平衡值						
序　号	名　称	作　用	数　量	型　号	使用量	使用者	
1	车轮动平衡机		1	S8400			
2	测量卡尺		1				
3	平口起子		1				
4	铲刀		1				
5	轮胎气压表		1				
6	动平衡块		10				
班　级			第　　组	组长签字			
教师签字			日　　期				

任务一 检测车轮动平衡的准备工作

1. 检测车轮动平衡的准备工作的资讯单

学习情境十一	检测车轮动平衡
学时	0.1学时
典型工作过程描述	检测车轮动平衡的准备工作—清洁轮胎、轮毂—安装锁止轮胎—输入轮胎尺寸—检测动平衡值—找出不平衡点—安装动平衡块—再次测试动平衡值
收集资讯的方式	线下图书与线上资源相结合。
资讯描述	1. 车轮动平衡的影响因素有_____。 2. 车轮动不平衡导致的故障现象是_____。 3. 205/50R16-V的轮胎型号的含义是_____。
对学生的要求	1. 掌握动不平衡导致的故障现象。 2. 掌握导致动不平衡的原因。 3. 掌握轮胎型号的含义。 4. 准备工具、设备。 5. 能够养成6S规范作业习惯。 6. 能够养成团队意识、工匠精神、职业精神。
参考资料	检修汽车底盘系统课程配套微课

2. 检测车轮动平衡的准备工作的计划单

学习情境十一	检测车轮动平衡		
学时	0.1学时		
典型工作过程描述	检测车轮动平衡的准备工作—清洁轮胎、轮毂—安装锁止轮胎—输入轮胎尺寸—检测动平衡值—找出不平衡点—安装动平衡块—再次测试动平衡值		
计划制订的方式	小组讨论。		
序 号	工 作 步 骤	注 意 事 项	
1	了解车轮动平衡的影响因素	分析概括全面	
2	了解车轮动不平衡导致的故障现象	描述清楚	
3	了解轮胎型号的含义	注意尺寸单位	
4	准备工具、设备	准备齐全	
计划评价	班 级： 第 组 组长签字： 教师签字： 日 期： 评语：		

学习情境十一 检测车轮动平衡

3. 检测车轮动平衡的准备工作的决策单

学习情境十一	检测车轮动平衡			
学时	0.1学时			
典型工作过程描述	检测车轮动平衡的准备工作—清洁轮胎、轮毂—安装锁止轮胎—输入轮胎尺寸—检测动平衡值—找出不平衡点—安装动平衡块—再次测试动平衡值			
计 划 对 比				
序 号	计划的可行性	计划的经济性	计划的可操作性	计划的实施难度	综 合 评 价
1					
2					
3					
决策评价	班　级　　　　　　　　第　组　　　组长签字			
	教师签字　　　　　　　　日　期			
	评语：			

4. 检测车轮动平衡的准备工作的实施单

学习情境十一	检测车轮动平衡	
学时	0.2学时	
典型工作过程描述	检测车轮动平衡的准备工作—清洁轮胎、轮毂—安装锁止轮胎—输入轮胎尺寸—检测动平衡值—找出不平衡点—安装动平衡块—再次测试动平衡值	
序 号	实 施 步 骤	注 意 事 项
1		
2		
3		
4		
实施说明：		
实施评价	班　级　　　　　　　　第　组　　　组长签字	
	教师签字　　　　　　　　日　期	
	评语：	

5. 检测车轮动平衡的准备工作的检查单

学习情境十一	检测车轮动平衡			
学时	0.1 学时			
典型工作过程描述	检测车轮动平衡的准备工作—清洁轮胎、轮毂—安装锁止轮胎—输入轮胎尺寸—检测动平衡值—找出不平衡点—安装动平衡块—再次测试动平衡值			
序 号	检 查 项 目	检 查 标 准	学 生 自 查	教 师 检 查
1	了解车轮动平衡的影响因素	分析概括全面		
2	了解车轮动不平衡导致的故障现象	描述清楚		
3	了解轮胎型号的含义	尺寸单位正确		
4	准备工具、设备	准备齐全		
检查评价	班　级		第　　组	组长签字
	教师签字		日　　期	
	评语:			

6. 检测车轮动平衡的准备工作的评价单

学习情境十一	检测车轮动平衡			
学时	0.1 学时			
典型工作过程描述	检测车轮动平衡的准备工作—清洁轮胎、轮毂—安装锁止轮胎—输入轮胎尺寸—检测动平衡值—找出不平衡点—安装动平衡块—再次测试动平衡值			
评 价 项 目	评价子项目	学 生 自 评	组 内 评 价	教 师 评 价
了解车轮动平衡的影响因素	分析概括是否全面			
了解车轮动不平衡导致的故障现象	描述是否清楚			
了解轮胎型号的含义	尺寸单位是否正确			
准备工具、设备	准备是否齐全			
最终结果				
评价的评价	班　级		第　　组	组长签字
	教师签字		日　　期	
	评语:			

学习情境十一 检测车轮动平衡

任务二 清洁轮胎、轮毂

1. 清洁轮胎、轮毂的资讯单

学习情境十一	检测车轮动平衡
学时	0.1 学时
典型工作过程描述	检测车轮动平衡的准备工作—清洁轮胎、轮毂—安装锁止轮胎—输入轮胎尺寸—检测动平衡值—找出不平衡点—安装动平衡块—再次测试动平衡值
收集资讯的方式	线下图书与线上资源相结合。
资讯描述	1. 需要清洁的位置有_____。 2. 轮胎和轮毂的检查项目有_____。 3. 标准轮胎气压的查询方式为_____。
对学生的要求	1. 能正确检查轮胎及轮毂。 2. 能彻底清洁轮胎及轮毂。 3. 能正确调整轮胎气压。 4. 能够养成 6S 规范作业习惯。 5. 能够养成团队意识、工匠精神、职业精神。
参考资料	检修汽车底盘系统课程配套微课

2. 清洁轮胎、轮毂的计划单

学习情境十一	检测车轮动平衡		
学时	0.1 学时		
典型工作过程描述	检测车轮动平衡的准备工作—清洁轮胎、轮毂—安装锁止轮胎—输入轮胎尺寸—检测动平衡值—找出不平衡点—安装动平衡块—再次测试动平衡值		
计划制订的方式	小组讨论。		
序 号	工 作 步 骤	注 意 事 项	
1	检查轮胎及轮毂	检查有无异常磨损	
2	彻底清洁轮胎及轮毂	仔细检查有无穿刺物、石子等杂物	
3	调整轮胎气压	参考车上的标准气压	
计划评价	班　级　　　　　　　　　　　第　　组　　组长签字 教师签字　　　　　　　　　　日　　期 评语：		

3. 清洁轮胎、轮毂的决策单

学习情境十一	检测车轮动平衡				
学时	0.1 学时				
典型工作过程描述	检测车轮动平衡的准备工作—清洁轮胎、轮毂—安装锁止轮胎—输入轮胎尺寸—检测动平衡值—找出不平衡点—安装动平衡块—再次测试动平衡值				
计 划 对 比					
序 号	计划的可行性	计划的经济性	计划的可操作性	计划的实施难度	综合评价
1					
2					
3					
决策评价	班 级		第 组	组长签字	
	教师签字		日 期		
	评语:				

4. 清洁轮胎、轮毂的实施单

学习情境十一	检测车轮动平衡	
学时	0.2 学时	
典型工作过程描述	检测车轮动平衡的准备工作—清洁轮胎、轮毂—安装锁止轮胎—输入轮胎尺寸—检测动平衡值—找出不平衡点—安装动平衡块—再次测试动平衡值	
序 号	实 施 步 骤	注 意 事 项
1		
2		
3		
实施说明:		
实施评价	班 级		第 组	组长签字	
	教师签字		日 期		
	评语:				

5. 清洁轮胎、轮毂的检查单

学习情境十一		检测车轮动平衡			
学时		0.1 学时			
典型工作过程描述		检测车轮动平衡的准备工作—清洁轮胎、轮毂—安装锁止轮胎—输入轮胎尺寸—检测动平衡值—找出不平衡点—安装动平衡块—再次测试动平衡值			
序 号	检 查 项 目		检 查 标 准	学 生 自 查	教 师 检 查
1	检查轮胎及轮毂		检查全面		
2	清洁轮胎及轮毂		清洁到位		
3	调整轮胎气压		调整值正确		
检查评价	班　　级			第　　组	组长签字	
	教师签字			日　　期		
	评语：					

6. 清洁轮胎、轮毂的评价单

学习情境十一	检测车轮动平衡			
学时	0.1 学时			
典型工作过程描述	检测车轮动平衡的准备工作—清洁轮胎、轮毂—安装锁止轮胎—输入轮胎尺寸—检测动平衡值—找出不平衡点—安装动平衡块—再次测试动平衡值			
评价项目	评价子项目	学 生 自 评	组 内 评 价	教 师 评 价
作业流程完整性	作业流程是否完整			
作业流程规范性	作业流程是否规范			
6S 管理	是否做到 6S 管理			
最终结果				
评价的评价	班　　级		第　　组	组长签字	
	教师签字		日　　期		
	评语：				

任务三 安装锁止轮胎

1. 安装锁止轮胎的资讯单

学习情境十一	检测车轮动平衡
学时	0.1 学时
典型工作过程描述	检测车轮动平衡的准备工作—清洁轮胎、轮毂—安装锁止轮胎—输入轮胎尺寸—检测动平衡值—找出不平衡点—安装动平衡块—再次测试动平衡值
收集资讯的方式	线下图书与线上资源相结合。
资讯描述	1. 支撑车轮的工具是_____。 2. 锁止车轮的工具是_____。
对学生的要求	1. 能正确选择支撑圈。 2. 能正确锁止轮胎。 3. 能够养成 6S 规范作业习惯。 4. 能够养成团队意识、工匠精神、职业精神。
参考资料	检修汽车底盘系统课程配套微课

2. 安装锁止轮胎的计划单

学习情境十一		检测车轮动平衡	
学时		0.1 学时	
典型工作过程描述		检测车轮动平衡的准备工作—清洁轮胎、轮毂—安装锁止轮胎—输入轮胎尺寸—检测动平衡值—找出不平衡点—安装动平衡块—再次测试动平衡值	
计划制订的方式		小组讨论。	
序号	工作步骤	注意事项	
1	选择支撑圈	选择与轮毂中间圈口匹配的支撑圈	
2	锁止轮胎	使用脚踩踏开关,以锁止轮胎	
计划评价	班级：	第 组	组长签字：
	教师签字：	日期：	
	评语：		

3. 安装锁止轮胎的决策单

学习情境十一	检测车轮动平衡			
学时	0.1 学时			
典型工作过程描述	检测车轮动平衡的准备工作—清洁轮胎、轮毂—安装锁止轮胎—输入轮胎尺寸—检测动平衡值—找出不平衡点—安装动平衡块—再次测试动平衡值			
计 划 对 比				
序　　号	计划的可行性	计划的经济性	计划的可操作性	计划的实施难度	综 合 评 价
1					
2					
3					
决策评价	班　级： 　　　　　　　第　　组　　　组长签字：				
	教师签字： 　　　　　　　日　　期：				
	评语：				

4. 安装锁止轮胎的实施单

学习情境十一	检测车轮动平衡	
学时	0.2 学时	
典型工作过程描述	检测车轮动平衡的准备工作—清洁轮胎、轮毂—安装锁止轮胎—输入轮胎尺寸—检测动平衡值—找出不平衡点—安装动平衡块—再次测试动平衡值	
序　　号	实 施 步 骤	注 意 事 项
1		
2		

实施说明：

实施评价	班　级： 　　　　　　　第　　组　　　组长签字：
	教师签字： 　　　　　　　日　　期：
	评语：

5. 安装锁止轮胎的检查单

学习情境十一	检测车轮动平衡			
学时	0.1学时			
典型工作过程描述	检测车轮动平衡的准备工作—清洁轮胎、轮毂—安装锁止轮胎—输入轮胎尺寸—检测动平衡值—找出不平衡点—安装动平衡块—再次测试动平衡值			
序 号	检 查 项 目	检 查 标 准	学 生 自 查	教 师 检 查
1	选择对应的支撑圈	选择正确		
2	安装轮胎至转动轴	安装到位		
3	安装支撑圈至转动轴	安装到位		
4	安装锁止机构至转动轴	安装到位		
5	踩踏开关,锁止轮胎	锁止牢固		
检查评价	班 级		第 组	组长签字
	教师签字		日 期	
	评语:			

6. 安装锁止轮胎的评价单

学习情境十一	检测车轮动平衡			
学时	0.1学时			
典型工作过程描述	检测车轮动平衡的准备工作—清洁轮胎、轮毂—安装锁止轮胎—输入轮胎尺寸—检测动平衡值—找出不平衡点—安装动平衡块—再次测试动平衡值			
评价项目	评价子项目	学生自评	组内评价	教师评价
作业流程完整性	作业流程是否完整			
作业流程规范性	作业流程是否规范			
最终结果				
评价的评价	班 级		第 组	组长签字
	教师签字		日 期	
	评语:			

学习情境十一　检测车轮动平衡

任务四　输入轮胎尺寸

1. 输入轮胎尺寸的资讯单

学习情境十一	检测车轮动平衡
学时	0.1 学时
典型工作过程描述	检测车轮动平衡的准备工作—清洁轮胎、轮毂—安装锁止轮胎—输入轮胎尺寸—检测动平衡值—找出不平衡点—安装动平衡块—再次测试动平衡值
收集资讯的方式	线下图书与线上资源相结合。
资讯描述	1. 轮辋直径的确定方法：_____。 2. 轮胎断面宽度的确定方法：_____。 3. 轮毂内缘距离的确定方法：_____。
对学生的要求	1. 在轮胎上找到轮辋直径。 2. 正确测量轮胎断面宽度。 3. 正确测量轮毂内缘距离。
参考资料	检修汽车底盘系统课程配套微课

2. 输入轮胎尺寸的计划单

学习情境十一	检测车轮动平衡		
学时	0.1 学时		
典型工作过程描述	检测车轮动平衡的准备工作—清洁轮胎、轮毂—安装锁止轮胎—输入轮胎尺寸—检测动平衡值—找出不平衡点—安装动平衡块—再次测试动平衡值		
计划制订的方式	小组讨论。		
序　号	工　作　步　骤	注　意　事　项	
1	在轮胎上找到轮辋直径	轮辋直径单位	
2	正确测量轮胎断面宽度	轮胎断面宽度单位	
3	正确测量轮毂内缘距离	轮毂内缘距离单位	
计划评价	班　级	第　　组	组长签字
	教师签字	日　期	
	评语：		

3. 输入轮胎尺寸的决策单

学习情境十一	检测车轮动平衡				
学时	0.1 学时				
典型工作过程描述	检测车轮动平衡的准备工作—清洁轮胎、轮毂—安装锁止轮胎—输入轮胎尺寸—检测动平衡值—找出不平衡点—安装动平衡块—再次测试动平衡值				
计 划 对 比					
序 号	计划的可行性	计划的经济性	计划的可操作性	计划的实施难度	综 合 评 价
1					
2					
3					
决策评价	班 级		第 组	组长签字	
	教师签字		日 期		
	评语:				

4. 输入轮胎尺寸的实施单

学习情境十一	检测车轮动平衡	
学时	0.2 学时	
典型工作过程描述	检测车轮动平衡的准备工作—清洁轮胎、轮毂—安装锁止轮胎—输入轮胎尺寸—检测动平衡值—找出不平衡点—安装动平衡块—再次测试动平衡值	
序 号	实 施 步 骤	注 意 事 项
1		
2		
3		
实施说明:		
实施评价	班 级	第 组	组长签字
	教师签字	日 期	
	评语:		

5. 输入轮胎尺寸的检查单

学习情境十一	检测车轮动平衡			
学时	0.1学时			
典型工作过程描述	检测车轮动平衡的准备工作—清洁轮胎、轮毂—安装锁止轮胎—输入轮胎尺寸—检测动平衡值—找出不平衡点—安装动平衡块—再次测试动平衡值			
序号	检查项目	检查标准	学生自查	教师检查
1	在轮胎上找到轮辋直径	数值读取准确		
2	测量轮胎断面宽度	数值读取准确		
3	测量轮毂内缘距离	数值读取准确		
检查评价	班级		第 组	组长签字
	教师签字		日 期	
	评语：			

6. 输入轮胎尺寸的评价单

学习情境十一	检测车轮动平衡			
学时	0.1学时			
典型工作过程描述	检测车轮动平衡的准备工作—清洁轮胎、轮毂—安装锁止轮胎—输入轮胎尺寸—检测动平衡值—找出不平衡点—安装动平衡块—再次测试动平衡值			
评价项目	评价子项目	学生自评	组内评价	教师评价
作业流程完整性	作业流程是否完整			
作业流程规范性	作业流程是否规范			
最终结果				
评价的评价	班级		第 组	组长签字
	教师签字		日 期	
	评语：			

 检修汽车底盘系统

任务五　检测动平衡值

1. 检测动平衡值的资讯单

学习情境十一	检测车轮动平衡
学时	0.1 学时
典型工作过程描述	检测车轮动平衡的准备工作—清洁轮胎、轮毂—安装锁止轮胎—输入轮胎尺寸—检测动平衡值—找出不平衡点—安装动平衡块—再次测试动平衡值
收集资讯的方式	线下图书与线上资源相结合。
资讯描述	启动平衡机前需放下＿＿＿＿＿＿＿＿＿＿＿＿＿＿＿＿＿＿＿＿。
对学生的要求	1. 放下安全罩，运行动平衡机。 2. 读取数值。 3. 能够养成 6S 规范作业习惯。
参考资料	检修汽车底盘系统课程配套微课

2. 检测动平衡值的计划单

学习情境十一	检测车轮动平衡		
学时	0.1 学时		
典型工作过程描述	检测车轮动平衡的准备工作—清洁轮胎、轮毂—安装锁止轮胎—输入轮胎尺寸—检测动平衡值—找出不平衡点—安装动平衡块—再次测试动平衡值		
计划制订的方式	小组讨论。		
序　号	工　作　步　骤	注　意　事　项	
1	放下安全罩，运行动平衡机	防止轮胎脱落	
2	读取数值		
计划评价	班　级　　　　　　第　　组　　组长签字 教师签字　　　　　　日　　期 评语：		

216

3. 检测动平衡值的决策单

学习情境十一	检测车轮动平衡				
学时	0.1 学时				
典型工作过程描述	检测车轮动平衡的准备工作—清洁轮胎、轮毂—安装锁止轮胎—输入轮胎尺寸—检测动平衡值—找出不平衡点—安装动平衡块—再次测试动平衡值				
计 划 对 比					
序 号	计划的可行性	计划的经济性	计划的可操作性	计划的实施难度	综合评价
1					
2					
3					
决策评价	班 级		第 组	组长签字	
	教师签字		日 期		
	评语：				

4. 检测动平衡值的实施单

学习情境十一	检测车轮动平衡	
学时	0.2 学时	
典型工作过程描述	检测车轮动平衡的准备工作—清洁轮胎、轮毂—安装锁止轮胎—输入轮胎尺寸—检测动平衡值—找出不平衡点—安装动平衡块—再次测试动平衡值	
序 号	实 施 步 骤	注 意 事 项
1		
2		
实施说明：		
实施评价	班 级		第 组	组长签字	
	教师签字		日 期	
	评语：			

5. 检测动平衡值的检查单

学习情境十一	检测车轮动平衡			
学时	0.1 学时			
典型工作过程描述	检测车轮动平衡的准备工作—清洁轮胎、轮毂—安装锁止轮胎—输入轮胎尺寸—检测动平衡值—找出不平衡点—安装动平衡块—再次测试动平衡值			
序 号	检 查 项 目	检 查 标 准	学 生 自 查	教 师 检 查
1	放下安全罩，运行动平衡机	操作安全		
2	读取数值	数据显示正确		
检查评价	班 级		第 组	组长签字
	教师签字		日 期	
	评语：			

6. 检测动平衡值的评价单

学习情境十一	检测车轮动平衡			
学时	0.1 学时			
典型工作过程描述	检测车轮动平衡的准备工作—清洁轮胎、轮毂—安装锁止轮胎—输入轮胎尺寸—检测动平衡值—找出不平衡点—安装动平衡块—再次测试动平衡值			
评价项目	评价子项目	学 生 自 评	组 内 评 价	教 师 评 价
安全罩	安全罩是否放下			
动平衡机	动平衡机是否转动			
数据	数据是否正确显示			
最终结果				
评价的评价	班 级		第 组	组长签字
	教师签字		日 期	
	评语：			

学习情境十一　检测车轮动平衡

任务六　找出不平衡点

1. 找出不平衡点的资讯单

学习情境十一	检测车轮动平衡
学时	0.1 学时
典型工作过程描述	检测车轮动平衡的准备工作—清洁轮胎、轮毂—安装锁止轮胎—输入轮胎尺寸—检测动平衡值—找出不平衡点—安装动平衡块—再次测试动平衡值
收集资讯的方式	线下图书与线上资源相结合。
资讯描述	确定不平衡点的方法：＿＿＿＿＿＿＿＿＿＿。
对学生的要求	1. 能够找到车轮两侧的不平衡点。 2. 能够养成 6S 规范作业习惯。
参考资料	检修汽车底盘系统课程配套微课

2. 找出不平衡点的计划单

学习情境十一	检测车轮动平衡		
学时	0.1 学时		
典型工作过程描述	检测车轮动平衡的准备工作—清洁轮胎、轮毂—安装锁止轮胎—输入轮胎尺寸—检测动平衡值—找出不平衡点—安装动平衡块—再次测试动平衡值		
计划制订的方式	小组讨论		
序　号	工 作 步 骤	注 意 事 项	
1	等待动平衡机停止转动		
2	打开安全罩		
3	用手转动轮胎，根据动平衡机提示找到不平衡点		
计划评价	班　级　　　　　　　第　　组　　组长签字 教师签字　　　　　　日　　期 评语：		

3. 找出不平衡点的决策单

学习情境十一	检测车轮动平衡				
学时	0.1 学时				
典型工作过程描述	检测车轮动平衡的准备工作—清洁轮胎、轮毂—安装锁止轮胎—输入轮胎尺寸—检测动平衡值—找出不平衡点—安装动平衡块—再次测试动平衡值				
计 划 对 比					
序 号	计划的可行性	计划的经济性	计划的可操作性	计划的实施难度	综 合 评 价
1					
2					
3					
4					
决策评价	班 级		第 组	组长签字	
	教师签字		日 期		
	评语：				

4. 找出不平衡点的实施单

学习情境十一	检测车轮动平衡	
学时	0.2 学时	
典型工作过程描述	检测车轮动平衡的准备工作—清洁轮胎、轮毂—安装锁止轮胎—输入轮胎尺寸—检测动平衡值—找出不平衡点—安装动平衡块—再次测试动平衡值	
序 号	实 施 步 骤	注 意 事 项
1		
2		
3		
实施说明：		
实施评价	班 级		第 组	组长签字	
	教师签字		日 期		
	评语：				

5. 找出不平衡点的检查单

学习情境十一	检测车轮动平衡			
学时	0.1学时			
典型工作过程描述	检测车轮动平衡的准备工作—清洁轮胎、轮毂—安装锁止轮胎—输入轮胎尺寸—检测动平衡值—找出不平衡点—安装动平衡块—再次测试动平衡值			
序 号	检 查 项 目	检 查 标 准	学 生 自 查	教 师 检 查
1	等待动平衡机停止转动	确定停止转动		
2	打开安全罩	正确打开		
3	用手转动轮胎,根据动平衡机提示找到不平衡点	准确找到		
检查评价	班　级		第　　　组	组长签字
	教师签字		日　　　期	
	评语:			

6. 找出不平衡点的评价单

学习情境十一	检测车轮动平衡			
学时	0.1学时			
典型工作过程描述	检测车轮动平衡的准备工作—清洁轮胎、轮毂—安装锁止轮胎—输入轮胎尺寸—检测动平衡值—找出不平衡点—安装动平衡块—再次测试动平衡值			
评 价 项 目	评价子项目	学 生 自 评	组 内 评 价	教 师 评 价
不平衡点	是否准确找到不平衡点			
最终结果				
评价的评价	班　级		第　　　组	组长签字
	教师签字		日　　　期	
	评语:			

任务七　安装动平衡块

1. 安装动平衡块的资讯单

学习情境十一	检测车轮动平衡
学时	0.1 学时
典型工作过程描述	检测车轮动平衡的准备工作—清洁轮胎、轮毂—安装锁止轮胎—输入轮胎尺寸—检测动平衡值—找出不平衡点—安装动平衡块—再次测试动平衡值
收集资讯的方式	线下图书与线上资源相结合。
资讯描述	1. 根据动平衡机显示的不平衡量，选择对应＿＿＿＿的动平衡块。 2. 在动平衡机转动轴对应位置＿＿＿＿端安装动平衡块。
对学生的要求	1. 能够正确选择对应配重的动平衡块。 2. 能够将动平衡块准确安装到不平衡点。 3. 能够养成 6S 规范作业习惯。 4. 能够养成团队意识、工匠精神、职业精神。
参考资料	检修汽车底盘系统课程配套微课

2. 安装动平衡块的计划单

学习情境十一	检测车轮动平衡		
学时	0.1 学时		
典型工作过程描述	检测车轮动平衡的准备工作—清洁轮胎、轮毂—安装锁止轮胎—输入轮胎尺寸—检测动平衡值—找出不平衡点—安装动平衡块—再次测试动平衡值		
计划制订的方式	小组讨论。		
序　号	工　作　步　骤	注　意　事　项	
1	根据动平衡机显示的不平衡量，选择对应重量的动平衡块	对应的配重	
2	在动平衡机转动轴对应位置上端安装动平衡块	正确选择安装位置	
计划评价	班　级　　　　　第　　组　　组长签字		
	教师签字　　　　　日　　期		
	评语：		

3. 安装动平衡块的决策单

学习情境十一	检测车轮动平衡			
学时	0.1 学时			
典型工作过程描述	检测车轮动平衡的准备工作—清洁轮胎、轮毂—安装锁止轮胎—输入轮胎尺寸—检测动平衡值—找出不平衡点—安装动平衡块—再次测试动平衡值			
计 划 对 比				
序 号	计划的可行性	计划的经济性	计划的可操作性	计划的实施难度	综 合 评 价
1					
2					
3					
决策评价	班级　　　　　　第　组　　组长签字 教师签字　　　　　日　期 评语：			

4. 安装动平衡块的实施单

学习情境十一	检测车轮动平衡	
学时	0.6 学时	
典型工作过程描述	检测车轮动平衡的准备工作—清洁轮胎、轮毂—安装锁止轮胎—输入轮胎尺寸—检测动平衡值—找出不平衡点—安装动平衡块—再次测试动平衡值	
序 号	实 施 步 骤	注 意 事 项
1		
2		
实施说明：		
实施评价	班级　　　　　　第　组　　组长签字 教师签字　　　　　日　期 评语：	

5. 安装动平衡块的检查单

学习情境十一	检测车轮动平衡			
学时	0.1学时			
典型工作过程描述	检测车轮动平衡的准备工作—清洁轮胎、轮毂—安装锁止轮胎—输入轮胎尺寸—检测动平衡值—找出不平衡点—安装动平衡块—再次测试动平衡值			
序 号	检 查 项 目	检 查 标 准	学 生 自 查	教 师 检 查
1	根据动平衡机显示的不平衡量，选择对应质量的动平衡块	配重准确		
2	在动平衡机转动轴对应位置上端安装动平衡块	安装位置正确		
检查评价	班 级		第 组	组长签字	
	教师签字		日 期		
	评语：				

6. 安装动平衡块的评价单

学习情境十一	检测车轮动平衡			
学时	0.1学时			
典型工作过程描述	检测车轮动平衡的准备工作—清洁轮胎、轮毂—安装锁止轮胎—输入轮胎尺寸—检测动平衡值—找出不平衡点—安装动平衡块—再次测试动平衡值			
评 价 项 目	评 价 子 项 目	学 生 自 评	组 内 评 价	教 师 评 价
作业流程完整性	作业流程是否完整			
作业流程规范性	作业流程是否规范			
最终结果				
评价的评价	班 级		第 组	组长签字	
	教师签字		日 期		
	评语：				

学习情境十一　检测车轮动平衡

任务八　再次测试动平衡值

1. 再次测试动平衡值的资讯单

学习情境十一	检测车轮动平衡
学时	0.1 学时
典型工作过程描述	检测车轮动平衡的准备工作—清洁轮胎、轮毂—安装锁止轮胎—输入轮胎尺寸—检测动平衡值—找出不平衡点—安装动平衡块—再次测试动平衡值
收集资讯的方式	线下图书与线上资源相结合。
资讯描述	再次测试动平衡量的目的是＿＿＿＿＿＿＿。
对学生的要求	1. 能正确操作动平衡机。 2. 能调整动平衡值在规定范围。 3. 能够养成 6S 规范作业习惯。 4. 能够养成敬业精神。
参考资料	检修汽车底盘系统课程配套微课

2. 再次测试动平衡值的计划单

学习情境十一	检测车轮动平衡	
学时	0.1 学时	
典型工作过程描述	检测车轮动平衡的准备工作—清洁轮胎、轮毂—安装锁止轮胎—输入轮胎尺寸—检测动平衡值—找出不平衡点—安装动平衡块—再次测试动平衡值	
计划制订的方式	小组讨论。	
序　号	工　作　步　骤	注　意　事　项
1	放下安全罩，动平衡机自动运行	完全放下安全罩
2	待动平衡机停止转动	待动平衡机完全停止，防止误伤
3	读取检测值，内外两侧不平衡值相加≤10，则视为调整合格	标准范围
计划评价	班　级　　　　　　　第　组　　　组长签字 教师签字　　　　　　日　期 评语：	

3. 再次测试动平衡值的决策单

学习情境十一	检测车轮动平衡			
学时	0.1学时			
典型工作过程描述	检测车轮动平衡的准备工作—清洁轮胎、轮毂—安装锁止轮胎—输入轮胎尺寸—检测动平衡值—找出不平衡点—安装动平衡块—再次测试动平衡值			
计 划 对 比				
序　号	计划的可行性	计划的经济性	计划的可操作性	计划的实施难度	综 合 评 价
1					
2					
3					
决策评价	班　级： 　　　　　　　　　第　　组　　组长签字： 教师签字：　　　　　　　　　日　　期： 评语：				

4. 再次测试动平衡值的实施单

学习情境十一	检测车轮动平衡	
学时	0.2学时	
典型工作过程描述	检测车轮动平衡的准备工作—清洁轮胎、轮毂—安装锁止轮胎—输入轮胎尺寸—检测动平衡值—找出不平衡点—安装动平衡块—再次测试动平衡值	
序　号	实 施 步 骤	注 意 事 项
1		
2		
3		
实施说明：		
实施评价	班　级：　　　　　　　　　第　　组　　组长签字： 教师签字：　　　　　　　　　日　　期： 评语：	

学习情境十一 检测车轮动平衡

5. 再次测试动平衡值的检查单

学习情境十一	检测车轮动平衡			
学时	0.1学时			
典型工作过程描述	检测车轮动平衡的准备工作—清洁轮胎、轮毂—安装锁止轮胎—输入轮胎尺寸—检测动平衡值—找出不平衡点—安装动平衡块—再次测试动平衡值			
序号	检查项目	检查标准	学生自查	教师检查
1	动平衡机是否转动	放下安全罩后动平衡机自动运行		
2	动平衡机停止	打开安全罩后动平衡机完全停止转动		
3	调整后测试不平衡值	保证内外两侧不平衡值相加≤10		
检查评价	班级		第 组	组长签字
	教师签字		日期	
	评语：			

6. 再次测试动平衡值的评价单

学习情境十一	检测车轮动平衡			
学时	0.1学时			
典型工作过程描述	检测车轮动平衡的准备工作—清洁轮胎、轮毂—安装锁止轮胎—输入轮胎尺寸—检测动平衡值—找出不平衡点—安装动平衡块—再次测试动平衡值			
评价项目	评价子项目	学生自评	组内评价	教师评价
调整后的动平衡值	是否在标准范围内			
最终结果				
评价的评价	班级		第 组	组长签字
	教师签字		日期	
	评语：			

学习情境十二　更换前轮减震器

客户需求单

客户需求
刘先生的车辆行驶了 8 万 km，行驶在不平路面时出现咯噔咯噔异响，经过检查发现右前减震器出现严重的漏油故障，现需要更换右前减震器。
操作内容
1. 更换前轮减震器的准备工作。 2. 检查减震器及弹簧。 3. 检查前悬架主要部件。 4. 拆卸减震器。 5. 拆装减震弹簧。 6. 安装减震器。

学习性工作任务单

学习情境十二	更换前轮减震器
学时	6 学时
典型工作过程描述	更换前轮减震器的准备工作—检查减震器及弹簧—检查前悬架主要部件—拆卸减震器—拆装减震弹簧—安装减震器
学习目标	任务一　更换前轮减震器的准备工作的学习目标 　　1. 学习悬架的分类与组成。 　　2. 学习减震器分类、结构及工作原理。 　　3. 学习减震弹簧分类与结构。 　　4. 减震器及弹簧损坏导致的故障现象。 　　5. 学会使用维修手册。 任务二　检查减震器及弹簧的学习目标 　　1. 掌握减震器检查的项目及方法。 　　2. 掌握减震弹簧检查的项目及方法。 任务三　检查前悬架主要部件的学习目标 　　1. 学习前悬架主要部件的分类与结构。 　　2. 掌握检查前悬架主要部件的方法。 任务四　拆卸减震器的学习目标 　　1. 熟悉拆卸的注意事项。 　　2. 保证各部件的拆卸符合标准。 　　3. 熟悉拆卸的标准流程。

学习情境十二 更换前轮减震器

学习目标	任务五 拆装减震弹簧的学习目标 1. 学会使用减震弹簧拆卸专用工具。 2. 熟悉拆装的注意事项。 3. 熟悉拆装的标准流程。 任务六 安装减震器的学习目标 1. 熟悉安装的注意事项。 2. 保证各部件的安装符合标准。 3. 熟悉安装的标准流程。					
任务描述	按照操作流程,拆装减震器及减震弹簧,并进行检查					
学时安排	资讯 0.6 学时	计划 0.6 学时	决策 0.6 学时	实施 3 学时	检查 0.6 学时	评价 0.6 学时
对学生的要求	1. 掌握悬架的分类与组成。 2. 掌握减震器及弹簧的分类、结构及工作原理。 3. 掌握减震器及弹簧损坏导致的故障现象。 4. 能够对减震器及减震弹簧进行检查。 5. 能够对前悬架主要部件进行检查。 6. 能够正确拆装减震器及减震弹簧。 7. 能够养成 6S 规范作业习惯。 8. 能够养成团队意识、工匠精神、职业精神。					
参考资料	检修汽车底盘系统课程配套微课					

材料工具清单

学习情境十二	更换前轮减震器				
学时	6 学时				
典型工作过程描述	更换前轮减震器的准备工作—检查减震器及弹簧—检查前悬架主要部件—拆卸减震器—拆装减震弹簧—安装减震器				
序 号	名 称	作 用	数 量	型 号	使 用 量	使 用 者
1	减震弹簧拆卸工具		1	V.A.G1403		
2	世达工具		1	120 件		
3	扭力扳手		1	0~300N·m		
4	车内四件套		1			
5	翼子板布、前格栅布		1			
6	车轮挡块		1			
班 级			第 组	组长签字		
教师签字			日 期			

 检修汽车底盘系统

任务一 更换前轮减震器的准备工作

1. 更换前轮减震器的准备工作的资讯单

学习情境十二	更换前轮减震器
学时	0.1 学时
典型工作过程描述	更换前轮减震器的准备工作—检查减震器及弹簧—检查前悬架主要部件—拆卸减震器—拆装减震弹簧—安装减震器
收集资讯的方式	线下图书与线上资源相结合。
资讯描述	1. 描述悬架的分类与组成：_____。 2. 描述减震器及弹簧的分类、结构及工作原理：_____。 3. 描述前轮减震器损坏导致的故障现象：_____。
对学生的要求	1. 掌握前轮减震器损坏导致的故障现象。 2. 掌握悬架的分类与组成。 3. 掌握减震器及弹簧的分类、结构及工作原理。 4. 熟练掌握维修手册的使用方法。 5. 能够准备工具、设备。 6. 能够养成 6S 规范作业习惯。 7. 能够养成团队意识、工匠精神、职业精神。
参考资料	检修汽车底盘系统课程配套微课

2. 更换前轮减震器的准备工作的计划单

学习情境十二	更换前轮减震器		
学时	0.1 学时		
典型工作过程描述	更换前轮减震器的准备工作—检查减震器及弹簧—检查前悬架主要部件—拆卸减震器—拆装减震弹簧—安装减震器		
计划制订的方式	小组讨论。		
序 号	工 作 步 骤	注 意 事 项	
1	悬架的分类与组成		
2	减震器及弹簧的分类、结构及工作原理		
3	前轮减震器损坏导致的故障现象		
4	维修手册的使用		
5	准备工具、设备		
计划评价	班 级： 第 组 组长签字：		
	教师签字： 日 期：		
	评语：		

3. 更换前轮减震器的准备工作的决策单

学习情境十二	更换前轮减震器			
学时	0.1学时			
典型工作过程描述	更换前轮减震器的准备工作—检查减震器及弹簧—检查前悬架主要部件—拆卸减震器—拆装减震弹簧—安装减震器			
计 划 对 比				
序 号	计划的可行性	计划的经济性	计划的可操作性	计划的实施难度	综合评价
1					
2					
3					
决策评价	班 级		第 组	组长签字	
	教师签字		日 期		
	评语：				

4. 更换前轮减震器的准备工作的实施单

学习情境十二	更换前轮减震器	
学时	0.1学时	
典型工作过程描述	更换前轮减震器的准备工作—检查减震器及弹簧—检查前悬架主要部件—拆卸减震器—拆装减震弹簧—安装减震器	
序 号	实 施 步 骤	注 意 事 项
1		
2		
3		
4		
5		
实施说明：		
实施评价	班 级		第 组	组长签字	
	教师签字		日 期		
	评语：				

5. 更换前轮减震器的准备工作的检查单

学习情境十二	更换前轮减震器			
学时	0.1 学时			
典型工作过程描述	更换前轮减震器的准备工作—检查减震器及弹簧—检查前悬架主要部件—拆卸减震器—拆装减震弹簧—安装减震器			
序 号	检 查 项 目	检 查 标 准	学 生 自 查	教 师 检 查
1	悬架的分类与组成	描述清楚		
2	减震器及弹簧的分类、结构及工作原理	描述清楚		
3	前轮减震器损坏导致的故障现象	描述清楚		
4	维修手册的使用	查找正确		
5	准备工具、设备	准备齐全		
检查评价	班　　级		第　　组	组长签字
	教师签字		日　　期	
	评语：			

6. 更换前轮减震器的准备工作的评价单

学习情境十二	更换前轮减震器			
学时	0.1 学时			
典型工作过程描述	更换前轮减震器的准备工作—检查减震器及弹簧—检查前悬架主要部件—拆卸减震器—拆装减震弹簧—安装减震器			
评价项目	评价子项目	学生自评	组内评价	教师评价
悬架的分类与组成	描述是否清楚			
减震器及弹簧的分类、结构及工作原理	描述是否清楚			
前轮减震器损坏导致的故障现象	描述是否清楚			
维修手册的使用	注意查找方法是否正确			
准备工具、设备	型号是否为V.A.G1403			
最终结果				
评价的评价	班　　级		第　　组	组长签字
	教师签字		日　　期	
	评语：			

学习情境十二　更换前轮减震器

任务二　检查减震器及弹簧

1. 检查减震器及弹簧的资讯单

学习情境十二	更换前轮减震器
学时	0.1 学时
典型工作过程描述	更换前轮减震器的准备工作—检查减震器及弹簧—检查前悬架主要部件—拆卸减震器—拆装减震弹簧—安装减震器
收集资讯的方式	线下图书与线上资源相结合。
资讯描述	1. 描述减震器的检查方法：_____。 2. 描述减震弹簧的检查方法：_____。
对学生的要求	1. 能正确检查减震器。 2. 能正确检查减震弹簧。 3. 能够养成 6S 规范作业习惯。 4. 能够养成团队意识、工匠精神、职业精神。
参考资料	检修汽车底盘系统课程配套微课

2. 检查减震器及弹簧的计划单

学习情境十二	更换前轮减震器		
学时	0.1 学时		
典型工作过程描述	更换前轮减震器的准备工作—检查减震器及弹簧—检查前悬架主要部件—拆卸减震器—拆装减震弹簧—安装减震器		
计划制订的方式	小组讨论。		
序　号	工　作　步　骤	注　意　事　项	
1	目测检查车辆倾斜状况		
2	检查减震器和螺旋弹簧		
3	检查减震器的减震效果		
4	检查减震器上下安装支架螺栓		
计划评价	班　级： 　　　　　第　组　　组长签字：		
	教师签字： 　　　　日　期：		
	评语：		

3. 检查减震器及弹簧的决策单

学习情境十二	更换前轮减震器				
学时	0.1 学时				
典型工作过程描述	更换前轮减震器的准备工作—检查减震器及弹簧—检查前悬架主要部件—拆卸减震器—拆装减震弹簧—安装减震器				
计 划 对 比					
序　号	计划的可行性	计划的经济性	计划的可操作性	计划的实施难度	综 合 评 价
1					
2					
3					
决策评价	班　级		第　组	组长签字	
	教师签字		日　期		
	评语:				

4. 检查减震器及弹簧的实施单

学习情境十二	更换前轮减震器			
学时	0.2 学时			
典型工作过程描述	更换前轮减震器的准备工作—检查减震器及弹簧—检查前悬架主要部件—拆卸减震器—拆装减震弹簧—安装减震器			
序　号	实 施 步 骤		注 意 事 项	
1				
2				
3				
4				
实施说明:				
实施评价	班　级		第　组	组长签字	
	教师签字		日　期		
	评语:				

5. 检查减震器及弹簧的检查单

学习情境十二	更换前轮减震器			
学时	0.1 学时			
典型工作过程描述	更换前轮减震器的准备工作—检查减震器及弹簧—检查前悬架主要部件—拆卸减震器—拆装减震弹簧—安装减震器			
序号	检查项目	检查标准	学生自查	教师检查
1	目测检查车辆倾斜状况	检查正确		
2	检查减震器和螺旋弹簧	减震器无漏油、老化、松垮、变形和破裂等现象，螺旋弹簧无损坏，弹簧保护漆层无腐蚀、刮伤、划痕或麻点现象，橡胶防尘套和缓冲块（限位块）无破损		
3	检查减震器的减震效果	用力按下后备箱，然后松开，如果汽车在 2~3 次跳跃中迅速停止震动，则说明减震器工作良好		
4	检查减震器上下安装支架螺栓	螺栓无松动		
检查评价	班级		第 组	组长签字
	教师签字		日 期	
	评语:			

6. 检查减震器及弹簧的评价单

学习情境十二	更换前轮减震器			
学时	0.1 学时			
典型工作过程描述	更换前轮减震器的准备工作—检查减震器及弹簧—检查前悬架主要部件—拆卸减震器—拆装减震弹簧—安装减震器			
评价项目	评价子项目	学生自评	组内评价	教师评价
作业流程完整性	作业流程是否完整			
作业流程规范性	作业流程是否规范			
6S 管理	是否做到 6S 管理			
最终结果				
评价的评价	班级		第 组	组长签字
	教师签字		日 期	
	评语:			

任务三 检查前悬架主要部件

1. 检查前悬架主要部件的资讯单

学习情境十二	更换前轮减震器
学时	0.1 学时
典型工作过程描述	更换前轮减震器的准备工作—检查减震器及弹簧—检查前悬架主要部件—拆卸减震器—拆装减震弹簧—安装减震器
收集资讯的方式	线下图书与线上资源相结合。
资讯描述	1. 描述前悬架主要部件的分类与结构：_____。 2. 描述前悬架主要部件的检查方法：_____。
对学生的要求	1. 掌握前悬架主要部件的分类与结构。 2. 能检查前悬架主要部件。 3. 能够养成 6S 规范作业习惯。 4. 能够养成团队意识、工匠精神、职业精神。
参考资料	检修汽车底盘系统课程配套微课

2. 检查前悬架主要部件的计划单

学习情境十二	更换前轮减震器		
学时	0.1 学时		
典型工作过程描述	更换前轮减震器的准备工作—检查减震器及弹簧—检查前悬架主要部件—拆卸减震器—拆装减震弹簧—安装减震器		
计划制订的方式	小组讨论。		
序号	工作步骤	注意事项	
1	检查稳定杆铰接头和稳定杆衬套		
2	检查车身与底盘之间的支架螺栓		
3	检查球头		
4	检查悬架臂		
计划评价	班级： 第 组 组长签字： 教师签字： 日期： 评语：		

3. 检查前悬架主要部件的决策单

学习情境十二	更换前轮减震器			
学时	0.1 学时			
典型工作过程描述	更换前轮减震器的准备工作—检查减震器及弹簧—检查前悬架主要部件—拆卸减震器—拆装减震弹簧—安装减震器			
计 划 对 比				
序　号	计划的可行性	计划的经济性	计划的可操作性	计划的实施难度	综 合 评 价
1					
2					
3					
决策评价	班　级　　　　　　第　　组　　组长签字　　　　　 教师签字　　　　　　日　　期 评语：				

4. 检查前悬架主要部件的实施单

学习情境十二	更换前轮减震器	
学时	0.2 学时	
典型工作过程描述	更换前轮减震器的准备工作—检查减震器及弹簧—检查前悬架主要部件—拆卸减震器—拆装减震弹簧—安装减震器	
序　号	实 施 步 骤	注 意 事 项
1		
2		
3		
4		

实施说明：

实施评价	班　级　　　　　　第　　组　　组长签字　　　　　 教师签字　　　　　　日　　期 评语：

5. 检查前悬架主要部件的检查单

学习情境十二	更换前轮减震器			
学时	0.1 学时			
典型工作过程描述	更换前轮减震器的准备工作—检查减震器及弹簧—检查前悬架主要部件—拆卸减震器—拆装减震弹簧—安装减震器			
序号	检查项目	检查标准	学生自查	教师检查
1	检查稳定杆铰接头和稳定杆衬套	稳定杆及连杆无松旷、铰接头完好、防尘套无损坏。把车辆放下时,前悬架的稳定杆支承处拉杆无移位、无间隙,衬套无老化且无裂痕、无损坏		
2	检查车身与底盘之间的支架螺栓	前悬架横梁与车身之间以及中间梁与车身之间所连接的螺栓无松动		
3	检查球头	球头防尘罩无破损;球节没有过松;球头没有游隙		
4	检查前悬架臂	前悬架臂无裂纹、变形或损坏;衬套无破损、老化和裂纹		
检查评价	班级		第 组	组长签字	
	教师签字		日 期		
	评语:				

6. 检查前悬架主要部件的评价单

学习情境十二	更换前轮减震器			
学时	0.1 学时			
典型工作过程描述	更换前轮减震器的准备工作—检查减震器及弹簧—检查前悬架主要部件—拆卸减震器—拆装减震弹簧—安装减震器			
评价项目	评价子项目	学生自评	组内评价	教师评价
作业流程完整性	作业流程是否完整			
作业流程规范性	作业流程是否规范			
最终结果				
评价的评价	班级		第 组	组长签字	
	教师签字		日 期		
	评语:				

学习情境十二　更换前轮减震器

任务四　拆卸减震器

1. 拆卸减震器的资讯单

学习情境十二	更换前轮减震器
学时	0.1 学时
典型工作过程描述	更换前轮减震器准备工作—检查减震器及弹簧—检查前悬架主要部件—拆卸减震器—拆装减震弹簧—安装减震器
收集资讯的方式	线下图书与线上资源相结合。
资讯描述	1. 描述前轮拆卸减震器的注意事项：_____。 2. 描述前轮拆卸减震器的标准流程：_____。
对学生的要求	1. 掌握前轮拆卸减震器的注意事项。 2. 掌握前轮拆卸减震器的标准流程。 3. 会正确拆卸前轮减震器。 4. 能够养成 6S 规范作业习惯。
参考资料	检修汽车底盘系统课程配套微课

2. 拆卸减震器的计划单

学习情境十二	更换前轮减震器	
学时	0.1 学时	
典型工作过程描述	更换前轮减震器的准备工作—检查减震器及弹簧—检查前悬架主要部件—拆卸减震器—拆装减震弹簧—安装减震器	
计划制订的方式	小组讨论。	
序号	工作步骤	注意事项
1	拧松车轮紧固螺母，拆下车轮	
2	拔下车速传感器线束，并放置在不影响拆装的位置	
3	使用扳手拆下减震器与稳定杆连杆的螺栓	
4	使用套筒拆下减震器总成与转向节的两个螺栓	
5	打开机舱盖，用扳手拆下减震器与车身壳体连接的三个螺母，取下减震器	
计划评价	班　级：　　　　　第　　组　　组长签字： 教师签字：　　　　日　期： 评语：	

239

3. 拆卸减震器的决策单

学习情境十二	更换前轮减震器				
学时	0.1学时				
典型工作过程描述	更换前轮减震器的准备工作—检查减震器及弹簧—检查前悬架主要部件—拆卸减震器—拆装减震弹簧—安装减震器				
计 划 对 比					
序 号	计划的可行性	计划的经济性	计划的可操作性	计划的实施难度	综 合 评 价
1					
2					
3					
决策评价	班 级		第 组	组长签字	
	教师签字		日 期		
	评语：				

4. 拆卸减震器的实施单

学习情境十二	更换前轮减震器	
学时	1学时	
典型工作过程描述	更换前轮减震器的准备工作—检查减震器及弹簧—检查前悬架主要部件—拆卸减震器—拆装减震弹簧—安装减震器	
序 号	实 施 步 骤	注 意 事 项
1		
2		
3		
4		
5		
实施说明：		
实施评价	班 级		第 组	组长签字	
	教师签字		日 期		
	评语：				

5. 拆卸减震器的检查单

学习情境十二	更换前轮减震器			
学时	0.1学时			
典型工作过程描述	更换前轮减震器的准备工作—检查减震器及弹簧—检查前悬架主要部件—拆卸减震器—拆装减震弹簧—安装减震器			
序号	检查项目	检查标准	学生自查	教师检查
1	拧松车轮紧固螺母，拆下车轮	操作规范		
2	拔下车速传感器线束，并放置在不影响拆装的位置	操作规范		
3	使用扳手拆下减震器与稳定杆连杆的螺栓	操作规范		
4	使用套筒拆下减震器总成与转向节的两个螺栓	操作规范		
5	打开机舱盖，用扳手拆下减震器与车身壳体连接的三个螺母，取下减震器	操作规范		
检查评价	班级		第　组	组长签字
	教师签字		日　期	
	评语：			

6. 拆卸减震器的评价单

学习情境十二	更换前轮减震器			
学时	0.1学时			
典型工作过程描述	更换前轮减震器的准备工作—检查减震器及弹簧—检查前悬架主要部件—拆卸减震器—拆装减震弹簧—安装减震器			
评价项目	评价子项目	学生自评	组内评价	教师评价
作业流程完整性	作业流程是否完整			
作业流程规范性	作业流程是否规范			
最终结果				
评价的评价	班级		第　组	组长签字
	教师签字		日　期	
	评语：			

任务五 拆装减震弹簧

1. 拆装减震弹簧的资讯单

学习情境十二	更换前轮减震器
学时	0.1 学时
典型工作过程描述	更换前轮减震器的准备工作—检查减震器及弹簧—检查前悬架主要部件—拆卸减震器—拆装减震弹簧—安装减震器
收集资讯的方式	线下图书与线上资源相结合。
资讯描述	1. 描述拆装减震弹簧的注意事项：_____。 2. 描述拆装减震弹簧的标准流程：_____。
对学生的要求	1. 掌握拆装减震弹簧的注意事项。 2. 掌握拆装减震弹簧的标准流程。 3. 会正确拆装减震弹簧。 4. 能够养成 6S 规范作业习惯。
参考资料	检修汽车底盘系统课程配套微课

2. 拆装减震弹簧的计划单

学习情境十二	更换前轮减震器		
学时	0.1 学时		
典型工作过程描述	更换前轮减震器的准备工作—检查减震器及弹簧—检查前悬架主要部件—拆卸减震器—拆装减震弹簧—安装减震器		
计划制订的方式	小组讨论。		
序 号	工 作 步 骤	注 意 事 项	
1	使用专用工具将减震弹簧均匀压缩		
2	拧下螺旋弹簧固定螺母，缓慢放松螺旋弹簧并取出		
3	安装减震弹簧		
计划评价	班 级		第 组	组长签字	
	教师签字		日 期		
	评语：				

3. 拆装减震弹簧的决策单

学习情境十二	更换前轮减震器				
学时	0.1 学时				
典型工作过程描述	更换前轮减震器的准备工作—检查减震器及弹簧—检查前悬架主要部件—拆卸减震器—拆装减震弹簧—安装减震器				
计 划 对 比					
序　号	计划的可行性	计划的经济性	计划的可操作性	计划的实施难度	综 合 评 价
1					
2					
3					
决策评价	班　级： 　　　　　　　第　　组　　组长签字：				
	教师签字： 　　　　　　　日　期：				
	评语：				

4. 拆装减震弹簧的实施单

学习情境十二	更换前轮减震器
学时	0.5 学时
典型工作过程描述	更换前轮减震器的准备工作—检查减震器及弹簧—检查前悬架主要部件—拆卸减震器—拆装减震弹簧—安装减震器

序　号	实 施 步 骤	注 意 事 项
1		
2		
3		

实施说明：

实施评价	班　级： 　　　　　　　第　　组　　组长签字：
	教师签字： 　　　　　　　日　期：
	评语：

5. 拆装减震弹簧的检查单

学习情境十二	更换前轮减震器			
学时	0.1 学时			
典型工作过程描述	更换前轮减震器的准备工作—检查减震器及弹簧—检查前悬架主要部件—拆卸减震器—拆装减震弹簧—安装减震器			
序 号	检 查 项 目	检 查 标 准	学 生 自 查	教 师 检 查
1	使用专用工具将减震弹簧均匀压缩	工具使用规范		
2	拧下螺旋弹簧固定螺母，缓慢放松螺旋弹簧并取出	操作规范		
3	安装减震弹簧	使用专用工具将减震弹簧均匀压缩，拧紧螺旋弹簧固定螺母		
检查评价	班 级		第 组	组长签字	
	教师签字		日 期		
	评语：				

6. 拆装减震弹簧的评价单

学习情境十二	更换前轮减震器			
学时	0.1 学时			
典型工作过程描述	更换前轮减震器的准备工作—检查减震器及弹簧—检查前悬架主要部件—拆卸减震器—拆装减震弹簧—安装减震器			
评价项目	评价子项目	学 生 自 评	组 内 评 价	教 师 评 价
作业流程完整性	作业流程是否完整			
作业流程规范性	作业流程是否规范			
最终结果				
评价的评价	班 级		第 组	组长签字	
	教师签字		日 期		
	评语：				

学习情境十二　更换前轮减震器

任务六　安装减震器

1. 安装减震器的资讯单

学习情境十二	更换前轮减震器
学时	0.1 学时
典型工作过程描述	更换前轮减震器的准备工作—检查减震器及弹簧—检查前悬架主要部件—拆卸减震器—拆装减震弹簧—安装减震器
收集资讯的方式	线下图书与线上资源相结合。
资讯描述	1. 描述前轮安装减震器的注意事项：＿＿＿＿＿＿＿＿＿＿＿＿＿。 2. 描述前轮安装减震器的标准流程：＿＿＿＿＿＿＿＿＿＿＿＿＿。
对学生的要求	1. 掌握安装前轮减震器的注意事项。 2. 掌握安装前轮减震器的标准流程。 3. 能够正确安装前轮减震器。 4. 能够养成 6S 规范作业习惯。
参考资料	检修汽车底盘系统课程配套微课

2. 安装减震器的计划单

学习情境十二	更换前轮减震器	
学时	0.1 学时	
典型工作过程描述	更换前轮减震器的准备工作—检查减震器及弹簧—检查前悬架主要部件—拆卸减震器—拆装减震弹簧—安装减震器	
计划制订的方式	小组讨论。	
序　号	工 作 步 骤	注 意 事 项
1	打开机舱盖，用扭力扳手拧紧减震器与车身壳体连接的三个螺母	
2	使用扭力扳手拧紧减震器总成与转向节的两个螺栓	
3	使用扭力扳手拧紧减震器与稳定杆连杆的螺栓	
4	安装车速传感器线束	
5	安装车轮和车轮装饰罩	
6	进行试车	
计划评价	班　级　　　　　　第　　组　　组长签字 教师签字　　　　　日　期 评语：	

245

3. 安装减震器的决策单

学习情境十二	更换前轮减震器				
学时	0.1学时				
典型工作过程描述	更换前轮减震器的准备工作—检查减震器及弹簧—检查前悬架主要部件—拆卸减震器—拆装减震弹簧—安装减震器				
计 划 对 比					
序 号	计划的可行性	计划的经济性	计划的可操作性	计划的实施难度	综 合 评 价
1					
2					
3					
决策评价	班 级		第 组	组长签字	
	教师签字		日 期		
	评语:				

4. 安装减震器的实施单

学习情境十二	更换前轮减震器	
学时	1学时	
典型工作过程描述	更换前轮减震器的准备工作—检查减震器及弹簧—检查前悬架主要部件—拆卸减震器—拆装减震弹簧—安装减震器	
序 号	实 施 步 骤	注 意 事 项
1		
2		
3		
4		
5		
6		

实施说明:

实施评价	班 级		第 组	组长签字	
	教师签字		日 期		
	评语:				

学习情境十二 更换前轮减震器

5. 安装减震器的检查单

学习情境十二	更换前轮减震器			
学时	0.1 学时			
典型工作过程描述	更换前轮减震器的准备工作—检查减震器及弹簧—检查前悬架主要部件—拆卸减震器—拆装减震弹簧—安装减震器			
序 号	检 查 项 目	检 查 标 准	学 生 自 查	教 师 检 查
1	打开机舱盖,用扭力扳手拧紧减震器与车身壳体连接的三个螺母	操作规范		
2	使用扭力扳手拧紧减震器总成与转向节的两个螺栓	操作规范		
3	使用扭力扳手拧紧减震器与稳定杆连杆的螺栓	操作规范		
4	安装车速传感器线束	操作规范		
5	安装车轮和车轮装饰罩	操作规范		
6	进行试车	无异响、异常		
检查评价	班 级		第 组	组长签字	
	教师签字		日 期		
	评语:				

6. 安装减震器的评价单

学习情境十二	更换前轮减震器			
学时	0.1 学时			
典型工作过程描述	更换前轮减震器的准备工作—检查减震器及弹簧—检查前悬架主要部件—拆卸减震器—拆装减震弹簧—安装减震器			
评 价 项 目	评价子项目	学 生 自 评	组 内 评 价	教 师 评 价
作业流程完整性	作业流程是否完整			
作业流程规范性	作业流程是否规范			
最终结果				
评价的评价	班 级		第 组	组长签字	
	教师签字		日 期		
	评语:				

学习情境十三　更换后轮减震器

客户需求单

客户需求
黄先生的车辆在行驶过程中出现严重的颠簸现象，并出现跑偏故障，经过检查发现右后减震器损坏、螺旋弹簧折断，现需要更换右后减震器。
操作内容
1. 更换后轮减震器的准备工作。 　　2. 检查减震器及弹簧。 　　3. 拆卸减震器及弹簧。 　　4. 安装减震器及弹簧。 　　5. 路试检查。

学习性工作任务单

学习情境十三	更换后轮减震器
学时	6学时
典型工作过程描述	更换后轮减震器的准备工作—检查减震器及弹簧—拆卸减震器及弹簧—安装减震器及弹簧—路试检查
学习目标	任务一　更换后轮减震器的准备工作的学习目标 　　1. 熟悉悬架的分类与结构。 　　2. 熟悉后悬架损坏导致的故障现象。 　　3. 学会使用维修手册。 任务二　检查减震器及弹簧的学习目标 　　1. 减震器检查的项目及方法。 　　2. 减震弹簧检查的项目及方法。 任务三　拆卸减震器及弹簧的学习目标 　　1. 学会使用减震弹簧拆卸专用工具。 　　2. 熟悉拆卸减震器及弹簧的注意事项。 　　3. 熟悉拆卸减震器及弹簧的标准流程。 任务四　安装减震器及弹簧的学习目标 　　1. 熟悉安装减震器及弹簧的注意事项。 　　2. 熟悉安装减震器及弹簧的标准流程。

学习目标	任务五 路试检查的学习目标 1. 熟悉路试检查的方法。 2. 学会进行四轮定位。 3. 学会进行路试检查。					
任务描述	按照操作流程，拆装减震器及减震弹簧，并进行检查					
学时安排	资讯 0.5学时	计划 0.7学时	决策 0.5学时	实施 3.3学时	检查 0.5学时	评价 0.5学时
对学生的要求	1. 掌握悬架的分类与结构。 2. 掌握后悬架损坏导致的故障现象。 3. 能够对减震器及减震弹簧进行检查。 4. 能够正确拆装减震器及减震弹簧。 5. 能进行路试检查。 6. 能够养成6S规范作业习惯。 7. 能够养成团队意识、工匠精神、职业精神。					
参考资料	检修汽车底盘系统课程配套微课					

材料工具清单

学习情境十三	更换后轮减震器				
学时	6学时				
典型工作过程描述	更换后轮减震器的准备工作—检查减震器及弹簧—拆卸减震器及弹簧—安装减震器及弹簧—路试检查				
序号	名称	作用	数量	型号	使用量	使用者
1	减震器张紧装置		1	F.V.G1752/1G		
2	弹簧保持架		1	F.V.G1752/3A		
3	世达工具		1	120件		
4	扭力扳手		1	0～300N·m		
5	车内四件套		1			
6	翼子板布、前格栅布		1			
班级		第 组		组长签字		
教师签字		日 期				

任务一　更换后轮减震器的准备工作

1. 更换后轮减震器的准备工作的资讯单

学习情境十三	更换后轮减震器
学时	0.1学时
典型工作过程描述	更换后轮减震器的准备工作—检查减震器及弹簧—拆卸减震器及弹簧—安装减震器及弹簧—路试检查

收集资讯的方式	线下图书与线上资源相结合。
资讯描述	1. 描述悬架的分类与结构：_____。 2. 描述后轮减震器损坏导致的故障现象：_____。
对学生的要求	1. 掌握后轮减震器损坏导致的故障现象。 2. 掌握悬架的分类与结构。 3. 熟练掌握维修手册的使用方法。 4. 准备工具、设备。 5. 能够养成 6S 规范作业习惯。 6. 能够养成团队意识、工匠精神、职业精神。
参考资料	检修汽车底盘系统课程配套微课

2. 更换后轮减震器的准备工作的计划单

学习情境十三	更换后轮减震器		
学时	0.1 学时		
典型工作过程描述	更换后轮减震器的准备工作—检查减震器及弹簧—拆卸减震器及弹簧—安装减震器及弹簧—路试检查		
计划制订的方式	小组讨论。		
序 号	工 作 步 骤	注 意 事 项	
1	悬架的分类与结构		
2	后轮减震器损坏导致的故障现象		
3	维修手册的使用		
4	准备工具、设备		
计划评价	班 级		第 组	组长签字	
	教师签字		日 期		
	评语：				

3. 更换后轮减震器的准备工作的决策单

学习情境十三	更换后轮减震器			
学时	0.1学时			
典型工作过程描述	更换后轮减震器的准备工作—检查减震器及弹簧—拆卸减震器及弹簧—安装减震器及弹簧—路试检查			
计 划 对 比					
序　　号	计划的可行性	计划的经济性	计划的可操作性	计划的实施难度	综 合 评 价
1					
2					
3					
决策评价	班　级：　　　　第　组　　　组长签字： 教师签字：　　　　日　期： 评语：				

4. 更换后轮减震器的准备工作的实施单

学习情境十三	更换后轮减震器	
学时	0.1学时	
典型工作过程描述	更换后轮减震器的准备工作—检查减震器及弹簧—拆卸减震器及弹簧—安装减震器及弹簧—路试检查	
序　　号	实 施 步 骤	注 意 事 项
1		
2		
3		
4		
实施说明：			
实施评价	班　级：　　　　第　组　　　组长签字： 教师签字：　　　　日　期： 评语：	

5. 更换后轮减震器的准备工作的检查单

学习情境十三	更换后轮减震器			
学时	0.1学时			
典型工作过程描述	更换后轮减震器的准备工作—检查减震器及弹簧—拆卸减震器及弹簧—安装减震器及弹簧—路试检查			
序 号	检 查 项 目	检 查 标 准	学 生 自 查	教 师 检 查
1	悬架的分类与结构	描述清楚		
2	后轮减震器损坏导致的故障现象	描述清楚		
3	维修手册的使用	查找正确		
4	准备工具、设备	工具准备齐全		
检查评价	班　　级		第　　组	组长签字
	教师签字		日　　期	
	评语：			

6. 更换后轮减震器的准备工作的评价单

学习情境十三	更换后轮减震器			
学时	0.1学时			
典型工作过程描述	更换后轮减震器的准备工作—检查减震器及弹簧—拆卸减震器及弹簧—安装减震器及弹簧—路试检查			
评 价 项 目	评价子项目	学 生 自 评	组 内 评 价	教 师 评 价
悬架的分类与结构	描述是否清楚			
后轮减震器损坏导致的故障现象	描述是否清楚			
维修手册的使用	注意查找方法是否正确			
准备工具、设备	型号是否为 F.V.G1752/1G、F.V.G1752/3A			
最终结果				
评价的评价	班　　级		第　　组	组长签字
	教师签字		日　　期	
	评语：			

学习情境十三　更换后轮减震器

任务二　检查减震器及弹簧

1. 检查减震器及弹簧的资讯单

学习情境十三	更换后轮减震器
学时	0.1 学时
典型工作过程描述	更换后轮减震器的准备工作—检查减震器及弹簧—拆卸减震器及弹簧—安装减震器及弹簧—路试检查
收集资讯的方式	线下图书与线上资源相结合。
资讯描述	1. 描述减震器的检查方法：_____。 2. 描述减震弹簧的检查方法：_____。
对学生的要求	1. 能正确检查减震器。 2. 能正确检查减震弹簧。 3. 能够养成 6S 规范作业习惯。 4. 能够养成团队意识、工匠精神、职业精神。
参考资料	检修汽车底盘系统课程配套微课

2. 检查减震器及弹簧的计划单

学习情境十三	更换后轮减震器		
学时	0.1 学时		
典型工作过程描述	更换后轮减震器的准备工作—检查减震器及弹簧—拆卸减震器及弹簧—安装减震器及弹簧—路试检查		
计划制订的方式	小组讨论。		
序　号	工　作　步　骤	注　意　事　项	
1	目测检查车辆倾斜状况		
2	检查减震器和螺旋弹簧		
3	检查减震器的减震效果		
4	检查减震器上下安装支架螺栓		
计划评价	班　级		第　　组	组长签字
	教师签字		日　　期	
	评语：			

检修汽车底盘系统

3. 检查减震器及弹簧的决策单

学习情境十三	更换后轮减震器				
学时	0.1学时				
典型工作过程描述	更换后轮减震器的准备工作—检查减震器及弹簧—拆卸减震器及弹簧—安装减震器及弹簧—路试检查				
计 划 对 比					
序 号	计划的可行性	计划的经济性	计划的可操作性	计划的实施难度	综 合 评 价
1					
2					
3					
决策评价	班　级		第　　组	组长签字	
	教师签字		日　　期		
	评语:				

4. 检查减震器及弹簧的实施单

学习情境十三	更换后轮减震器	
学时	0.4学时	
典型工作过程描述	更换后轮减震器的准备工作—检查减震器及弹簧—拆卸减震器及弹簧—安装减震器及弹簧—路试检查	
序　号	实 施 步 骤	注 意 事 项
1		
2		
3		
4		
实施说明:		
实施评价	班　级		第　　组	组长签字	
	教师签字		日　　期		
	评语:				

254

5. 检查减震器及弹簧的检查单

学习情境十三	更换后轮减震器			
学时	0.1 学时			
典型工作过程描述	更换后轮减震器的准备工作—检查减震器及弹簧—拆卸减震器及弹簧—安装减震器及弹簧—路试检查			
序 号	检 查 项 目	检 查 标 准	学 生 自 查	教 师 检 查
1	目测检查车辆倾斜状况	检查准确		
2	检查减震器和螺旋弹簧	减震器无漏油、老化、松垮、变形和破裂等现象，螺旋弹簧无损坏，弹簧保护漆层无腐蚀、刮伤、划痕或麻点现象，橡胶防尘套和缓冲块（限位块）无破损		
3	检查减震器的减震效果	用力按下后备箱，然后松开，如果汽车在 2~3 次跳跃中迅速停止震动，则说明减震器工作良好		
4	检查减震器上下安装支架螺栓	螺栓无松动		
检查评价	班　　级		第　　组	组长签字
	教师签字		日　　期	
	评语：			

6. 检查减震器及弹簧的评价单

学习情境十三	更换后轮减震器			
学时	0.1 学时			
典型工作过程描述	更换后轮减震器的准备工作—检查减震器及弹簧—拆卸减震器及弹簧—安装减震器及弹簧—路试检查			
评 价 项 目	评价子项目	学 生 自 评	组 内 评 价	教 师 评 价
作业流程完整性	作业流程是否完整			
作业流程规范性	作业流程是否规范			
6S 管理	是否做到 6S 管理			
最终结果				
评价的评价	班　　级		第　　组	组长签字
	教师签字		日　　期	
	评语：			

任务三　拆卸减震器及弹簧

1. 拆卸减震器及弹簧的资讯单

学习情境十三	更换后轮减震器
学时	0.1 学时
典型工作过程描述	更换后轮减震器的准备工作—检查减震器及弹簧—拆卸减震器及弹簧—安装减震器及弹簧—路试检查
收集资讯的方式	线下图书与线上资源相结合。
资讯描述	1. 描述后轮拆卸减震器及弹簧的注意事项：_____。 2. 描述拆卸减震器及弹簧的标准流程：_____。
对学生的要求	1. 掌握后轮拆卸减震器及弹簧的注意事项。 2. 掌握后轮拆卸减震器及弹簧标准流程。 3. 能够正确拆卸后轮减震器及弹簧。 4. 能够养成 6S 规范作业习惯。
参考资料	检修汽车底盘系统课程配套微课

2. 拆卸减震器及弹簧的计划单

学习情境十三	更换后轮减震器	
学时	0.2 学时	
典型工作过程描述	更换后轮减震器的准备工作—检查减震器及弹簧—拆卸减震器及弹簧—安装减震器及弹簧—路试检查	
计划制订的方式	小组讨论。	
序　号	工　作　步　骤	注　意　事　项
1	拧松车轮紧固螺母，拆下车轮	
2	装入弹簧张紧装置	
3	张紧螺旋弹簧，直至能将其取出	
4	旋出减震器的螺栓	
5	拧下螺母，取出后桥承重梁和减震器连接的六角螺母，取出减震器	
计划评价	班　级：　　　　　　第　组　　组长签字： 教师签字：　　　　　　日　期： 评语：	

3. 拆卸减震器及弹簧的决策单

学习情境十三	更换后轮减震器			
学时	0.1 学时			
典型工作过程描述	更换后轮减震器的准备工作—检查减震器及弹簧—拆卸减震器及弹簧—安装减震器及弹簧—路试检查			
计 划 对 比				
序 号	计划的可行性	计划的经济性	计划的可操作性	计划的实施难度	综 合 评 价
1					
2					
3					
决策评价	班 级		第 组	组长签字	
	教师签字		日 期		
	评语：				

4. 拆卸减震器及弹簧的实施单

学习情境十三	更换后轮减震器	
学时	1.5 学时	
典型工作过程描述	更换后轮减震器的准备工作—检查减震器及弹簧—拆卸减震器及弹簧—安装减震器及弹簧—路试检查	
序 号	实 施 步 骤	注 意 事 项
1		
2		
3		
4		
5		
实施说明：		
实施评价	班 级		第 组	组长签字	
	教师签字		日 期		
	评语：				

5. 拆卸减震器及弹簧的检查单

学习情境十三	更换后轮减震器			
学时	0.1 学时			
典型工作过程描述	更换后轮减震器的准备工作—检查减震器及弹簧—拆卸减震器及弹簧—安装减震器及弹簧—路试检查			
序 号	检 查 项 目	检 查 标 准	学 生 自 查	教 师 检 查
1	拧松车轮紧固螺母,拆下车轮	车轮紧固螺母的拆卸要按对角顺序分 2～3 次进行		
2	装入弹簧张紧装置	螺旋弹簧在弹簧保持架中的位置正确		
3	张紧螺旋弹簧,直至能将其取出	操作规范		
4	旋出减震器的螺栓	螺栓无掉落		
5	拧下螺母,取出后桥承重梁和减震器连接的六角螺母,取出减震器	操作规范		
检查评价	班　级		第　　组	组长签字
	教师签字		日　　期	
	评语:			

6. 拆卸减震器及弹簧的评价单

学习情境十三	更换后轮减震器			
学时	0.1 学时			
典型工作过程描述	更换后轮减震器的准备工作—检查减震器及弹簧—拆卸减震器及弹簧—安装减震器及弹簧—路试检查			
评价项目	评价子项目	学生自评	组内评价	教师评价
作业流程完整性	作业流程是否完整			
作业流程规范性	作业流程是否规范			
最终结果				
评价的评价	班　级		第　　组	组长签字
	教师签字		日　　期	
	评语:			

学习情境十三 更换后轮减震器

任务四 安装减震器及弹簧

1. 安装减震器及弹簧的资讯单

学习情境十三	更换后轮减震器
学时	0.1 学时
典型工作过程描述	更换后轮减震器的准备工作—检查减震器及弹簧—拆卸减震器及弹簧—安装减震器及弹簧—路试检查
收集资讯的方式	线下图书与线上资源相结合。
资讯描述	1. 描述安装后轮减震器及弹簧的注意事项：_____。 2. 描述安装后轮减震器及弹簧的标准流程：_____。
对学生的要求	1. 掌握安装后轮减震器及弹簧的注意事项。 2. 掌握安装后轮减震器及弹簧的标准流程。 3. 能够正确安装后轮减震器及弹簧。 4. 能够养成 6S 规范作业习惯。
参考资料	检修汽车底盘系统课程配套微课

2. 安装减震器及弹簧的计划单

学习情境十三	更换后轮减震器		
学时	0.2 学时		
典型工作过程描述	更换后轮减震器的准备工作—检查减震器及弹簧—拆卸减震器及弹簧—安装减震器及弹簧—路试检查		
计划制订的方式	小组讨论。		
序 号	工 作 步 骤	注 意 事 项	
1	拧紧减震器与车上的连接螺栓		
2	拧紧后桥承重梁和减震器连接的螺栓		
3	装入弹簧张紧装置，张紧螺旋弹簧，直至安装到位		
4	安装车轮		
计划评价	班 级		第 组	组长签字	
	教师签字		日 期		
	评语：				

259

3. 安装减震器及弹簧的决策单

学习情境十三	更换后轮减震器				
学时	0.1 学时				
典型工作过程描述	更换后轮减震器的准备工作—检查减震器及弹簧—拆卸减震器及弹簧—安装减震器及弹簧—路试检查				
计 划 对 比					
序　号	计划的可行性	计划的经济性	计划的可操作性	计划的实施难度	综 合 评 价
1					
2					
3					
决策评价	班　级		第　组	组长签字	
	教师签字		日　期		
	评语：				

4. 安装减震器及弹簧的实施单

学习情境十三	更换后轮减震器	
学时	1.2 学时	
典型工作过程描述	更换后轮减震器的准备工作—检查减震器及弹簧—拆卸减震器及弹簧—安装减震器及弹簧—路试检查	
序　号	实 施 步 骤	注 意 事 项
1		
2		
3		
4		
实施说明：		
实施评价	班　级		第　组	组长签字	
	教师签字		日　期		
	评语：				

5. 安装减震器及弹簧的检查单

学习情境十三	更换后轮减震器			
学时	0.1 学时			
典型工作过程描述	更换后轮减震器的准备工作—检查减震器及弹簧—拆卸减震器及弹簧—安装减震器及弹簧—路试检查			
序号	检查项目	检查标准	学生自查	教师检查
1	拧紧减震器与车上连接螺栓	更换新螺栓,拧紧力矩为30N·m+90°		
2	拧紧后桥承重梁和减震器连接的螺栓	1. 更换新的螺栓与螺母,拧紧力矩为40N·m+90° 2. 只有当处于空载位置时,才允许将减震器拧紧到后桥承重梁上		
3	装入弹簧张紧装置,张紧螺旋弹簧,直至安装到位	拧紧力矩为50N·m		
4	安装车轮	车轮紧固螺母力矩为110N·m		
检查评价	班级		第 组	组长签字
	教师签字		日 期	
	评语:			

6. 安装减震器及弹簧的评价单

学习情境十三	更换后轮减震器			
学时	0.1 学时			
典型工作过程描述	更换后轮减震器的准备工作—检查减震器及弹簧—拆卸减震器及弹簧—安装减震器及弹簧—路试检查			
评价项目	评价子项目	学生自评	组内评价	教师评价
作业流程完整性	作业流程是否完整			
作业流程规范性	作业流程是否规范			
最终结果				
评价的评价	班级		第 组	组长签字
	教师签字		日 期	
	评语:			

任务五 路试检查

1. 路试检查的资讯单

学习情境十三	更换后轮减震器
学时	0.1 学时
典型工作过程描述	更换后轮减震器的准备工作—检查减震器及弹簧—拆卸减震器及弹簧—安装减震器及弹簧—路试检查
收集资讯的方式	线下图书与线上资源相结合。
资讯描述	1. 描述路试检查的流程：_____。 2. 描述四轮定位检查调整的方法：_____。
对学生的要求	1. 能进行四轮定位检查调整。 2. 能进行路试检查。 3. 能够养成 6S 规范作业习惯。 4. 能够养成团队意识、工匠精神、职业精神。
参考资料	检修汽车底盘系统课程配套微课

2. 路试检查的计划单

学习情境十三	更换后轮减震器		
学时	0.1 学时		
典型工作过程描述	更换后轮减震器的准备工作—检查减震器及弹簧—拆卸减震器及弹簧—安装减震器及弹簧—路试检查		
计划制订的方式	小组讨论。		
序 号	工 作 步 骤	注 意 事 项	
1	进行四轮定位检查调整		
2	检查车辆行驶过程中悬架有无异响		
3	停车检查减震器		
计划评价	班 级	第 组	组长签字
	教师签字	日 期	
	评语：		

3. 路试检查的决策单

学习情境十三	更换后轮减震器				
学时	0.1学时				
典型工作过程描述	更换后轮减震器的准备工作—检查减震器及弹簧—拆卸减震器及弹簧—安装减震器及弹簧—路试检查				
计 划 对 比					
序 号	计划的可行性	计划的经济性	计划的可操作性	计划的实施难度	综 合 评 价
1					
2					
3					
决策评价	班 级		第 组	组长签字	
	教师签字		日 期		
	评语：				

4. 路试检查的实施单

学习情境十三	更换后轮减震器	
学时	0.1学时	
典型工作过程描述	更换后轮减震器的准备工作—检查减震器及弹簧—拆卸减震器及弹簧—安装减震器及弹簧—路试检查	
序 号	实 施 步 骤	注 意 事 项
1		
2		
3		
实施说明：		
实施评价	班 级		第 组	组长签字	
	教师签字		日 期		
	评语：				

5. 路试检查的检查单

学习情境十三	更换后轮减震器			
学时	0.1学时			
典型工作过程描述	更换后轮减震器的准备工作—检查减震器及弹簧—拆卸减震器及弹簧—安装减震器及弹簧—路试检查			
序 号	检 查 项 目	检 查 标 准	学 生 自 查	教 师 检 查
1	进行四轮定位检查调整	检查调整准确		
2	检查车辆行驶过程中悬架有无异响	检查准确		
3	停车检查减震器	检查全面		
检查评价	班 级		第 组	组长签字
	教师签字		日 期	
	评语:			

6. 路试检查的评价单

学习情境十三	更换后轮减震器			
学时	0.1学时			
典型工作过程描述	更换后轮减震器的准备工作—检查减震器及弹簧—拆卸减震器及弹簧—安装减震器及弹簧—路试检查			
评价项目	评价子项目	学生自评	组内评价	教师评价
作业流程完整性	作业流程是否完整			
作业流程规范性	作业流程是否规范			
6S管理	是否做到6S管理			
最终结果				
评价的评价	班 级		第 组	组长签字
	教师签字		日 期	
	评语:			

学习情境十四　检查更换前轮轴承

客户需求单

客户需求
车辆行驶过程中，左前轮产生"嗡嗡"异响，经检查为左前轮轮毂轴承缺油所致，现需要更换左前轮轮毂轴承。
操作内容
1. 拆卸左前轮转向节总成。 　　2. 从转向节总成中拆卸轮毂轴承。 　　3. 安装轮毂轴承至转向节。 　　4. 安装左前轮转向节总成。

学习性工作任务单

学习情境十四	检查更换前轮轴承
学时	8学时
典型工作过程描述	拆卸制动器套件—检查轮毂轴承—拆卸转向节总成—拆卸轴承总成—安装轴承至转向节—安装法兰至轴承—安装转向节总成—安装制动器套件
学习目标	任务一　拆卸制动器套件的学习目标 　　1. 学习拆卸制动卡钳。 　　2. 学习拆卸制动片。 　　3. 学习拆卸制动卡钳支架。 　　4. 学习拆卸制动盘。 任务二　检查轮毂轴承的学习目标 　　1. 熟悉轮毂轴承松动导致的故障现象。 　　2. 熟悉轮毂轴承松动的原因。 　　3. 熟悉检查前轮轴承的方法。 任务三　拆卸转向节总成的学习目标 　　1. 学习拆卸前桥轮毂螺母。 　　2. 学习分离驱动轴与轮毂法兰。 　　3. 学习拆卸转向横拉杆与转向节连接螺栓。 　　4. 学习拆卸下托臂与转向节连接螺栓。 　　5. 学习分离制动软管支架与转向节。 　　6. 学习拆卸轮速传感器。 　　7. 学习拆卸减震器与转向节连接螺栓。 任务四　拆卸轴承总成的学习目标 　　1. 学习分离轮毂法兰与转向节。

学习目标	2. 学习拆卸制动器防尘罩。 3. 学习将轴承内圈从轮毂法兰上取下。 4. 学习将轴承外圈从转向节上取下。 任务五　安装轴承至转向节的学习目标 1. 学习安装轴承至转向节。 2. 学习安装制动器防尘罩。 任务六　安装法兰至轴承的学习目标 学习安装法兰至轴承。 任务七　安装转向节总成的学习目标 1. 学习安装减震器与转向节连接螺栓。 2. 学习安装下托臂与转向节连接螺栓。 3. 学习安装转向横拉杆与转向节连接螺栓。 4. 学习安装驱动轴至轮毂法兰。 5. 学习安装轮速传感器。 6. 学习连接制动软管支架与转向节。 7. 学习安装前桥轮毂螺母。 任务八　安装制动器套件的学习目标 1. 学习安装制动盘。 2. 学习安装制动卡钳支架。 3. 学习安装制动片。 4. 学习安装制动卡钳。
任务描述	检查前轮轮毂轴承，并更换前轮轴承
学时安排	资讯 0.8学时　计划 0.8学时　决策 0.8学时　实施 4学时　检查 0.8学时　评价 0.8学时
对学生的要求	1. 掌握轮毂轴承松动的故障现象。 2. 掌握导致轮毂轴承松动的原因。 3. 能够正确检查轮毂轴承。 4. 能够正确更换轮毂轴承。 5. 能够养成6S规范作业习惯。 6. 能够养成团队意识、工匠精神、职业精神。
参考资料	检修汽车底盘系统课程配套微课

材料工具清单

学习情境十四	检查更换前轮轴承				
学时	8学时				
典型工作过程描述	拆卸制动器套件—检查轮毂轴承—拆卸转向节总成—拆卸轴承总成—安装轴承至转向节—安装法兰至轴承—安装转向节总成—安装制动器套件				
序　号	名　称	作　用	数　量	型　号	使　用　量　　使　用　者
1	压床	拆装轴承	1	5T	

学习情境十四　检查更换前轮轴承

2	轴承拆装工具	拆装轴承	1			
3	世达150件	拆装螺栓和螺母	1			
4	扭力扳手	对螺栓和螺母施加扭矩	1			
5	S形挂钩	固定制动卡钳	1			
6	磁力表座	固定百分表	1			
7	百分表	测量轴承间隙	1			
8	撬杠	检查轴承间隙	2			
9	转向拉杆球节夹具	拆卸转向拉杆球节	1			
10	平口起子		1			
11	橡胶锤	敲击半轴	1			
12	卡簧钳（内卡）	拆装卡簧	1			

班　级		第　　　组	组长签字	
教师签字		日　　　期		

任务一　拆卸制动器套件

1. 拆卸制动器套件的资讯单

学习情境十四	检查更换前轮轴承
学时	0.1学时
典型工作过程描述	拆卸制动器套件—检查轮毂轴承—拆卸转向节总成—拆卸轴承总成—安装轴承至转向节—安装法兰至轴承—安装转向节总成—安装制动器套件
收集资讯的方式	线下图书与线上资源相结合。
资讯描述	1. 拆卸制动器套件的步骤：＿＿＿＿＿＿＿＿＿＿＿＿＿＿＿＿＿＿。 2. 使用的工具、设备：＿＿＿＿＿＿＿＿＿＿＿＿＿＿＿＿＿＿＿。
对学生的要求	1. 掌握制动器套件的拆卸方法。 2. 能够正确使用拆卸工具。 3. 能够养成6S规范作业习惯。 4. 能够养成团队意识、工匠精神、职业精神。
参考资料	检修汽车底盘系统课程配套微课

2. 拆卸制动器套件的计划单

学习情境十四	检查更换前轮轴承		
学时	0.1 学时		
典型工作过程描述	拆卸制动器套件—检查轮毂轴承—拆卸转向节总成—拆卸轴承总成—安装轴承至转向节—安装法兰至轴承—安装转向节总成—安装制动器套件		
计划制订的方式	小组讨论。		
序号	工作步骤	注意事项	
1	拆卸制动卡钳	使用 S 形挂钩,防止扭曲、吊挂导致制动软管破裂、泄漏	
2	拆卸制动片		
3	拆卸制动卡钳支架		
4	拆卸制动盘		
计划评价	班 级	第 组	组长签字
	教师签字	日 期	
	评语:		

3. 拆卸制动器套件的决策单

学习情境十四	检查更换前轮轴承				
学时	0.1 学时				
典型工作过程描述	拆卸制动器套件—检查轮毂轴承—拆卸转向节总成—拆卸轴承总成—安装轴承至转向节—安装法兰至轴承—安装转向节总成—安装制动器套件				
计 划 对 比					
序 号	计划的可行性	计划的经济性	计划的可操作性	计划的实施难度	综合评价
1					
2					
3					
决策评价	班 级		第 组	组长签字	
	教师签字		日 期		
	评语:				

4. 拆卸制动器套件的实施单

学习情境十四	检查更换前轮轴承
学时	0.5 学时
典型工作过程描述	拆卸制动器套件—检查轮毂轴承—拆卸转向节总成—拆卸轴承总成—安装轴承至转向节—安装法兰至轴承—安装转向节总成—安装制动器套件

序 号	实 施 步 骤	注 意 事 项
1		
2		
3		
4		
实施说明：		

实施评价	班 级		第 组	组长签字	
	教师签字		日 期		
	评语：				

5. 拆卸制动器套件的检查单

学习情境十四	检查更换前轮轴承
学时	0.1 学时
典型工作过程描述	拆卸制动器套件—检查轮毂轴承—拆卸转向节总成—拆卸轴承总成—安装轴承至转向节—安装法兰至轴承—安装转向节总成—安装制动器套件

序 号	检 查 项 目	检 查 标 准	学 生 自 查	教 师 检 查
1	准备使用的工具是否齐全	准备齐全		
2	是否使用 S 形挂钩	未使制动软管受力		

检查评价	班 级		第 组	组长签字	
	教师签字		日 期		
	评语：				

6. 拆卸制动器套件的评价单

学习情境十四	检查更换前轮轴承			
学时	0.1 学时			
典型工作过程描述	拆卸制动器套件—检查轮毂轴承—拆卸转向节总成—拆卸轴承总成—安装轴承至转向节—安装法兰至轴承—安装转向节总成—安装制动器套件			
评价项目	评价子项目	学生自评	组内评价	教师评价
作业流程完整性	作业流程是否完整			
作业流程规范性	作业流程是否规范			
6S 管理	是否做到 6S 管理			
最终结果				
评价的评价	班　级		第　　组	组长签字	
	教师签字		日　期		
	评语:				

任务二　检查轮毂轴承

1. 检查轮毂轴承的资讯单

学习情境十四	检查更换前轮轴承
学时	0.1 学时
典型工作过程描述	拆卸制动器套件—检查轮毂轴承—拆卸转向节总成—拆卸轴承总成—安装轴承至转向节—安装法兰至轴承—安装转向节总成—安装制动器套件
收集资讯的方式	线下图书与线上资源相结合。
资讯描述	1. 轮毂轴承松动导致的故障现象：_____。 2. 轮毂轴承松动的原因：_____。 3. 检查轮毂轴承的方法：_____。 4. 使用的工具、设备：_____。
对学生的要求	1. 掌握轮毂轴承松动导致的故障现象。 2. 掌握轮毂轴承松动的原因。 3. 能正确检查轮毂轴承。 4. 能够养成 6S 规范作业习惯。 5. 能够养成团队意识、工匠精神、职业精神。
参考资料	检修汽车底盘系统课程配套微课

2. 检查轮毂轴承的计划单

学习情境十四	检查更换前轮轴承		
学时	0.1 学时		
典型工作过程描述	拆卸制动器套件—检查轮毂轴承—拆卸转向节总成—拆卸轴承总成—安装轴承至转向节—安装法兰至轴承—安装转向节总成—安装制动器套件		
计划制订的方式	小组讨论。		
序 号	工 作 步 骤	注 意 事 项	
1	检查轮毂轴承松弛度	1. 撬动法兰时切勿损坏法兰与转向节 2. 百分表头垂直于测量表面	
2	检查轮毂轴承径向圆跳动	百分表头垂直于测量表面	
计划评价	班 级		第 组	组长签字	
	教师签字		日 期		
	评语：				

3. 检查轮毂轴承的决策单

学习情境十四	检查更换前轮轴承				
学时	0.1 学时				
典型工作过程描述	拆卸制动器套件—检查轮毂轴承—拆卸转向节总成—拆卸轴承总成—安装轴承至转向节—安装法兰至轴承—安装转向节总成—安装制动器套件				
计 划 对 比					
序 号	计划的可行性	计划的经济性	计划的可操作性	计划的实施难度	综 合 评 价
1					
2					
3					
决策评价	班 级		第 组	组长签字	
	教师签字		日 期		
	评语：				

4. 检查轮毂轴承的实施单

学习情境十四	检查更换前轮轴承
学时	0.5 学时
典型工作过程描述	拆卸制动器套件—检查轮毂轴承—拆卸转向节总成—拆卸轴承总成—安装轴承至转向节—安装法兰至轴承—安装转向节总成—安装制动器套件

序　号	实　施　步　骤	注　意　事　项
1		
2		

实施说明：

实施评价	班　级		第　组		组长签字	
	教师签字		日　期			
	评语：					

5. 检查轮毂轴承的检查单

学习情境十四	检查更换前轮轴承
学时	0.1 学时
典型工作过程描述	拆卸制动器套件—检查轮毂轴承—拆卸转向节总成—拆卸轴承总成—安装轴承至转向节—安装法兰至轴承—安装转向节总成—安装制动器套件

序　号	检查项目	检查标准	学生自查	教师检查
1	是否调整百分表预压量	预压量为 0.5mm		
2	百分表头是否垂直于法兰表面	垂直		
3	检测结论是否正确	读数正确		

检查评价	班　级		第　组		组长签字	
	教师签字		日　期			
	评语：					

6. 检查轮毂轴承的评价单

学习情境十四	检查更换前轮轴承			
学时	0.1 学时			
典型工作过程描述	拆卸制动器套件—检查轮毂轴承—拆卸转向节总成—拆卸轴承总成—安装轴承至转向节—安装法兰至轴承—安装转向节总成—安装制动器套件			
评价项目	评价子项目	学生自评	组内评价	教师评价
作业流程完整性	作业流程是否完整			
作业流程规范性	作业流程是否规范			
6S 管理	是否做到 6S 管理			
最终结果				
评价的评价	班　级		第　　组	组长签字
	教师签字		日　期	
	评语：			

任务三　拆卸转向节总成

1. 拆卸转向节总成的资讯单

学习情境十四	检查更换前轮轴承
学时	0.1 学时
典型工作过程描述	拆卸制动器套件—检查轮毂轴承—拆卸转向节总成—拆卸轴承总成—安装轴承至转向节—安装法兰至轴承—安装转向节总成—安装制动器套件
收集资讯的方式	线下图书与线上资源相结合。
资讯描述	1. 拆卸转向节总成的方法：_____。 2. 使用的工具与设备：_____。
对学生的要求	1. 能正确拆卸转向节总成。 2. 能正确使用专用工具。 3. 能够养成 6S 规范作业习惯。 4. 能够养成团队意识、工匠精神、职业精神。
参考资料	检修汽车底盘系统课程配套微课

2. 拆卸转向节总成的计划单

学习情境十四	检查更换前轮轴承	
学时	0.1 学时	
典型工作过程描述	拆卸制动器套件—检查轮毂轴承—拆卸转向节总成—拆卸轴承总成—安装轴承至转向节—安装法兰至轴承—安装转向节总成—安装制动器套件	
计划制订的方式	小组讨论。	
序　号	工　作　步　骤	注　意　事　项
1	拆卸前桥轮毂螺母	将锁止槽撬开，再拧松螺母
2	分离驱动轴与轮毂法兰	用橡胶锤及铜棒敲击半轴端头，防止损坏半轴螺纹
3	拆卸转向横拉杆与转向节连接螺栓：使用球节夹具分离转向拉杆球节与转向节臂	防止损坏球节螺纹及球节防尘套
4	拆卸下托臂与转向节连接螺栓：使用球节夹具分离下臂球节与转向节	防止损坏球节螺纹及球节防尘套
5	分离制动软管支架与转向节	防止损坏制动软管
6	拆卸轮速传感器	
7	拆卸减震器与转向节连接螺栓	两人配合，防止转向节总成掉落损坏
计划评价	班　级　　　　　　　　　　第　　组　　　　组长签字	
	教师签字　　　　　　　　　日　　期	
	评语：	

3. 拆卸转向节总成的决策单

学习情境十四	检查更换前轮轴承				
学时	0.1 学时				
典型工作过程描述	拆卸制动器套件—检查轮毂轴承—拆卸转向节总成—拆卸轴承总成—安装轴承至转向节—安装法兰至轴承—安装转向节总成—安装制动器套件				
计　划　对　比					
序　号	计划的可行性	计划的经济性	计划的可操作性	计划的实施难度	综 合 评 价
1					
2					
3					
决策评价	班　级　　　　　　　　　　第　　组　　　　组长签字				
	教师签字　　　　　　　　　日　　期				
	评语：				

学习情境十四 检查更换前轮轴承

4. 拆卸转向节总成的实施单

学习情境十四	检查更换前轮轴承	
学时	0.5 学时	
典型工作过程描述	拆卸制动器套件—检查轮毂轴承—拆卸转向节总成—拆卸轴承总成—安装轴承至转向节—安装法兰至轴承—安装转向节总成—安装制动器套件	
序 号	实 施 步 骤	注 意 事 项
1		
2		
3		
4		
5		
6		
7		

实施说明:

实施评价	班　级		第　组		组长签字	
	教师签字		日　期			
	评语:					

5. 拆卸转向节总成的检查单

学习情境十四	检查更换前轮轴承		
学时	0.1 学时		
典型工作过程描述	拆卸制动器套件—检查轮毂轴承—拆卸转向节总成—拆卸轴承总成—安装轴承至转向节—安装法兰至轴承—安装转向节总成—安装制动器套件		
序　号	检查项目	检查标准	学生自查	教师检查
1	部件完好性	拆卸过程中没有损坏部件		
2	操作规范性	没有野蛮操作		

检查评价	班　级		第　组		组长签字	
	教师签字		日　期			
	评语:					

6. 拆卸转向节总成的评价单

学习情境十四	检查更换前轮轴承			
学时	0.1 学时			
典型工作过程描述	拆卸制动器套件—检查轮毂轴承—拆卸转向节总成—拆卸轴承总成—安装轴承至转向节—安装法兰至轴承—安装转向节总成—安装制动器套件			
评价项目	评价子项目	学 生 自 评	组 内 评 价	教 师 评 价
作业流程完整性	作业流程是否完整			
作业流程规范性	作业流程是否规范			
6S 管理	是否做到 6S 管理			
最终结果				
评价的评价	班　　级		第　　组	组长签字
	教师签字		日　　期	
	评语：			

任务四　拆卸轴承总成

1. 拆卸轴承总成的资讯单

学习情境十四	检查更换前轮轴承
学时	0.1 学时
典型工作过程描述	拆卸制动器套件—检查轮毂轴承—拆卸转向节总成—拆卸轴承总成—安装轴承至转向节—安装法兰至轴承—安装转向节总成—安装制动器套件
收集资讯的方式	线下图书与线上资源相结合。
资讯描述	1. 轴承总成的拆卸方法：＿＿＿＿＿＿＿＿＿＿＿＿＿＿＿＿＿＿＿。 2. 使用的工具设备：＿＿＿＿＿＿＿＿＿＿＿＿＿＿＿＿＿＿＿＿。
对学生的要求	1. 能正确将轴承内圈与法兰分离。 2. 能正确将轴承外圈与转向节分离。
参考资料	检修汽车底盘系统课程配套微课

学习情境十四 检查更换前轮轴承

2. 拆卸轴承总成的计划单

学习情境十四	检查更换前轮轴承		
学时	0.1 学时		
典型工作过程描述	拆卸制动器套件—检查轮毂轴承—拆卸转向节总成—拆卸轴承总成—安装轴承至转向节—安装法兰至轴承—安装转向节总成—安装制动器套件		
计划制订的方式	小组讨论。		
序 号	工 作 步 骤	注 意 事 项	
1	分离轮毂法兰与转向节： 使用拉拔器将法兰从转向节上拆下		
2	拆卸制动器防尘罩		
3	使用拉拔器将轴承内圈从法兰上拆下	使用拉拔器时防止损坏法兰轴径表面	
4	将轴承外圈从转向节上取下： 1. 取下转向节上的卡簧 2. 使用压床将轴承外圈从转向节上压出	佩戴手套、护目镜，做好防护	
计划评价	班　级		第　　组	组长签字
	教师签字		日　　期	
	评语：			

3. 拆卸轴承总成的决策单

学习情境十四	检查更换前轮轴承				
学时	0.1 学时				
典型工作过程描述	拆卸制动器套件—检查轮毂轴承—拆卸转向节总成—拆卸轴承总成—安装轴承至转向节—安装法兰至轴承—安装转向节总成—安装制动器套件				
	计 划 对 比				
序 号	计划的可行性	计划的经济性	计划的可操作性	计划的实施难度	综 合 评 价
1					
2					
3					
决策评价	班　级		第　　组	组长签字	
	教师签字		日　　期		
	评语：				

4. 拆卸轴承总成的实施单

学习情境十四	检查更换前轮轴承
学时	0.5 学时
典型工作过程描述	拆卸制动器套件—检查轮毂轴承—拆卸转向节总成—拆卸轴承总成—安装轴承至转向节—安装法兰至轴承—安装转向节总成—安装制动器套件

序 号	实 施 步 骤	注 意 事 项
1		
2		
3		
4		

实施说明：

实施评价	班　级		第　组		组长签字	
	教师签字		日　期			
	评语：					

5. 拆卸轴承总成的检查单

学习情境十四	检查更换前轮轴承
学时	0.1 学时
典型工作过程描述	拆卸制动器套件—检查轮毂轴承—拆卸转向节总成—拆卸轴承总成—安装轴承至转向节—安装法兰至轴承—安装转向节总成—安装制动器套件

序 号	检查项目	检查标准	学生自查	教师检查
1	部件完好性	拆卸过程中没有损坏部件		
2	操作规范性	没有野蛮操作		

检查评价	班　级		第　组		组长签字	
	教师签字		日　期			
	评语：					

6. 拆卸轴承总成的评价单

学习情境十四	检查更换前轮轴承			
学时	0.1 学时			
典型工作过程描述	拆卸制动器套件—检查轮毂轴承—拆卸转向节总成—拆卸轴承总成—安装轴承至转向节—安装法兰至轴承—安装转向节总成—安装制动器套件			
评价项目	评价子项目	学生自评	组内评价	教师评价
作业流程完整性	作业流程是否完整			
作业流程规范性	作业流程是否规范			
6S 管理	是否做到 6S 管理			
最终结果				
评价的评价	班　级		第　　组	组长签字
	教师签字		日　　期	
	评语：			

任务五　安装轴承至转向节

1. 安装轴承至转向节的资讯单

学习情境十四	检查更换前轮轴承
学时	0.1 学时
典型工作过程描述	拆卸制动器套件—检查轮毂轴承—拆卸转向节总成—拆卸轴承总成—安装轴承至转向节—安装法兰至轴承—安装转向节总成—安装制动器套件
收集资讯的方式	线下图书与线上资源相结合。
资讯描述	1. 安装轴承的方法：＿＿＿＿＿＿＿＿＿＿＿＿＿＿＿＿＿＿＿。 2. 使用的工具与设备：＿＿＿＿＿＿＿＿＿＿＿＿＿＿＿＿＿。
对学生的要求	1. 能正确安装轴承至转向节。 2. 能安全使用压床。 3. 能够养成 6S 规范作业习惯。
参考资料	检修汽车底盘系统课程配套微课

2. 安装轴承至转向节的计划单

学习情境十四	检查更换前轮轴承		
学时	0.1 学时		
典型工作过程描述	拆卸制动器套件—检查轮毂轴承—拆卸转向节总成—拆卸轴承总成—安装轴承至转向节—安装法兰至轴承—安装转向节总成—安装制动器套件		
计划制订的方式	小组讨论。		
序 号	工 作 步 骤	注 意 事 项	
1	安装轴承至转向节： 1. 清洁转向节内侧 2. 清洁轴承外圈表面 3. 调整对齐安装位置	1. 选择合适尺寸的轴承安装工具 2. 压床头部接触到轴承或轴承安装工具表面时，再次检查并确认轴承对齐位置，无误后再继续施压 3. 随时确认压入的轴承位置，以免损坏限位卡簧	
2	安装制动器防尘罩	注意安装方向	
计划评价	班 级 ： 第 组 组长签字 ： 教师签字 ： 日 期 ： 评语：		

3. 安装轴承至转向节的决策单

学习情境十四	检查更换前轮轴承				
学时	0.1 学时				
典型工作过程描述	拆卸制动器套件—检查轮毂轴承—拆卸转向节总成—拆卸轴承总成—安装轴承至转向节—安装法兰至轴承—安装转向节总成—安装制动器套件				
	计 划 对 比				
序 号	计划的可行性	计划的经济性	计划的可操作性	计划的实施难度	综 合 评 价
1					
2					
3					
决策评价	班 级 ： 第 组 组长签字 ： 教师签字 ： 日 期 ： 评语：				

4. 安装轴承至转向节的实施单

学习情境十四	检查更换前轮轴承		
学时	0.5 学时		
典型工作过程描述	拆卸制动器套件—检查轮毂轴承—拆卸转向节总成—拆卸轴承总成—安装轴承至转向节—安装法兰至轴承—安装转向节总成—安装制动器套件		
序 号	实 施 步 骤		注 意 事 项
1			
2			
实施说明:			
实施评价	班 级		第 组	组长签字	
	教师签字		日 期		
	评语:				

5. 安装轴承至转向节的检查单

学习情境十四	检查更换前轮轴承			
学时	0.1 学时			
典型工作过程描述	拆卸制动器套件—检查轮毂轴承—拆卸转向节总成—拆卸轴承总成—安装轴承至转向节—安装法兰至轴承—安装转向节总成—安装制动器套件			
序 号	检 查 项 目	检 查 标 准	学 生 自 查	教 师 检 查
1	部件完好性	安装过程中没有损坏部件		
2	操作规范性	没有野蛮操作		
检查评价	班 级		第 组	组长签字	
	教师签字		日 期		
	评语:				

6. 安装轴承至转向节的评价单

学习情境十四	检查更换前轮轴承			
学时	0.1 学时			
典型工作过程描述	拆卸制动器套件—检查轮毂轴承—拆卸转向节总成—拆卸轴承总成—安装轴承至转向节—安装法兰至轴承—安装转向节总成—安装制动器套件			
评价项目	评价子项目	学生自评	组内评价	教师评价
作业流程完整性	作业流程是否完整			
作业流程规范性	作业流程是否规范			
6S 管理	是否做到 6S 管理			
最终结果				
评价的评价	班级		第 组	组长签字
	教师签字		日 期	
	评语：			

任务六 安装法兰至轴承

1. 安装法兰至轴承的资讯单

学习情境十四	检查更换前轮轴承
学时	0.1 学时
典型工作过程描述	拆卸制动器套件—检查轮毂轴承—拆卸转向节总成—拆卸轴承总成—安装轴承至转向节—安装法兰至轴承—安装转向节总成—安装制动器套件
收集资讯的方式	线下图书与线上资源相结合。
资讯描述	1. 轴承总成的拆卸方法：_____。 2. 使用的工具与设备：_____。
对学生的要求	1. 能正确安装法兰至轴承内圈。 2. 能够养成 6S 规范作业习惯。
参考资料	检修汽车底盘系统课程配套微课

2. 安装法兰至轴承的计划单

学习情境十四	检查更换前轮轴承		
学时	0.1 学时		
典型工作过程描述	拆卸制动器套件—检查轮毂轴承—拆卸转向节总成—拆卸轴承总成—安装轴承至转向节—安装法兰至轴承—安装转向节总成—安装制动器套件		
计划制订的方式	小组讨论。		
序 号	工 作 步 骤	注 意 事 项	
1	安装法兰至轴承： 1. 清洁轴承内圈 2. 清洁法兰轴表面 3. 调整对齐安装位置 4. 使用压床将法兰压入轴承内圈	1. 选择合适尺寸的轴承安装工具 2. 压床头部接触到轴承或轴承安装工具表面时，再次检查确认轴承对齐位置，无误后再继续施压	
2	使用卡簧钳安装轴承限位卡簧	安装卡簧时必须佩戴护目镜，防止卡簧弹飞，损伤眼睛	
计划评价	班 级		第 组	组长签字	
	教师签字		日 期		
	评语：				

3. 安装法兰至轴承的决策单

学习情境十四	检查更换前轮轴承				
学时	0.1 时				
典型工作过程描述	拆卸制动器套件—检查轮毂轴承—拆卸转向节总成—拆卸轴承总成—安装轴承至转向节—安装法兰至轴承—安装转向节总成—安装制动器套件				
	计 划 对 比				
序 号	计划的可行性	计划的经济性	计划的可操作性	计划的实施难度	综 合 评 价
1					
2					
3					
决策评价	班 级		第 组	组长签字	
	教师签字		日 期		
	评语：				

4. 安装法兰至轴承的实施单

学习情境十四	检查更换前轮轴承		
学时	0.5 学时		
典型工作过程描述	拆卸制动器套件—检查轮毂轴承—拆卸转向节总成—拆卸轴承总成—安装轴承至转向节—安装法兰至轴承—安装转向节总成—安装制动器套件		
序　号	实　施　步　骤	注　意　事　项	
1			
2			
实施说明：			
实施评价	班　级		第　　组	组长签字	
	教师签字		日　期		
	评语：				

5. 安装法兰至轴承的检查单

学习情境十四	检查更换前轮轴承			
学时	0.1 学时			
典型工作过程描述	拆卸制动器套件—检查轮毂轴承—拆卸转向节总成—拆卸轴承总成—安装轴承至转向节—安装法兰至轴承—安装转向节总成—安装制动器套件			
序　号	检查项目	检查标准	学生自查	教师检查
1	部件完好性	安装过程中没有损坏部件		
2	操作规范性	没有野蛮操作		
检查评价	班　级		第　　组	组长签字	
	教师签字		日　期		
	评语：				

6. 安装法兰至轴承的评价单

学习情境十四	检查更换前轮轴承			
学时	0.1 学时			
典型工作过程描述	拆卸制动器套件—检查轮毂轴承—拆卸转向节总成—拆卸轴承总成—安装轴承至转向节—安装法兰至轴承—安装转向节总成—安装制动器套件			
评价项目	评价子项目	学生自评	组内评价	教师评价
作业流程完整性	作业流程是否完整			
作业流程规范性	作业流程是否规范			
6S 管理	是否做到 6S 管理			
最终结果				
评价的评价	班　级		第　组	组长签字
	教师签字		日　期	
	评语：			

任务七　安装转向节总成

1. 安装转向节总成的资讯单

学习情境十四	检查更换前轮轴承
学时	0.1 学时
典型工作过程描述	拆卸制动器套件—检查轮毂轴承—拆卸转向节总成—拆卸轴承总成—安装轴承至转向节—安装法兰至轴承—安装转向节总成—安装制动器套件
改集资讯的方式	线下图书与线上资源相结合。
资讯描述	1. 安装转向节总成的方法：_____。 2. 使用的工具与设备：_____。
对学生的要求	1. 能正确安装转向节总成。 2. 能正确使用扭力扳手。 3. 能够养成 6S 规范作业习惯。 4. 能够养成团队意识、工匠精神、职业精神。
参考资料	检修汽车底盘系统课程配套微课

2. 安装转向节总成的计划单

学习情境十四	检查更换前轮轴承	
学时	0.1 学时	
典型工作过程描述	拆卸制动器套件—检查轮毂轴承—拆卸转向节总成—拆卸轴承总成—安装轴承至转向节—安装法兰至轴承—安装转向节总成—安装制动器套件	
计划制订的方式	小组讨论。	
序　号	工　作　步　骤	注　意　事　项
1	安装减震器与转向节连接螺栓： 待减震器、下托臂、转向横拉杆全部安装到位后，按维修手册规定力矩拧紧	注意螺栓安装方向，紧固时固定螺栓部分，用扳手紧固螺母侧
2	安装下托臂与转向节连接螺栓： 待减震器、下托臂、转向横拉杆全部安装到位后，按维修手册规定力矩拧紧	切勿野蛮操作，防止球节防尘套损坏
3	安装转向横拉杆与转向节连接螺栓： 待减震器、下托臂、转向横拉杆全部安装到位后，按维修手册规定力矩拧紧	切勿野蛮操作，防止球节防尘套损坏
4	安装驱动轴至轮毂法兰： 1. 清洁驱动轴花键 2. 清洁法兰花键槽 3. 安装驱动轴至轮毂法兰	切勿野蛮操作，防止驱动轴护套破损和驱动轴花键损坏
5	安装轮速传感器： 1. 清洁轮速传感器信号轮 2. 清洁轮速传感器 3. 安装轮速传感器 4. 连接轮速传感器插头	
6	连接制动软管支架与转向节	不要将制动软管扭曲后安装
7	安装前桥轮毂螺母： 待安装车轮落地后，按维修手册规定力矩紧固螺母，再将装饰盖装好	
计划评价	班　级　　　　　　　　第　　组　　组长签字 教师签字　　　　　　　日　　期 评语：		

3. 安装转向节总成的决策单

学习情境十四	检查更换前轮轴承				
学时	0.1学时				
典型工作过程描述	拆卸制动器套件—检查轮毂轴承—拆卸转向节总成—拆卸轴承总成—安装轴承至转向节—安装法兰至轴承—安装转向节总成—安装制动器套件				
计 划 对 比					
序 号	计划的可行性	计划的经济性	计划的可操作性	计划的实施难度	综 合 评 价
1					
2					
3					
决策评价	班　　级		第　　组	组长签字	
	教师签字		日　　期		
	评语：				

4. 安装转向节总成的实施单

学习情境十四	检查更换前轮轴承	
学时	0.5学时	
典型工作过程描述	拆卸制动器套件—检查轮毂轴承—拆卸转向节总成—拆卸轴承总成—安装轴承至转向节—安装法兰至轴承—安装转向节总成—安装制动器套件	
序　号	实 施 步 骤	注 意 事 项
1		
2		
3		
4		
5		
6		
7		
实施说明：		
实施评价	班　　级		第　　组	组长签字	
	教师签字		日　　期		
	评语：				

5. 安装转向节总成的检查单

学习情境十四	检查更换前轮轴承			
学时	0.1 学时			
典型工作过程描述	拆卸制动器套件—检查轮毂轴承—拆卸转向节总成—拆卸轴承总成—安装轴承至转向节—安装法兰至轴承—安装转向节总成—安装制动器套件			
序 号	检 查 项 目	检 查 标 准	学 生 自 查	教 师 检 查
1	部件完好性	安装过程中没有损坏部件		
2	操作规范性	没有野蛮操作		
3	拧紧力矩	拧紧力矩符合维修手册要求		
检查评价	班 级		第 组	组长签字
	教师签字		日 期	
	评语:			

6. 安装转向节总成的评价单

学习情境十四	检查更换前轮轴承			
学时	0.1 学时			
典型工作过程描述	拆卸制动器套件—检查轮毂轴承—拆卸转向节总成—拆卸轴承总成—安装轴承至转向节—安装法兰至轴承—安装转向节总成—安装制动器套件			
评 价 项 目	评价子项目	学 生 自 评	组 内 评 价	教 师 评 价
作业流程完整性	作业流程是否完整			
作业流程规范性	作业流程是否规范			
6S 管理	是否做到 6S 管理			
最终结果				
评价的评价	班 级		第 组	组长签字
	教师签字		日 期	
	评语:			

学习情境十四　检查更换前轮轴承

任务八　安装制动器套件

1. 安装制动器套件的资讯单

学习情境十四	检查更换前轮轴承
学时	0.1 学时
典型工作过程描述	拆卸制动器套件—检查轮毂轴承—拆卸转向节总成—拆卸轴承总成—安装轴承至转向节—安装法兰至轴承—安装转向节总成—安装制动器套件
收集资讯的方式	线下图书与线上资源相结合。
资讯描述	1. 安装制动器套件的方法：_____。 2. 使用的工具与设备：_____。
对学生的要求	1. 能够正确安装制动盘。 2. 能够正确安装制动卡钳支架。 3. 能够正确安装制动片。 4. 能够正确安装制动卡钳。 5. 能够养成 6S 规范作业习惯。 6. 能够养成安全责任意识。
参考资料	检修汽车底盘系统课程配套微课

2. 安装制动器套件的计划单

学习情境十四	检查更换前轮轴承	
学时	0.1 学时	
典型工作过程描述	拆卸制动器套件—检查轮毂轴承—拆卸转向节总成—拆卸轴承总成—安装轴承至转向节—安装法兰至轴承—安装转向节总成—安装制动器套件	
计划制订的方式	小组讨论。	
序号	工作步骤	注意事项
1	安装制动盘： 1. 清洁制动盘内外两侧 2. 安装制动盘至法兰	
2	安装制动卡钳支架： 1. 安装制动卡钳支架 2. 按维修手册规定力矩紧固螺栓	
3	安装制动片： 1. 清洁制动片 2. 安装制动片	由于不同车辆制动片组件结构不同，有消声垫片的注意安装消声垫片；带有制动器报警装置的注意连接报警装置插头
4	安装制动卡钳： 1. 清洁制动分泵皮碗上的粉尘 2. 检查分泵导向销移动情况 3. 检查分泵导向销防尘套安装情况 4. 安装制动卡钳分泵 5. 按维修手册规定力矩紧固螺栓	1. 由于不同车辆制动片组件结构不同，有分泵卡簧的注意安装分泵卡簧 2. 不要扭曲制动软管
计划评价	班级　　　　　第　　组　　组长签字 教师签字　　　　　日　期 评语：	

3. 安装制动器套件的决策单

学习情境十四	检查更换前轮轴承				
学时	0.1学时				
典型工作过程描述	拆卸制动器套件—检查轮毂轴承—拆卸转向节总成—拆卸轴承总成—安装轴承至转向节—安装法兰至轴承—安装转向节总成—安装制动器套件				
计 划 对 比					
序 号	计划的可行性	计划的经济性	计划的可操作性	计划的实施难度	综 合 评 价
1					
2					
3					
决策评价	班　级		第　组		组长签字	
	教师签字		日　期			
	评语:					

4. 安装制动器套件的实施单

学习情境十四	检查更换前轮轴承	
学时	0.5学时	
典型工作过程描述	拆卸制动器套件—检查轮毂轴承—拆卸转向节总成—拆卸轴承总成—安装轴承至转向节—安装法兰至轴承—安装转向节总成—安装制动器套件	
序　号	实 施 步 骤	注 意 事 项
1		
2		
3		
4		

实施说明:

实施评价	班　级		第　组		组长签字	
	教师签字		日　期			
	评语:					

5. 安装制动器套件的检查单

学习情境十四	检查更换前轮轴承			
学时	0.1 学时			
典型工作过程描述	拆卸制动器套件—检查轮毂轴承—拆卸转向节总成—拆卸轴承总成—安装轴承至转向节—安装法兰至轴承—安装转向节总成—安装制动器套件			
序 号	检 查 项 目	检 查 标 准	学 生 自 查	教 师 检 查
1	部件完好性	安装过程中没有损坏部件		
2	操作规范性	没有野蛮操作		
3	拧紧力矩	拧紧力矩符合维修手册要求		
检查评价	班　　级		第　　组	组长签字
	教师签字		日　　期	
	评语：			

6. 安装制动器套件的评价单

学习情境十四	检查更换前轮轴承			
学时	0.1 学时			
典型工作过程描述	拆卸制动器套件—检查轮毂轴承—拆卸转向节总成—拆卸轴承总成—安装轴承至转向节—安装法兰至轴承—安装转向节总成—安装制动器套件			
评 价 项 目	评价子项目	学 生 自 评	组 内 评 价	教 师 评 价
作业流程完整性	作业流程是否完整			
作业流程规范性	作业流程是否规范			
6S 管理	是否做到 6S 管理			
最终结果				
评价的评价	班　　级		第　　组	组长签字
	教师签字		日　　期	
	评语：			

学习情境十五　检测四轮定位

客户需求单

客户需求
客户反映，车辆在平直公路上行驶时，轻握转向盘，发现车辆向右侧跑偏，经维修人员检查，发现两侧前轮均有异常磨损痕迹，初步判定为前轮定位失准，需对车轮进行定位检测。
操作内容
1. 检查车辆悬架系统、转向系统连接状况、有无变形损坏、配合间隙是否合格。 2. 排除以上原因后使用四轮定位仪检测车轮定位参数。 3. 根据检测结果制订维修方案。

学习性工作任务单

学习情境十五	检测四轮定位					
学时	6学时					
典型工作过程描述	初步诊断—检测四轮定位的准备工作—安装传感器—推进补偿—检测数据					
学习目标	任务一　初步诊断的学习目标 　　1. 能分析车辆跑偏的原因。 　　2. 能判断影响车轮定位的参数。 任务二　检测四轮定位的准备工作的学习目标 　　1. 能正确检查车辆停止位置。 　　2. 能正确进行车辆静态检查。 　　3. 能正确录入车辆信息。 任务三　安装传感器的学习目标 　　1. 能正确安装定位传感。 　　2. 能正确调整传感器位置。 任务四　推进补偿的学习目标 　　能正确进行偏位补偿。 任务五　检测数据的学习目标 　　能正确判断检测结果。					
任务描述	使用四轮定位仪检测车辆定位参数					
学时安排	资讯 1学时	计划 0.7学时	决策 0.5学时	实施 2.8学时	检查 0.5学时	评价 0.5学时
对学生的要求	1. 掌握主销后倾角的作用及对行驶系统的影响。 2. 掌握前束角的作用及对行驶系统的影响。 3. 掌握外倾角的作用及对行驶系统的影响。					

对学生的要求	4. 掌握轮胎异常磨损的形式。 5. 能够正确使用四轮定位仪。 6. 能够养成 6S 规范作业习惯。 7. 能够养成认真严谨的工作态度。
参考资料	检修汽车底盘系统课程配套微课

材料工具清单

学习情境十五	检测四轮定位						
学时	6 学时						
典型工作过程描述	初步诊断—检测四轮定位的准备工作—安装传感器—推进补偿—检测数据						
序 号	名 称	作 用	数 量	型 号	使 用 量	使 用 者	
1	四轮定位仪		1	百斯巴特			
2	胎压表		1				
班 级		第 组		组长签字			
教师签字		日 期					

任务一 初步诊断

1. 初步诊断的资讯单

学习情境十五	检测四轮定位
学时	0.5 学时
典型工作过程描述	初步诊断—检测四轮定位的准备工作—安装传感器—推进补偿—检测数据
收集资讯的方式	线下图书与线上资源相结合。
资讯描述	1. 主销后倾角的作用及对行驶系统的影响有哪些？_____。 2. 前束角的作用及对行驶系统的影响有哪些？_____。 3. 轮胎异常磨损的形式有哪些？_____。
对学生的要求	1. 掌握主销后倾角的作用及对行驶系统的影响。 2. 掌握前束角的作用及对行驶系统的影响。 3. 掌握外倾角的作用及对行驶系统的影响。 4. 掌握轮胎异常磨损的形式。 5. 能够养成主动学习的习惯。
参考资料	检修汽车底盘系统课程配套微课

2. 初步诊断的计划单

学习情境十五	检测四轮定位		
学时	0.2 学时		
典型工作过程描述	初步诊断—检测四轮定位的准备工作—安装传感器—推进补偿—检测数据		
计划制订的方式	小组讨论。		
序 号	工 作 步 骤	注 意 事 项	
1	用小推车的车轮演示主销后倾角实验： 1. 观察小推车向前推动，再向后拉动时小车轮的变化情况，并分析原因 2. 观察车辆原地打方向时车身高度的变化，并分析原因 3. 描述骑自行车时，双手脱把后依然能直线向前行驶的原因 4. 描述主销后倾角对行驶系统的影响	掌握主销后倾角的定义	
2	滚动现场准备的轮胎，演示车轮转动的滚锥效应，学习前束角实验： 1. 两名同学相距 5m 以上距离，相互滚动车轮，观察车轮行驶轨迹，并分析原因 2. 讨论为消除滚锥效应，需要怎样解决这一影响行驶系统的弊端 3. 讨论为什么要设置车轮外倾角，描述如果没有外倾角，会发生什么	1. 掌握前束角的定义 2. 掌握外倾角的定义	
3	根据现场提供的轮胎分析异常磨损的原因： 1. 单侧磨损 2. 两侧磨损 3. 中间磨损 4. 锯齿状磨损		
	班 级		第 组	组长签字	
	教师签字		日 期		
计划评价	评语：				

学习情境十五 检测四轮定位

3. 初步诊断的决策单

学习情境十五	检测四轮定位			
学时	0.1学时			
典型工作过程描述	初步诊断—检测四轮定位的准备工作—安装传感器—推进补偿—检测数据			
计 划 对 比				
序 号	计划的可行性	计划的经济性	计划的可操作性	计划的实施难度	综 合 评 价
1					
2					
3					
决策评价	班 级		第 组	组长签字	
	教师签字		日 期		
	评语:				

4. 初步诊断的实施单

学习情境十五	检测四轮定位	
学时	1学时	
典型工作过程描述	初步诊断—检测四轮定位的准备工作—安装传感器—推进补偿—检测数据	
序 号	实 施 步 骤	注 意 事 项
1		
2		
3		
实施说明:		
实施评价	班 级		第 组	组长签字	
	教师签字		日 期		
	评语:				

295

5. 初步诊断的检查单

学习情境十五	检测四轮定位			
学时	0.1学时			
典型工作过程描述	初步诊断—检测四轮定位的准备工作—安装传感器—推进补偿—检测数据			
序 号	检 查 项 目	检 查 标 准	学 生 自 查	教 师 检 查
1	主销后倾角的作用及对行驶系统的影响	分析全面		
2	前束角的作用及对行驶系统的影响	分析全面		
3	轮胎异常磨损的原因	分析全面		
检查评价	班 级		第 组	组长签字	
	教师签字		日 期		
	评语:				

6. 初步诊断的评价单

学习情境十五	检测四轮定位			
学时	0.1学时			
典型工作过程描述	初步诊断—检测四轮定位的准备工作—安装传感器—推进补偿—检测数据			
评价项目	评价子项目	学生自评	组内评价	教师评价
车轮定位参数	描述是否全面、准确			
轮胎异常磨损原因	分析是否全面、准确			
最终结果				
评价的评价	班 级		第 组	组长签字	
	教师签字		日 期		
	评语:				

学习情境十五 检测四轮定位

任务二　检测四轮定位的准备工作

1. 检测四轮定位的准备工作的资讯单

学习情境十五	检测四轮定位
学时	0.2 学时
典型工作过程描述	初步诊断—检测四轮定位的准备工作—安装传感器—推进补偿—检测数据
收集资讯的方式	线下图书与线上资源相结合。
资讯描述	1. 哪些外在因素会影响定位的准确性？＿＿＿＿＿＿＿＿＿＿＿＿＿＿＿。 2. 应该怎样排除外在因素的影响？＿＿＿＿＿＿＿＿＿＿＿＿＿＿＿。
对学生的要求	1. 能正确检查车辆停止位置。 2. 能正确检查车辆配重。 3. 能正确调整轮胎气压。 4. 能正确检查悬架部件。 5. 能正确录入车辆信息。 6. 能够养成 6S 规范作业习惯。 7. 能够养成认真严谨的职业精神。
参考资料	检修汽车底盘系统课程配套微课

2. 检测四轮定位的准备工作的计划单

学习情境十五	检测四轮定位	
学时	0.2 学时	
典型工作过程描述	初步诊断—检测四轮定位的准备工作—安装传感器—推进补偿—检测数据	
计划制订的方式	小组讨论。	
序　号	工　作　步　骤	注　意　事　项
1	确认车辆停止位置	是否摆正，前轮是否停在转角盘中间
2	车辆载重检查	检查行李舱是否有重物，如果偏重，请取出重物（要征得客户同意后再打开行李舱）
3	检查轮胎气压，并调整至规定值	参考车上的标准气压
4	悬架部件检查： 1. 检查前减震器上支撑顶胶间隙是否变大 2. 目视检查转向横拉杆是否变形损坏 3. 检查减震器是否漏油 4. 检查转向横拉杆是否松动摇摆	除检查前减震器顶胶之外，用小剪式举升机举升车辆，避免车轮受力而影响检查结果

4	5. 目视检查托臂是否变形损坏 6. 检查托臂是否松动摇摆 7. 目视检查球节防尘套是否破损 8. 目视检查后桥托臂是否变形损坏 9. 检查后桥托臂是否松动摇摆 10. 检查轮毂轴承是否松动摇摆		
5	录入车辆信息： 根据计算机提示，录入车架号、车牌号、轮胎气压等信息，并选择相应车辆型号		计算机系统选择车辆型号应与车辆铭牌信息一致
计划评价	班　级　　　　　　　　第　组　　　组长签字 教师签字　　　　　　　　日　期 评语：		

3. 检测四轮定位的准备工作的决策单

学习情境十五	检测四轮定位
学时	0.1 学时
典型工作过程描述	初步诊断—检测四轮定位的准备工作—安装传感器—推进补偿—检测数据

计 划 对 比					
序　号	计划的可行性	计划的经济性	计划的可操作性	计划的实施难度	综 合 评 价
1					
2					
3					

决策评价	班　级　　　　　　　　第　组　　　组长签字 教师签字　　　　　　　　日　期 评语：

4. 检测四轮定位的准备工作的实施单

学习情境十五	检测四轮定位		
学时	1学时		
典型工作过程描述	初步诊断—检测四轮定位的准备工作—安装传感器—推进补偿—检测数据		
序 号	实 施 步 骤	注 意 事 项	
1			
2			
3			
4			
5			
实施说明:			
实施评价	班　级	第　　组	组长签字
	教师签字	日　　期	
	评语:		

5. 检测四轮定位的准备工作的检查单

学习情境十五	检测四轮定位			
学时	0.1学时			
典型工作过程描述	初步诊断—检测四轮定位的准备工作—安装传感器—推进补偿—检测数据			
序 号	检 查 项 目	检 查 标 准	学 生 自 查	教 师 检 查
1	确认车辆停止位置	车辆停止位置正确		
2	车辆载重检查	车辆配重正确		
3	检查轮胎气压，并调整至规定值	找到标准气压值		
4	悬架部件检查	检查悬架部件变形、损坏情况全面		
5	录入车辆信息	录入信息完整		
检查评价	班　级		第　　组	组长签字
	教师签字		日　　期	
	评语:			

6. 检测四轮定位的准备工作的评价单

学习情境十五	检测四轮定位			
学时	0.1 学时			
典型工作过程描述	初步诊断—检测四轮定位的准备工作—安装传感器—推进补偿—检测数据			
评价项目	评价子项目	学 生 自 评	组 内 评 价	教 师 评 价
作业流程完整性	作业流程是否完整			
作业流程规范性	作业流程是否规范			
6S 管理	是否做到 6S 管理			
最终结果				
评价的评价	班　　级		第　　组	组长签字
	教师签字		日　　期	
	评语:			

任务三 安装传感器

1. 安装传感器的资讯单

学习情境十五	检测四轮定位
学时	0.1 学时
典型工作过程描述	初步诊断—检测四轮定位的准备工作—安装传感器—推进补偿—检测数据
收集资讯的方式	线下图书与线上资源相结合。
资讯描述	1. 怎样才能让四轮定位仪检测到车轮位置参数？＿＿＿＿＿＿＿＿＿＿＿。 2. 怎样才能建立传感器与四轮定位仪的良好通信？＿＿＿＿＿＿＿＿＿＿＿。
对学生的要求	1. 能正确安装传感器。 2. 能正确调整传感器位置。 3. 能够养成 6S 规范作业习惯。
参考资料	检修汽车底盘系统课程配套微课

学习情境十五 检测四轮定位

2. 安装传感器的计划单

学习情境十五	检测四轮定位	
学时	0.1 学时	
典型工作过程描述	初步诊断—检测四轮定位的准备工作—安装传感器—推进补偿—检测数据	
计划制订的方式	小组讨论。	
序 号	工 作 步 骤	注 意 事 项
1	安装传感器	1. 有车轮装饰罩的,请拆下装饰罩 2. 配置铝合金轮毂的,请小心传感器支架划伤轮毂 3. 将自对中夹具的一边放到轮毂边缘的最深处,拧松自对中夹具,直到它的另一边也可放进轮毂边缘,然后将自对中夹具的旋钮拧紧,并用双手往外拽,不能出现松动现象,让自对中夹具紧紧地攀附在车轮上(该夹具必须夹于轮毂边缘的最深处,避免由于轮毂外缘的变形引起测量错误)。最后用防护绳做好保护工作
2	调整传感器位置	点击"检测相机"功能开始检查,必须保证四个目标靶均显示在相机内,目标靶图案不可重叠。可通过升、降举升机或相机支架使目标靶处于相机视野范围
计划评价	班 级		第 组	组长签字	
	教师签字		日 期		
	评语:				

3. 安装传感器的决策单

学习情境十五	检测四轮定位			
学时	0.1 学时			
典型工作过程描述	初步诊断—检测四轮定位的准备工作—安装传感器—推进补偿—检测数据			
计 划 对 比				
序 号	计划的可行性	计划的经济性	计划的可操作性	计划的实施难度	综 合 评 价
1					
2					
3					
4					
决策评价	班 级		第 组	组长签字	
	教师签字		日 期		
	评语:				

4. 安装传感器的实施单

学习情境十五	检测四轮定位		
学时	0.2 学时		
典型工作过程描述	初步诊断—检测四轮定位的准备工作—安装传感器—推进补偿—检测数据		
序 号	实 施 步 骤	注 意 事 项	
1			
2			
实施说明：			
实施评价	班 级		第 组	组长签字
	教师签字		日 期	
	评语：			

5. 安装传感器的检查单

学习情境十五	检测四轮定位			
学时	0.1 学时			
典型工作过程描述	初步诊断—检测四轮定位的准备工作—安装传感器—推进补偿—检测数据			
序 号	检 查 项 目	检 查 标 准	学 生 自 查	教 师 检 查
1	安装传感器	传感器安装正确		
2	调整传感器位置	位置调整合适		
检查评价	班 级		第 组	组长签字
	教师签字		日 期	
	评语：			

6. 安装传感器的评价单

学习情境十五	检测四轮定位			
学时	0.1学时			
典型工作过程描述	初步诊断—检测四轮定位的准备工作—安装传感器—推进补偿—检测数据			
评价项目	评价子项目	学生自评	组内评价	教师评价
作业流程完整性	作业流程是否完整			
作业流程规范性	作业流程是否规范			
认真严谨的工作态度	安装传感器时是否划伤轮毂			
最终结果				
评价的评价	班级		第 组	组长签字
	教师签字		日 期	
	评语:			

任务四 推进补偿

1. 推进补偿的资讯单

学习情境十五	检测四轮定位
学时	0.1学时
典型工作过程描述	初步诊断—检测四轮定位的准备工作—安装传感器—推进补偿—检测数据
收集资讯的方式	线下图书与线上资源相结合。
资讯描述	进行推进补偿的目的是_____。
对学生的要求	学会推进补偿。
参考资料	检修汽车底盘系统课程配套微课

2. 推进补偿的计划单

学习情境十五	检测四轮定位			
学时	0.1学时			
典型工作过程描述	初步诊断—检测四轮定位的准备工作—安装传感器—推进补偿—检测数据			
计划制订的方式	小组讨论。			
	工 作 步 骤		注 意 事 项	
	推进补偿		按照计算机提示准确操作	
计划评价	班级		第 组	组长签字
	教师签字		日 期	
	评语:			

3. 推进补偿的决策单

学习情境十五	检测四轮定位				
学时	0.1 学时				
典型工作过程描述	初步诊断—检测四轮定位的准备工作—安装传感器—推进补偿—检测数据				
计 划 对 比					
序　号	计划的可行性	计划的经济性	计划的可操作性	计划的实施难度	综 合 评 价
1					
2					
3					
决策评价	班　级： 　　　　　　 第　　组　　组长签字： 教师签字： 　　　　　　 日　　期： 评语：				

4. 推进补偿的实施单

学习情境十五	检测四轮定位	
学时	0.1 学时	
典型工作过程描述	初步诊断—检测四轮定位的准备工作—安装传感器—推进补偿—检测数据	
实 施 步 骤		注 意 事 项
实施说明：		
实施评价	班　级： 　　　　　　 第　　组　　组长签字： 教师签字： 　　　　　　 日　　期： 评语：	

5. 推进补偿的检查单

学习情境十五	检测四轮定位			
学时	0.1学时			
典型工作过程描述	初步诊断—检测四轮定位的准备工作—安装传感器—推进补偿—检测数据			
序 号	检 查 项 目	检 查 标 准	学 生 自 查	教 师 检 查
1	推进补偿	推动操作准确		
2				
3				
检查评价	班 级		第 组	组长签字
	教师签字		日 期	
	评语:			

6. 推进补偿的评价单

学习情境十五	检测四轮定位			
学时	0.1学时			
典型工作过程描述	初步诊断—检测四轮定位的准备工作—安装传感器—推进补偿—检测数据			
评价项目	评价子项目	学生自评	组内评价	教师评价
作业流程完整性	作业流程是否完整			
作业流程规范性	作业流程是否规范			
最终结果				
评价的评价	班 级		第 组	组长签字
	教师签字		日 期	
	评语:			

任务五 检测数据

1. 检测数据的资讯单

学习情境十五	检测四轮定位
学时	0.1 学时
典型工作过程描述	初步诊断—检测四轮定位的准备工作—安装传感器—推进补偿—检测数据
收集资讯的方式	线下图书与线上资源相结合。
资讯描述	四轮定位仪检测到的定位参数有哪些?_____。
对学生的要求	1. 能正确拔下转角盘定位销。 2. 能正确转动方向盘进行主销角度检测。 3. 能正确判断检测结果,根据检测结果准确分析故障原因。
参考资料	检修汽车底盘系统课程配套微课

2. 检测数据的计划单

学习情境十五	检测四轮定位	
学时	0.1 学时	
典型工作过程描述	初步诊断—检测四轮定位的准备工作—安装传感器—推进补偿—检测数据	
计划制订的方式	小组讨论	
序号	工作步骤	注意事项
1	拔下转角盘定位销	拔出定位销时当心碰伤手指
2	按仪器提示转动方向盘	将方向盘向左转动到 10°,在此过程中将分别对左、右轮进行检查,当左轮转动到 10°后,再检测右轮是否转动到 10°。将方向盘回正到 0°后摆正方向盘并固定
3	读取检测数据	根据检测结果准确分析故障原因

计划评价	班 级		第 组	组长签字	
	教师签字		日 期		
	评语:				

3. 检测数据的决策单

学习情境十五	检测四轮定位			
学时	0.1 学时			
典型工作过程描述	初步诊断—检测四轮定位的准备工作—安装传感器—推进补偿—检测数据			
计 划 对 比				
序　号	计划的可行性	计划的经济性	计划的可操作性	计划的实施难度	综 合 评 价
1					
2					
3					
决策评价	班　级		第　组	组长签字	
	教师签字		日　期		
	评语：				

4. 检测数据的实施单

学习情境十五	检测四轮定位
学时	0.5 学时
典型工作过程描述	初步诊断—检测四轮定位的准备工作—安装传感器—推进补偿—检测数据
序　号	实 施 步 骤	注 意 事 项
1		
2		
3		
实施说明：		

实施评价	班　级		第　组	组长签字	
	教师签字		日　期		
	评语：				

5. 检测数据的检查单

学习情境十五	检测四轮定位			
学时	0.1学时			
典型工作过程描述	初步诊断—检测四轮定位的准备工作—安装传感器—推进补偿—检测数据			
序　号	检 查 项 目	检 查 标 准	学 生 自 查	教 师 检 查
1	主销角度检测	进行主销角度检测时拔下转角盘定位销		
2	读取数值	数据正常显示		
检查评价	班　　级		第　　组	组长签字
	教师签字		日　　期	
	评语：			

6. 检测数据的评价单

学习情境十五	检测四轮定位			
学时	0.1学时			
典型工作过程描述	初步诊断—检测四轮定位的准备工作—安装传感器—推进补偿—检测数据			
评价项目	评价子项目	学 生 自 评	组 内 评 价	教 师 评 价
作业流程完整性	作业流程是否完整			
作业流程规范性	作业流程是否规范			
6S管理	是否做到6S管理			
最终结果				
评价的评价	班　　级		第　　组	组长签字
	教师签字		日　　期	
	评语：			

学习情境十六　调整定位参数

客户需求单

客户需求
根据之前客户反映车辆跑偏问题，经维修人员检查，发现右侧转向横拉杆有轻度变形，建议更换右侧转向横拉杆后重新调整车轮定位参数。
操作内容
1. 使用四轮定位仪调整后轮外倾角。 2. 使用四轮定位仪调整后轮前束角。 3. 使用四轮定位仪调整前轮主销后倾角。 4. 使用四轮定位仪调整前轮外倾角。 5. 使用四轮定位仪调整前轮前束角。

学习性工作任务单

学习情境十六	调整定位参数				
学时	6学时				
典型工作过程描述	调整后轮外倾角—调整后轮前束角—调整前轮主销后倾角—调整前轮外倾角—调整前轮前束角				
学习目标	任务一　调整后轮外倾角的学习目标 　　　掌握调整后轮外倾角的方法。 任务二　调整后轮前束角的学习目标 　　　掌握调整后轮前束角的方法。 任务三　调整前轮主销后倾角的学习目标 　　　掌握调整前轮主销后倾角的方法。 任务四　调整前轮外倾角的学习目标 　　　掌握调整前轮外倾角的方法。 任务五　调整前轮前束角的学习目标 　　　掌握调整前轮前束角的方法。				
任务描述	使用四轮定位仪检测车辆定位参数				
学时安排	资讯 1学时	计划 1学时	决策 0.5学时	实施 2.5学时	检查 0.5学时	评价 0.5学时
对学生的要求	1. 正确调整后轮外倾角。 2. 正确调整后轮前束角。 3. 正确调整前轮主销后倾角。 4. 正确调整前轮外倾角。 5. 正确调整前轮前束角。 6. 能够养成6S规范作业习惯。 7. 能够养成认真严谨的工作态度。				
参考资料	检修汽车底盘系统课程配套微课				

材料工具清单

学习情境十六	调整定位参数					
学时	6 学时					
典型工作过程描述	调整后轮外倾角—调整后轮前束角—调整前轮主销后倾角—调整前轮外倾角—调整前轮前束角					
序 号	名 称	作 用	数 量	型 号	使 用 量	使 用 者
1	四轮定位仪		1	米勒 3D		
2	世达 150 件		1			
3	定位调整垫片		20			
班 级		第 组		组长签字		
教师签字		日 期				

任务一 调整后轮外倾角

1. 调整后轮外倾角的资讯单

学习情境十六	调整定位参数
学时	0.2 学时
典型工作过程描述	调整后轮外倾角—调整后轮前束角—调整前轮主销后倾角—调整前轮外倾角—调整前轮前束角
收集资讯的方式	线下图书与线上资源相结合。
资讯描述	学习定位参数： 车轮外倾角　前束　车轮内倾角　主销后倾角 1. 车轮定位：保证汽车在行驶过程中的安全与舒适，汽车的四个车轮并不是垂直于地面的，车轮与地面的_____由许多因素（参数）来确定，即车轮定位。 2. 主销后倾：当汽车水平停放时，在汽车的纵向垂面内，主销上部向后倾斜一个角度 r，称为主销后倾角。其作用是保证汽车直线行驶的稳定性（即在动态下车轮有自动回正作用，且车速越_____，回正作用越大）。

资讯描述	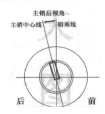 3. 主销内倾：当汽车水平停放时，在汽车的横向垂面内，主销轴线与地面垂线的夹角 β 为主销内倾角。其作用有两个方面：一是自动回正作用（尤其是在静态下）；二是使汽车转向轻便。  4. 前轮外倾：在汽车的横向平面内，前轮中心平面向_____倾斜一个角度 α，称为前轮外倾角。其作用有三个方面：一是提高前轮工作安全性（即前轮不易向外甩出）；二是使汽车转向轻便；三是使汽车适应路拱。 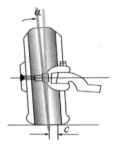 5. 前轮前束：俯视车轮，汽车的两个前轮旋转平面并不完全平行，而是前端距离小于后端距离，这种现象称为前轮前束。A-B 的差值为前束值。其作用是抵消由于前轮外倾车轮向_____滚动的趋势，保证车轮沿直线方向纯滚动。 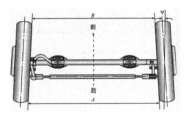
对学生的要求	1. 能正确调整后轮外倾角至标准范围。 2. 对车辆故障具有判断分析能力。 3. 锻炼出较强的动手能力。
参考资料	检修汽车底盘系统课程配套微课

2. 调整后轮外倾角的计划单

学习情境十六	调整定位参数				
学时	0.2 学时				
典型工作过程描述	调整后轮外倾角—调整后轮前束角—调整前轮主销后倾角—调整前轮外倾角—调整前轮前束角				
计划制订的方式	小组讨论。				
序 号	工 作 步 骤		注 意 事 项		
1	取下两侧后轮滑板的定位销				
2	调整后轮外倾角				
计划评价	班 级		第 组	组长签字	
	教师签字		日 期		
	评语:				

3. 调整后轮外倾角的决策单

学习情境十六	调整定位参数				
学时	0.1 学时				
典型工作过程描述	调整后轮外倾角—调整后轮前束角—调整前轮主销后倾角—调整前轮外倾角—调整前轮前束角				
	计 划 对 比				
序 号	计划的可行性	计划的经济性	计划的可操作性	计划的实施难度	综 合 评 价
1					
2					
3					
决策评价	班 级		第 组	组长签字	
	教师签字		日 期		
	评语:				

学习情境十六　调整定位参数

4. 调整后轮外倾角的实施单

学习情境十六	调整定位参数		
学时	0.5 学时		
典型工作过程描述	调整后轮外倾角—调整后轮前束角—调整前轮主销后倾角—调整前轮外倾角—调整前轮前束角		
序　号	实　施　步　骤	注　意　事　项	
1			
2			
实施说明：			
实施评价	班　级		第　组	组长签字	
	教师签字		日　期		
	评语：			

5. 调整后轮外倾角的检查单

学习情境十六	调整定位参数			
学时	0.1 学时			
典型工作过程描述	调整后轮外倾角—调整后轮前束角—调整前轮主销后倾角—调整前轮外倾角—调整前轮前束角			
序　号	检 查 项 目	检 查 标 准	学 生 自 查	教 师 检 查
1	是否取下后轮滑板	取下并放好		
2	调整数值是否正确	参数显示在标准范围内		
检查评价	班　级		第　组	组长签字	
	教师签字		日　期		
	评语：			

6. 调整后轮外倾角的评价单

学习情境十六	调整定位参数			
学时	0.1 学时			
典型工作过程描述	调整后轮外倾角—调整后轮前束角—调整前轮主销后倾角—调整前轮外倾角—调整前轮前束角			
评价项目	评价子项目	学生自评	组内评价	教师评价
作业流程规范性	作业流程是否规范			
作业流程完整性	作业流程是否完整			
6S 管理	是否做到 6S 管理			
最终结果				
评价的评价	班　　级		第　　组	组长签字
	教师签字		日　　期	
	评语：			

任务二　调整后轮前束角

1. 调整后轮前束角的资讯单

学习情境十六	调整定位参数
学时	0.2 学时
典型工作过程描述	调整后轮外倾角—调整后轮前束角—调整前轮主销后倾角—调整前轮外倾角—调整前轮前束角
收集资讯的方式	线下图书与线上资源相结合。
资讯描述	后轮前束角的调整位置是＿＿＿＿＿＿。
对学生的要求	1. 正确调整后轮前束角至标准范围。 2. 对车辆故障具有判断分析能力。 3. 锻炼出较强的动手能力。
参考资料	检修汽车底盘系统课程配套微课

学习情境十六　调整定位参数

2. 调整后轮前束角的计划单

学习情境十六	调整定位参数		
学时	0.2 学时		
典型工作过程描述	调整后轮外倾角—调整后轮前束角—调整前轮主销后倾角—调整前轮外倾角—调整前轮前束角		
计划制订的方式	小组讨论。		
	工 作 步 骤	注 意 事 项	
	调整后轮前束角： 如果调整方式为螺纹调整，首先拧松螺杆上的锁止螺母，然后调整螺杆，调整至标准范围内后，再将锁止螺母拧紧，拧紧力矩参考对应车辆的维修手册	1. 由于车辆后桥结构不同，调整方式也不同，其可分为偏心螺栓调整、偏心凸轮调整、拉杆螺纹调整等不同调整方式 2. 调整时注意观察计算机显示的外倾角数据，将后轮外倾角调整至标准范围	
计划评价	班　　级　　　　　　　　　第　　组　　组长签字 教师签字　　　　　　　　　日　　期 评语：		

3. 调整后轮前束角的决策单

学习情境十六	调整定位参数			
学时	0.1 学时			
典型工作过程描述	调整后轮外倾角—调整后轮前束角—调整前轮主销后倾角—调整前轮外倾角—调整前轮前束角			
计 划 对 比				
序　号	计划的可行性	计划的经济性	计划的可操作性	计划的实施难度	综 合 评 价
1					
2					
3					
决策评价	班　　级　　　　　　　　　第　　组　　组长签字 教师签字　　　　　　　　　日　　期 评语：				

4. 调整后轮前束角的实施单

学习情境十六	调整定位参数
学时	0.4 学时
典型工作过程描述	调整后轮外倾角—调整后轮前束角—调整前轮主销后倾角—调整前轮外倾角—调整前轮前束角

实 施 步 骤	注 意 事 项

实施说明:					
实施评价	班　　级		第　　组		组长签字	
	教师签字		日　　期			
	评语:				

5. 调整后轮前束角的检查单

学习情境十六	调整定位参数
学时	0.1 学时
典型工作过程描述	调整后轮外倾角—调整后轮前束角—调整前轮主销后倾角—调整前轮外倾角—调整前轮前束角

检 查 项 目	检 查 标 准	学 生 自 查	教 师 检 查
调整数值	数值调整正确		

检查评价	班　　级		第　　组		组长签字	
	教师签字		日　　期			
	评语:					

6. 调整后轮前束角的评价单

学习情境十六	调整定位参数			
学时	0.1 学时			
典型工作过程描述	调整后轮外倾角—调整后轮前束角—调整前轮主销后倾角—调整前轮外倾角—调整前轮前束角			
评价项目	评价子项目	学生自评	组内评价	教师评价
作业流程完整性	作业流程是否完整			
作业流程规范性	作业流程是否规范			
6S 管理	是否做到 6S 管理			
最终结果				
评价的评价	班　　级 　　　　　　第　　组　　组长签字			
	教师签字 　　　　　　日　　期			
	评语：			

任务三　调整前轮主销后倾角

1. 调整前轮主销后倾角的资讯单

学习情境十六	调整定位参数
学时	0.2 学时
典型工作过程描述	调整后轮外倾角—调整后轮前束角—调整前轮主销后倾角—调整前轮外倾角—调整前轮前束角
收集资讯的方式	线下图书与线上资源相结合。
资讯描述	前轮主销后倾角的调整位置是＿＿＿＿＿＿＿＿。
对学生的要求	1. 能够正确调整前轮主销后倾角。 2. 能够养成 6S 规范作业习惯。
参考资料	检修汽车底盘系统课程配套微课

2. 调整前轮主销后倾角的计划单

学习情境十六	调整定位参数		
学时	0.2 学时		
典型工作过程描述	调整后轮外倾角—调整后轮前束角—调整前轮主销后倾角—调整前轮外倾角—调整前轮前束角		
计划制订的方式	小组讨论。		
序　号	工　作　步　骤	注　意　事　项	
1	取下前轮转角盘定位销	在调整前轮时必须取下前轮转角盘定位销，否则调整完成后车辆离开举升机，定位参数将发生变化	
2	调整前轮主销后倾角		
计划评价	班　级　　　　　　　　第　　组　　组长签字		
	教师签字　　　　　　　日　　期		
	评语：		

3. 调整前轮主销后倾角的决策单

学习情境十六	调整定位参数				
学时	0.1 学时				
典型工作过程描述	调整后轮外倾角—调整后轮前束角—调整前轮主销后倾角—调整前轮外倾角—调整前轮前束角				
计　划　对　比					
序　号	计划的可行性	计划的经济性	计划的可操作性	计划的实施难度	综 合 评 价
1					
2					
3					
决策评价	班　级　　　　　　　第　　组　　组长签字				
	教师签字　　　　　　日　　期				
	评语：				

4. 调整前轮主销后倾角的实施单

学习情境十六	调整定位参数
学时	0.5 学时
典型工作过程描述	调整后轮外倾角—调整后轮前束角—调整前轮主销后倾角—调整前轮外倾角—调整前轮前束角

序　号	实　施　步　骤	注　意　事　项
1		
2		

实施说明:					
实施评价	班　级		第　　组	组长签字	
	教师签字		日　期		
	评语:				

5. 调整前轮主销后倾角的检查单

学习情境十六	调整定位参数
学时	0.1 学时
典型工作过程描述	调整后轮外倾角—调整后轮前束角—调整前轮主销后倾角—调整前轮外倾角—调整前轮前束角

序　号	检查项目	检查标准	学生自查	教师检查
1	转角盘定位销	正确取下前轮转角盘定位销		
2	调整数值	数值调整正确		

检查评价	班　级		第　　组	组长签字	
	教师签字		日　期		
	评语:				

6. 调整前轮主销后倾角的评价单

学习情境十六	调整定位参数		
学时	0.1 学时		
典型工作过程描述	调整后轮外倾角—调整后轮前束角—调整前轮主销后倾角—调整前轮外倾角—调整前轮前束角		
评价项目	评价子项目	学生自评	组内评价	教师评价
---	---	---	---	---
作业流程完整性	作业流程是否完整			
作业流程规范性	作业流程是否规范			
6S 管理	是否做到 6S 管理			
最终结果				
评价的评价	班 级		第 组	组长签字	
	教师签字		日 期		
	评语：				

任务四　调整前轮外倾角

1. 调整前轮外倾角的资讯单

学习情境十六	调整定位参数
学时	0.2 学时
典型工作过程描述	调整后轮外倾角—调整后轮前束角—调整前轮主销后倾角—调整前轮外倾角—调整前轮前束角
收集资讯的方式	线下图书与线上资源相结合。
资讯描述	前轮外倾角的调整位置是＿＿＿＿＿＿。
对学生的要求	1. 能正确调整前轮外倾角。 2. 能够养成 6S 规范作业习惯
参考资料	检修汽车底盘系统课程配套微课

2. 调整前轮外倾角的计划单

学习情境十六	调整定位参数		
学时	0.2 学时		
典型工作过程描述	调整后轮外倾角—调整后轮前束角—调整前轮主销后倾角—调整前轮外倾角—调整前轮前束角		
计划制订的方式	小组讨论。		
	工 作 步 骤	注 意 事 项	
	调整前轮外倾角	调整时注意观察计算机显示的调整角度	
计划评价	班 级		第 组	组长签字	
	教师签字		日 期		
	评语：				

3. 调整前轮外倾角的决策单

学习情境十六	调整定位参数			
学时	0.1 学时			
典型工作过程描述	调整后轮外倾角—调整后轮前束角—调整前轮主销后倾角—调整前轮外倾角—调整前轮前束角			
计 划 对 比				
序 号	计划的可行性	计划的经济性	计划的可操作性	计划的实施难度	综合评价
1					
2					
3					
决策评价	班 级		第 组	组长签字	
	教师签字		日 期		
	评语：				

4. 调整前轮外倾角的实施单

学习情境十六	调整定位参数		
学时	0.5 学时		
典型工作过程描述	调整后轮外倾角—调整后轮前束角—调整前轮主销后倾角—调整前轮外倾角—调整前轮前束角		
实 施 步 骤		注 意 事 项	
实施说明：			
实施评价	班 级		第 组	组长签字	
	教师签字		日 期		
	评语：				

5. 调整前轮外倾角的检查单

学习情境十六	调整定位参数			
学时	0.1 学时			
典型工作过程描述	调整后轮外倾角—调整后轮前束角—调整前轮主销后倾角—调整前轮外倾角—调整前轮前束角			
检 查 项 目	检 查 标 准	学 生 自 查	教 师 检 查	
调整前轮外倾角	调整位置正确			
检查评价	班 级		第 组	组长签字	
	教师签字		日 期		
	评语：				

学习情境十六　调整定位参数

6. 调整前轮外倾角的评价单

学习情境十六	调整定位参数			
学时	0.1 学时			
典型工作过程描述	调整后轮外倾角—调整后轮前束角—调整前轮主销后倾角—调整前轮外倾角—调整前轮前束角			
评价项目	评价子项目	学生自评	组内评价	教师评价
作业流程完整性	作业流程是否完整			
作业流程规范性	作业流程是否规范			
6S 管理	是否做到 6S 管理			
最终结果				
评价的评价	班　级		第　　组	组长签字
	教师签字		日　期	
	评语：			

任务五　调整前轮前束角

1. 调整前轮前束角的资讯单

学习情境十六	调整定位参数
学时	0.2 学时
典型工作过程描述	调整后轮外倾角—调整后轮前束角—调整前轮主销后倾角—调整前轮外倾角—调整前轮前束角
收集资讯的方式	线下图书与线上资源相结合。
资讯描述	前轮前束角的调整位置是_____。
对学生的要求	1. 能正确调整前轮前束角至标准范围。 2. 对车辆故障具有分析判断能力。 3. 锻炼出较强的动手能力。
参考资料	检修汽车底盘系统课程配套微课

2. 调整前轮前束角的计划单

学习情境十六	调整定位参数			
学时	0.2 学时			
典型工作过程描述	调整后轮外倾角—调整后轮前束角—调整前轮主销后倾角—调整前轮外倾角—调整前轮前束角			
计划制订的方式	小组讨论。			
	工 作 步 骤		注 意 事 项	
	调整前轮前束角		调整时注意观察计算机显示的调整角度	
计划评价	班 级		第 组	组长签字
	教师签字		日 期	
	评语:			

3. 调整前轮前束角的决策单

学习情境十六	调整定位参数				
学时	0.1 学时				
典型工作过程描述	调整后轮外倾角—调整后轮前束角—调整前轮主销后倾角—调整前轮外倾角—调整前轮前束角				
	计 划 对 比				
序 号	计划的可行性	计划的经济性	计划的可操作性	计划的实施难度	综 合 评 价
1					
2					
3					
决策评价	班 级		第 组		组长签字
	教师签字		日 期		
	评语:				

4. 调整前轮前束角的实施单

学习情境十六	调整定位参数
学时	0.6 学时
典型工作过程描述	调整后轮外倾角—调整后轮前束角—调整前轮主销后倾角—调整前轮外倾角—调整前轮前束角

实 施 步 骤	注 意 事 项

实施说明:					
实施评价	班　级		第　　组	组长签字	
	教师签字		日　期		
	评语:				

5. 调整前轮前束角的检查单

学习情境十六	调整定位参数
学时	0.1 学时
典型工作过程描述	调整后轮外倾角—调整后轮前束角—调整前轮主销后倾角—调整前轮外倾角—调整前轮前束角

检 查 项 目	检 查 标 准	学 生 自 查	教 师 检 查
调整数值	数值调整正确		

检查评价	班　级		第　　组	组长签字	
	教师签字		日　期		
	评语:				

6. 调整前轮前束角的评价单

学习情境十六	调整定位参数			
学时	0.1 学时			
典型工作过程描述	调整后轮外倾角—调整后轮前束角—调整前轮主销后倾角—调整前轮外倾角—调整前轮前束角			
评价项目	评价子项目	学生自评	组内评价	教师评价
作业流程完整性	作业流程是否完整			
作业流程规范性	作业流程是否规范			
6S 管理	是否做到 6S 管理			
最终结果				
评价的评价	班　级		第　　组	组长签字
	教师签字		日　期	
	评语:			

学习情境十七　更换制动液

客户需求单

客户需求
一辆大众捷达轿车已使用 4 年，行驶了 98 000km，对该车进行二级维护作业时，检查发现制动液含水量超过 3%，严重影响制动效能，现需更换制动液。
操作内容
1. 排放旧制动液。 　　2. 加注新制动液。 　　3. 排除制动管路中的空气。 　　4. 检查制动液液位。

学习性工作任务单

学习情境十七	更换制动液				
学时	6 学时				
典型工作过程描述	更换制动液的准备工作—检测制动液含水率—排放制动液—加注、排空气				
学习目标	任务一　更换制动液的准备工作的学习目标 　　1. 了解制动液的作用。 　　2. 了解制动液的型号。 　　3. 了解制动液含水率对制动性能的影响。 　　4. 了解更换制动液的工具、设备。 任务二　检测制动液含水率的学习目标 　　1. 能正确使用仪器检测制动液含水率。 　　2. 能根据检测数据给出检测结论。 任务三　排放制动液的学习目标 　　能按照正确操作规程排放制动液。 任务四　加注、排空气的学习目标 　　能按照正确操作规程排放制动管路内的空气。				
任务描述	检测制动液含水率不合格时，更换制动液并排除空气				
学时安排	资讯 0.7 学时	计划 0.7 学时	决策 0.4 学时	实施 3.4 学时	检查 0.4 学时	评价 0.4 学时
对学生的要求	1. 掌握制动液类型。 2. 掌握制动液含水率对制动性能的影响。 3. 掌握制动液更换使用的工具与设备。 4. 能够正确更换制动液。				

对学生的要求	5. 能够正确排除制动管路中的空气。 6. 能够养成 6S 规范作业习惯。 7. 能够养成团队意识、工匠精神、职业精神。
参考资料	检修汽车底盘系统课程配套微课

材料工具清单

学习情境十七	更换制动液					
学时	6 学时					
典型工作过程描述	更换制动液的准备工作—检测制动液含水率—排放制动液—加注、排空气					
序 号	名 称	作 用	数 量	型 号	使 用 量	使 用 者
1	制动液检测仪		1	DY23		
2	制动液回收罐		1			
3	管子扳手		1			
4	制动液		1			
5						
6						
班 级			第 组		组长签字	
教师签字			日 期			

任务一 更换制动液的准备工作

1. 更换制动液的准备工作的资讯单

学习情境十七	更换制动液
学时	0.2 学时
典型工作过程描述	更换制动液的准备工作—检测制动液含水率—排放制动液—加注、排空气
收集资讯的方式	线下图书与线上资源相结合。
资讯描述	1. 制动液分类：_____。 2. 收集制动液含水率对制动性能的影响：_____。 3. 使用的工具与设备：_____。
对学生的要求	1. 掌握制动液的分类。 2. 掌握制动液含水率对制动性能的影响。 3. 准备工具与设备。 4. 能够养成 6S 规范作业习惯。 5. 能够养成团队意识、工匠精神、职业精神。
参考资料	检修汽车底盘系统课程配套微课

2. 更换制动液的准备工作的计划单

学习情境十七	更换制动液			
学时	0.2 学时			
典型工作过程描述	更换制动液的准备工作—检测制动液含水率—排放制动液—加注、排空气			
计划制订的方式	小组讨论。			
序 号	工 作 步 骤		注 意 事 项	
1	制动液分类		国家标准《机动车辆制动液》(GB 12981—2012)	
2	制动液含水率对制动性能的影响		描述清楚	
3	准备工具与设备		含水率检测仪型号：DY23	
计划评价	班　级		第　组	组长签字
	教师签字		日　期	
	评语：			

3. 更换制动液的准备工作的决策单

学习情境十七	更换制动液			
学时	0.1 学时			
典型工作过程描述	更换制动液的准备工作—检测制动液含水率—排放制动液—加注、排空气			
计 划 对 比				
序　号	计划的可行性	计划的经济性	计划的可操作性	计划的实施难度	综 合 评 价
1					
2					
3					
决策评价	班　级		第　组	组长签字	
	教师签字		日　期		
	评语：				

4. 更换制动液的准备工作的实施单

学习情境十七	更换制动液		
学时	0.3 学时		
典型工作过程描述	更换制动液的准备工作—检测制动液含水率—排放制动液—加注、排空气		
序　号	实 施 步 骤	注 意 事 项	
1			
2			
3			
实施说明：			
实施评价	班　级		第　组	组长签字	
	教师签字		日　期		
	评语：				

5. 更换制动液的准备工作的检查单

学习情境十七	更换制动液			
学时	0.1 学时			
典型工作过程描述	更换制动液的准备工作—检测制动液含水率—排放制动液—加注、排空气			
序　号	检 查 项 目	检 查 标 准	学 生 自 查	教 师 检 查
1	制动液分类	记录全面		
2	制动液含水率对制动性能的影响	描述清楚		
3	准备工具与设备	工具准备齐全		
检查评价	班　级		第　组	组长签字	
	教师签字		日　期		
	评语：				

6. 更换制动液的准备工作的评价单

学习情境十七	更换制动液			
学时	0.1 学时			
典型工作过程描述	更换制动液的准备工作—检测制动液含水率—排放制动液—加注、排空气			
评价项目	评价子项目	学生自评	组内评价	教师评价
制动液分类	分析概括全面			
制动液含水率对制动性能的影响	描述清楚			
准备工具与设备	型号：DY23			
最终结果				
评价的评价	班　级		第　组	组长签字	
	教师签字		日　期		
	评语：			

任务二　检测制动液含水率

1. 检测制动液含水率的资讯单

学习情境十七	更换制动液
学时	0.1 学时
典型工作过程描述	更换制动液的准备工作—检测制动液含水率—排放制动液—加注、排空气
收集资讯的方式	线下图书与线上资源相结合。
资讯描述	1. 识别车辆现使用制动液型号的方法：_____。 2. 使用含水率检测仪的方法：_____。 3. 判断测试结果是否合格的方法：_____。
对学生的要求	1. 能正确且全面地描述制动液分类及型号。 2. 能正确使用制动液含水率检测仪。 3. 能正确判断检测结论。 4. 能够养成 6S 规范作业习惯。 5. 能够养成团队意识、工匠精神、职业精神。
参考资料	检修汽车底盘系统课程配套微课

2. 检测制动液含水率的计划单

学习情境十七	更换制动液		
学时	0.1学时		
典型工作过程描述	更换制动液的准备工作—检测制动液含水率—排放制动液—加注、排空气		
计划制订的方式	小组讨论。		
序　号	工 作 步 骤	注 意 事 项	
1	确定车辆现使用的制动液型号		
2	清洁检测仪测试头		
3	调节测试对象为当前制动液型号		
4	检测制动液含水率		
计划评价	班　级　　　　　　　　　第　组　　组长签字 教师签字　　　　　　　　　日　期 评语：		

3. 检测制动液含水率的决策单

学习情境十七	更换制动液				
学时	0.1学时				
典型工作过程描述	更换制动液的准备工作—检测制动液含水率—排放制动液—加注、排空气				
计 划 对 比					
序　号	计划的可行性	计划的经济性	计划的可操作性	计划的实施难度	综合评价
1					
2					
3					
4					
决策评价	班　级　　　　　　　　　第　组　　组长签字 教师签字　　　　　　　　　日　期 评语：				

4. 检测制动液含水率的实施单

学习情境十七	更换制动液		
学时	0.1 学时		
典型工作过程描述	更换制动液的准备工作—检测制动液含水率—排放制动液—加注、排空气		
序　号	实　施　步　骤	注　意　事　项	
1			
2			
3			
4			
实施说明：			
实施评价	班　级		第　　　组	组长签字	
	教师签字		日　　期		
	评语：				

5. 检测制动液含水率的检查单

学习情境十七	更换制动液			
学时	0.1 学时			
典型工作过程描述	更换制动液的准备工作—检测制动液含水率—排放制动液—加注、排空气			
序　号	检 查 项 目	检 查 标 准	学 生 自 查	教 师 检 查
1	确定车辆现使用制动液型号	判断正确		
2	清洁检测仪测试头	清洁彻底		
3	调节测试对象为当前制动液型号	设定正确		
4	检测制动液含水率	判断结论正确		
检查评价	班　级		第　　　组	组长签字	
	教师签字		日　　期		
	评语：				

6. 检测制动液含水率的评价单

学习情境十七	更换制动液			
学时	0.1 学时			
典型工作过程描述	更换制动液的准备工作—检测制动液含水率—排放制动液—加注、排空气			
评价项目	评价子项目	学生自评	组内评价	教师评价
作业流程完整性	作业流程是否完整			
作业流程规范性	作业流程是否规范			
6S 管理	是否做到 6S 管理			
节能环保	是否做到节能环保			
最终结果				
评价的评价	班　级		第　组	组长签字
	教师签字		日　期	
	评语：			

任务三　排放制动液

1. 排放制动液的资讯单

学习情境十七	更换制动液
学时	0.2 学时
典型工作过程描述	更换制动液的准备工作—检测制动液含水率—排放制动液—加注、排空气
收集资讯的方式	线下图书与线上资源相结合。
资讯描述	1. 排放制动液的方法是_____。 2. 使用的工具与设备有_____。
对学生的要求	1. 能正确使用管子扳手。 2. 能正确使用制动液回收罐。 3. 能够养成 6S 规范作业习惯。 4. 能够养成团队意识、工匠精神、职业精神。
参考资料	检修汽车底盘系统课程配套微课

2. 排放制动液的计划单

学习情境十七	更换制动液		
学时	0.2 学时		
典型工作过程描述	更换制动液的准备工作—检测制动液含水率—排放制动液—加注、排空气		
计划制订的方式	小组讨论。		
序　号	工 作 步 骤	注 意 事 项	
1	使用管子扳手拧松右后轮制动器排气螺栓		
2	连接制动液回收罐		
3	连接压缩空气管路		
4	打开回收开关回收制动液		
5	回收结束后拧紧排气螺栓	按右后、左后、右前、左前顺序依次进行	
计划评价	班　级　　　　　　　　　第　组　　组长签字		
	教师签字　　　　　　　　日　期		
	评语：		

3. 排放制动液的决策单

学习情境十七	更换制动液				
学时	0.1 学时				
典型工作过程描述	更换制动液的准备工作—检测制动液含水率—排放制动液—加注、排空气				
计 划 对 比					
序　号	计划的可行性	计划的经济性	计划的可操作性	计划的实施难度	综 合 评 价
1					
2					
3					
4					
决策评价	班　级　　　　　　　　第　组　　组长签字				
	教师签字　　　　　　　日　期				
	评语：				

4. 排放制动液的实施单

学习情境十七	更换制动液
学时	1.5 学时
典型工作过程描述	更换制动液的准备工作—检测制动液含水率—排放制动液—加注、排空气

序 号	实 施 步 骤	注 意 事 项
1		
2		
3		
4		
5		

实施说明：

实施评价	班 级		第 组		组长签字	
	教师签字		日 期			
	评语：					

5. 排放制动液的检查单

学习情境十七	更换制动液
学时	0.1 学时
典型工作过程描述	更换制动液的准备工作—检测制动液含水率—排放制动液—加注、排空气

序 号	检 查 项 目	检 查 标 准	学 生 自 查	教 师 检 查
1	使用管子扳手拧松右后轮制动器排气螺栓	工具选择正确		
2	连接制动液回收罐	安装到位		
3	连接压缩空气管路	安装到位		
4	打开回收开关回收制动液	操作正确		
5	回收结束后拧紧排气螺栓	锁止牢固		

检查评价	班 级		第 组		组长签字	
	教师签字		日 期			
	评语：					

6. 排放制动液的评价单

学习情境十七	更换制动液			
学时	0.1 学时			
典型工作过程描述	更换制动液的准备工作—检测制动液含水率—排放制动液—加注、排空气			
评价项目	评价子项目	学生自评	组内评价	教师评价
作业流程完整性	作业流程是否完整			
作业流程规范性	作业流程是否规范			
6S 管理	是否做到 6S 管理			
最终结果				
评价的评价	班　级：		第　　组	组长签字
	教师签字		日　期	
	评语：			

任务四　加注、排空气

1. 加注、排空气的资讯单

学习情境十七	更换制动液
学时	0.2 学时
典型工作过程描述	更换制动液的准备工作—检测制动液含水率—排放制动液—加注、排空气
收集资讯的方式	线下图书与线上资源相结合。
资讯描述	排除空气使用的工具是_____。
对学生的要求	1. 能够正确核对添加制动液的型号。 2. 能够正确添加制动液至合适液位。 3. 能够正确排放制动管路中的空气。
参考资料	检修汽车底盘系统课程配套微课

2. 加注、排空气的计划单

学习情境十七	更换制动液		
学时	0.2 学时		
典型工作过程描述	更换制动液的准备工作—检测制动液含水率—排放制动液—加注、排空气		
计划制订的方式	小组讨论。		
序 号	工 作 步 骤		注 意 事 项
1	加注制动液至标准液位		核对制动液型号
2	启动车辆,一名维修人员在驾驶室内反复踩踏制动踏板数十次,踩住后提醒另一名维修人员		两名维修人员配合作业
3	另一名维修人员松开排气螺栓,排除空气后拧紧排气螺栓,并提醒驾驶位维修人员继续踩踏制动踏板		观察回收管路内有无气泡,如果有气泡则重复排放,如果无气泡则继续排放下一个制动器
4	重复以上操作,直至制动管路中的空气全部排除,并随时检查制动液液位,及时添加		按右后、左后、右前、左前顺序依次进行
计划评价	班 级		第 组	组长签字	
	教师签字		日 期		
	评语:				

3. 加注、排空气的决策单

学习情境十七	更换制动液				
学时	0.1 学时				
典型工作过程描述	更换制动液的准备工作—检测制动液含水率—排放制动液—加注、排空气				
计 划 对 比					
序 号	计划的可行性	计划的经济性	计划的可操作性	计划的实施难度	综 合 评 价
1					
2					
3					
决策评价	班 级		第 组	组长签字	
	教师签字		日 期		
	评语:				

学习情境十七 更换制动液

4. 加注、排空气的实施单

学习情境十七	更换制动液	
学时	1.5 学时	
典型工作过程描述	更换制动液的准备工作—检测制动液含水率—排放制动液—加注、排空气	
序 号	实 施 步 骤	注 意 事 项
1		
2		
3		
4		
实施说明:		
实施评价	班 级		第 组	组长签字	
	教师签字		日 期		
	评语:				

5. 加注、排空气的检查单

学习情境十七	更换制动液			
学时	0.1 学时			
典型工作过程描述	更换制动液的准备工作—检测制动液含水率—排放制动液—加注、排空气			
序 号	检 查 项 目	检 查 标 准	学 生 自 查	教 师 检 查
1	加注制动液至标准液位	液面合格		
2	启动车辆,一名维修人员在驾驶室内反复踩踏制动踏板数十次,踩住后提醒另一名维修人员	配合准确		
3	另一名维修人员松开排气螺栓,排除空气后拧紧排气螺栓,并提醒驾驶位维修人员继续踩踏制动踏板	正确观察回收管路内的气泡		
4	重复以上操作,直至制动管路中的空气全部排除,并随时检查制动液液位,及时添加	按右后、左后、右前、左前顺序依次进行		
检查评价	班 级		第 组	组长签字	
	教师签字		日 期		
	评语:				

6. 加注、排空气的评价单

学习情境十七		更换制动液			
学时		0.1 学时			
典型工作过程描述		更换制动液的准备工作—检测制动液含水率—排放制动液—加注、排空气			
评 价 项 目	评价子项目	学 生 自 评		组 内 评 价	教 师 评 价
作业流程完整性	作业流程是否完整				
作业流程规范性	作业流程是否规范				
6S 管理	是否做到 6S 管理				
团队协作能力	沟通是否顺畅，配合是否密切				
最终结果					
评价的评价	班 级		第 组		组长签字	
	教师签字		日 期		
	评语：				

学习情境十八　更换前轮制动片

客户需求单

客户需求
客户张先生来店进行车辆故障检修，据张先生反映，该车最近经常出现制动异响现象，现需要对车辆进行检查，排除异响故障。
操作内容
1. 检查车辆出现制动异响的原因。 2. 排除车辆制动异响的故障。

学习性工作任务单

学习情境十八	更换前轮制动片
学时	6学时
典型工作过程描述	更换前轮制动片的准备工作—拆卸轮胎、制动钳、制动器摩擦片—检测制动器摩擦片、制动分泵—更换盘式制动器摩擦片—安装制动分泵、制动钳及轮胎—路试
学习目标	任务一　更换前轮制动片的准备工作的学习目标 　1. 了解盘式制动器的作用。 　2. 掌握盘式制动器的分类、结构及工作原理。 　3. 掌握拆检盘式制动器的工具与设备。 　4. 能正确操作举升机。 任务二　拆卸轮胎、制动钳、制动器摩擦片的学习目标 　1. 熟悉拆卸轮胎的步骤。 　2. 能够按照标准流程正确拆卸制动钳。 　3. 能够按照标准流程正确拆卸制动器摩擦片。 任务三　检测制动器摩擦片、制动分泵的学习目标 　1. 能够按照标准流程正确检查制动器摩擦片是否有异常磨损。 　2. 能够正确填写工单，并判断是否更换制动器摩擦片。 　3. 能够按照标准流程正确检查制动盘有无裂纹、锈蚀。 　4. 能够检查制动分泵活塞是否变形、腐蚀。 　5. 能够检查制动分泵皮碗是否破损、漏油。 任务四　更换盘式制动器摩擦片的学习目标 　1. 能够按照要求清洁制动盘、摩擦片。 　2. 能够按照标准流程正确安装制动器摩擦片。

学习目标	任务五　安装制动分泵、制动钳及轮胎的学习目标 　　1. 能够按照标准流程正确安装制动分泵。 　　2. 能够按照标准流程正确安装制动钳。 　　3. 能够按照标准流程正确安装轮胎。 任务六　路试的学习目标 　　能够按照要求检查车辆制动效果。					
任务描述	使用专用工具，按照标准流程拆装轮胎、制动钳及制动器摩擦片，并对轮胎和制动器摩擦片、制动分泵进行检查、检测					
学时安排	资讯 0.6 学时	计划 0.55 学时	决策 0.6 学时	实施 3.2 学时	检查 0.6 学时	评价 0.45 学时
对学生的要求	1. 了解盘式制动器的作用。 2. 掌握盘式制动器的分类、结构及工作原理。 3. 能够按照标准流程对汽车前制动盘进行拆装。 4. 能够正确使用测量工具并按照标准流程拆装轮胎、制动器摩擦片、制动盘及制动分泵。 5. 能够使用正确的方法检测摩擦片的厚度。 6. 能够养成 6S 规范作业习惯。 7. 能够加强学生垃圾分类意识，养成垃圾分类的好习惯。 8. 能够养成团队意识、工匠精神、职业精神。					
参考资料	检修汽车底盘系统课程配套微课					

材料工具清单

学习情境十八	更换前轮制动片					
学时	6 学时					
典型工作过程描述	更换前轮制动片的准备工作—拆卸轮胎、制动钳、制动器摩擦片—检测制动器摩擦片、制动分泵—更换盘式制动器摩擦片—安装制动分泵、制动钳及轮胎—路试					
序　号	名　　称	作　　用	数　量	型　号	使用量	使用者
1	世达 150 工具		1			
2	外径千分尺、钢板尺	测量摩擦片、制动盘厚度	1			
3	防护五件套	保持车内清洁	1			
4	吹尘枪		1			
5	车辆防护罩		1			
6	车轮挡块		1			
7	制动分泵复位器	回位刹车分泵	1			
班　级			第　　组	组长签字		
教师签字			日　　期			

学习情境十八　更换前轮制动片

任务一　更换前轮制动片的准备工作

1. 更换前轮制动片的准备工作的资讯单

学习情境十八	更换前轮制动片
学时	0.1 学时
典型工作过程描述	更换前轮制动片的准备工作—拆卸轮胎、制动钳、制动器摩擦片—检测制动器摩擦片、制动分泵—更换盘式制动器摩擦片—安装制动分泵、制动钳及轮胎—路试
收集资讯的方式	线下图书与线上资源相结合。
资讯描述	1. 盘式制动器的作用：_____。 2. 根据固定元件和旋转元件的结构不同,车轮制动器通常分为_____制动器和_____制动器。 3. 盘式制动器的基本工作原理：_____。
对学生的要求	1. 了解盘式制动器的作用。 2. 掌握盘式制动器的分类、结构及工作原理。 3. 掌握拆检盘式制动器使用的工具、设备。 4. 熟悉正确操作举升机的资料。 5. 能够养成 6S 规范作业习惯。 6. 能够养成团队意识、工匠精神、职业精神。
参考资料	检修汽车底盘系统课程配套微课

2. 更换前轮制动片的准备工作的计划单

学习情境十八	更换前轮制动片			
学时	0.05 学时			
典型工作过程描述	更换前轮制动片的准备工作—拆卸轮胎、制动钳、制动器摩擦片—检测制动器摩擦片、制动分泵—更换盘式制动器摩擦片—安装制动分泵、制动钳及轮胎—路试			
计划制订的方式	小组讨论。			
序　号	工　作　步　骤		注　意　事　项	
1	概括学习更换前轮制动器应掌握的理论知识		概括全面	
2	学习更换前轮制动片的方法		描述清楚	
3	准备拆检工具与设备			
计划评价	班　级		第　组	组长签字
	教师签字		日　期	
	评语：			

3. 更换前轮制动片的准备工作的决策单

学习情境十八	更换前轮制动片				
学时	0.1学时				
典型工作过程描述	更换前轮制动片的准备工作—拆卸轮胎、制动钳、制动器摩擦片—检测制动器摩擦片、制动分泵—更换盘式制动器摩擦片—安装制动分泵、制动钳及轮胎—路试				
计 划 对 比					
序 号	计划的可行性	计划的经济性	计划的可操作性	计划的实施难度	综 合 评 价
1					
2					
3					
决策评价	班 级		第 组	组长签字	
	教师签字		日 期		
	评语:				

4. 更换前轮制动片的准备工作的实施单

学习情境十八	更换前轮制动片	
学时	0.1学时	
典型工作过程描述	更换前轮制动片的准备工作—拆卸轮胎、制动钳、制动器摩擦片—检测制动器摩擦片、制动分泵—更换盘式制动器摩擦片—安装制动分泵、制动钳及轮胎—路试	
序 号	实 施 步 骤	注 意 事 项
1		
2		
3		
实施说明:		
实施评价	班 级		第 组	组长签字	
	教师签字		日 期		
	评语:				

学习情境十八　更换前轮制动片

5. 更换前轮制动片的准备工作的检查单

学习情境十八	更换前轮制动片			
学时	0.1学时			
典型工作过程描述	更换前轮制动片的准备工作—拆卸轮胎、制动钳、制动器摩擦片—检测制动器摩擦片、制动分泵—更换盘式制动器摩擦片—安装制动分泵、制动钳及轮胎—路试			
序号	检查项目	检查标准	学生自查	教师检查
1	概括学习更换前轮制动器应掌握的理论知识	概括全面		
2	更换前轮制动片的方法	按标准流程描述清楚		
3	准备工具与设备	工具准备齐全		
检查评价	班　级		第　组	组长签字
	教师签字		日　期	
	评语：			

6. 更换前轮制动片的准备工作的评价单

学习情境十八	更换前轮制动片			
学时	0.05学时			
典型工作过程描述	更换前轮制动片的准备工作—拆卸轮胎、制动钳、制动器摩擦片—检测制动器摩擦片、制动分泵—更换盘式制动器摩擦片—安装制动分泵、制动钳及轮胎—路试			
评价项目	评价子项目	学生自评	组内评价	教师评价
概括学习更换前轮制动器应掌握的理论知识	概括全面			
更换前轮制动片的方法	描述清楚			
准备工具与设备	准备齐全			
最终结果				
评价的评价	班　级		第　组	组长签字
	教师签字		日　期	
	评语：			

任务二 拆卸轮胎、制动钳、制动器摩擦片

1. 拆卸轮胎、制动钳、制动器摩擦片的资讯单

学习情境十八	更换前轮制动片
学时	0.1 学时
典型工作过程描述	更换前轮制动片的准备工作—拆卸轮胎、制动钳、制动器摩擦片—检测制动器摩擦片、制动分泵—更换盘式制动器摩擦片—安装制动分泵、制动钳及轮胎—路试
收集资讯的方式	线下图书与线上资源相结合。
资讯描述	1. 拆卸轮胎的步骤：_____。 2. 拆卸制动钳的步骤及注意事项：_____。 3. 拆卸制动器摩擦片的步骤及注意事项：_____。 4. 拆卸制动盘的步骤及注意事项：_____。
对学生的要求	1. 能按标准流程正确拆卸轮胎。 2. 能按照标准流程正确拆卸轮胎、制动钳、制动器摩擦片及制动盘。 3. 能够养成 6S 规范作业习惯。 4. 能够养成团队意识、工匠精神、职业精神。
参考资料	检修汽车底盘系统课程配套微课

2. 拆卸轮胎、制动钳、制动器摩擦片的计划单

学习情境十八	更换前轮制动片	
学时	0.05 学时	
典型工作过程描述	更换前轮制动片的准备工作—拆卸轮胎、制动钳、制动器摩擦片—检测制动器摩擦片、制动分泵—更换盘式制动器摩擦片—安装制动分泵、制动钳及轮胎—路试	
计划制订的方式	小组讨论。	
序 号	工 作 步 骤	注 意 事 项
1	拆卸轮胎的步骤	根据标准流程拆卸
2	将举升机举升到适当高度，并锁止举升机	举升车辆前要检查各个顶起位置，确保操作安全
3	拆卸固定弹簧	
4	拆卸制动钳体导向螺栓	
5	分离制动盘和摩擦片	
6	拆卸制动钳体	
7	拆卸制动器摩擦片	
8	准备拆检工具与设备	准备齐全
计划评价	班 级		第 组	组长签字	
	教师签字		日 期		
	评语：				

学习情境十八 更换前轮制动片

3. 拆卸轮胎、制动钳、制动器摩擦片的决策单

学习情境十八	更换前轮制动片				
学　时	0.1 学时				
典型工作过程描述	更换前轮制动片的准备工作—拆卸轮胎、制动钳、制动器摩擦片—检测制动器摩擦片、制动分泵—更换盘式制动器摩擦片—安装制动分泵、制动钳及轮胎—路试				
计　划　对　比					
序　号	计划的可行性	计划的经济性	计划的可操作性	计划的实施难度	综 合 评 价
1					
2					
3					
4					
决策评价	班　　级		第　　组	组长签字	
	教师签字		日　　期		
	评语：				

4. 拆卸轮胎、制动钳、制动器摩擦片的实施单

学习情境十八	更换前轮制动片	
学　时	0.4 学时	
典型工作过程描述	更换前轮制动片的准备工作—拆卸轮胎、制动钳、制动器摩擦片—检测制动器摩擦片、制动分泵—更换盘式制动器摩擦片—安装制动分泵、制动钳及轮胎—路试	
序　号	实 施 步 骤	注 意 事 项
1		
2		
3		
4		
5		
6		
7		
8		
实施说明：		
实施评价	班　　级		第　　组	组长签字	
	教师签字		日　　期		
	评语：				

5. 拆卸轮胎、制动钳、制动器摩擦片的检查单

学习情境十八	更换前轮制动片			
学时	0.1 学时			
典型工作过程描述	更换前轮制动片的准备工作—拆卸轮胎、制动钳、制动器摩擦片—检测制动器摩擦片、制动分泵—更换盘式制动器摩擦片—安装制动分泵、制动钳及轮胎—路试			
序　号	检 查 项 目	检 查 标 准	学 生 自 查	教 师 检 查
1	拆卸轮胎	按标准流程拆卸		
2	检查轮胎及轮毂	检查全面		
3	拆卸制动钳的步骤	按标准流程拆卸		
4	拆卸制动器摩擦片的步骤	按标准流程拆卸		
5	拆卸制动盘的步骤	按标准流程拆卸		
检查评价	班　级		第　组	组长签字
	教师签字		日　期	
	评语：			

6. 拆卸轮胎、制动钳、制动器摩擦片的评价单

学习情境十八	更换前轮制动片			
学时	0.05 学时			
典型工作过程描述	更换前轮制动片的准备工作—拆卸轮胎、制动钳、制动器摩擦片—检测制动器摩擦片、制动分泵—更换盘式制动器摩擦片—安装制动分泵、制动钳及轮胎—路试			
评 价 项 目	评价子项目	学 生 自 评	组 内 评 价	教 师 评 价
作业流程完整性	作业流程是否完整			
作业流程规范性	作业流程是否规范			
6S 管理	是否做到 6S 管理			
最终结果				
评价的评价	班　级		第　组	组长签字
	教师签字		日　期	
	评语：			

学习情境十八　更换前轮制动片

任务三　检测制动器摩擦片、制动分泵

1. 检测制动器摩擦片、制动分泵的资讯单

学习情境十八	更换前轮制动片
学时	0.1 学时
典型工作过程描述	更换前轮制动片的准备工作—拆卸轮胎、制动钳、制动器摩擦片—检测制动器摩擦片、制动分泵—更换盘式制动器摩擦片—安装制动分泵、制动钳及轮胎—路试
收集资讯的方式	线下图书与线上资源相结合。
资讯描述	1. 简述检测制动器摩擦片的步骤：_____。 2. 简述检测制动分泵的步骤：_____。
对学生的要求	1. 按照要求正确检测制动器摩擦片。 2. 按照要求正确检测制动分泵。
参考资料	检修汽车底盘系统课程配套微课

2. 检测制动器摩擦片、制动分泵的计划单

学习情境十八	更换前轮制动片			
学时	0.2 学时			
典型工作过程描述	更换前轮制动片的准备工作—拆卸轮胎、制动钳、制动器摩擦片—检测制动器摩擦片、制动分泵—更换盘式制动器摩擦片—安装制动分泵、制动钳及轮胎—路试			
计划制订的方式	小组讨论。			
序　号	工 作 步 骤	注 意 事 项		
1	检测制动器摩擦片			
2	检测制动分泵			
计划评价	班　级		第　组	组长签字
	教师签字		日　期	
	评语：			

3. 检测制动器摩擦片、制动分泵的决策单

学习情境十八	更换前轮制动片				
学时	0.1学时				
典型工作过程描述	更换前轮制动片的准备工作—拆卸轮胎、制动钳、制动器摩擦片—检测制动器摩擦片、制动分泵—更换盘式制动器摩擦片—安装制动分泵、制动钳及轮胎—路试				
计 划 对 比					
序 号	计划的可行性	计划的经济性	计划的可操作性	计划的实施难度	综 合 评 价
1					
2					
3					
4					
决策评价	班 级： 第 组 组长签字 教师签字 日 期 评语：				

4. 检测制动器摩擦片、制动分泵的实施单

学习情境十八	更换前轮制动片	
学时	1.4学时	
典型工作过程描述	更换前轮制动片的准备工作—拆卸轮胎、制动钳、制动器摩擦片—检测制动器摩擦片、制动分泵—更换盘式制动器摩擦片—安装制动分泵、制动钳及轮胎—路试	
序 号	实 施 步 骤	注 意 事 项
1		
2		
实施说明：		
实施评价	班 级： 第 组 组长签字 教师签字 日 期 评语：	

学习情境十八　更换前轮制动片

5. 检测制动器摩擦片、制动分泵的检查单

学习情境十八	更换前轮制动片			
学时	0.1 学时			
典型工作过程描述	更换前轮制动片的准备工作—拆卸轮胎、制动钳、制动器摩擦片—检测制动器摩擦片、制动分泵—更换盘式制动器摩擦片—安装制动分泵、制动钳及轮胎—路试			
序　号	检 查 项 目	检 查 标 准	学 生 自 查	教 师 检 查
1	检测制动器摩擦片	数值准确		
2	检测制动分泵	检查项目全面		
检查评价	班　级		第　　组	组长签字
	教师签字		日　期	
	评语：			

6. 检测制动器摩擦片、制动分泵的评价单

学习情境十八	更换前轮制动片			
学时	0.1 学时			
典型工作过程描述	更换前轮制动片的准备工作—拆卸轮胎、制动钳、制动器摩擦片—检测制动器摩擦片、制动分泵—更换盘式制动器摩擦片—安装制动分泵、制动钳及轮胎—路试			
评价项目	评价子项目	学 生 自 评	组 内 评 价	教 师 评 价
作业流程完整性	作业流程是否完整			
作业流程规范性	作业流程是否规范			
最终结果				
评价的评价	班　级		第　　组	组长签字
	教师签字		日　期	
	评语：			

 检修汽车底盘系统

任务四　更换盘式制动器摩擦片

1. 更换盘式制动器摩擦片的资讯单

学习情境十八	更换前轮制动片
学时	0.1 学时
典型工作过程描述	更换前轮制动片的准备工作—拆卸轮胎、制动钳、制动器摩擦片—检测制动器摩擦片、制动分泵—更换盘式制动器摩擦片—安装制动分泵、制动钳及轮胎—路试
收集资讯的方式	线下图书与线上资源相结合。
资讯描述	1. 摩擦片磨损对汽车制动性能的影响：＿＿＿＿＿＿＿＿＿＿＿＿＿＿＿＿＿。 2. 安装盘式制动器摩擦片的步骤：＿＿＿＿＿＿＿＿＿＿＿＿＿＿＿＿＿。
对学生的要求	1. 能按要求清洁制动盘和摩擦片。 2. 能按规定安装盘式制动器摩擦片。 3. 能够养成 6S 规范作业习惯。
参考资料	检修汽车底盘系统课程配套微课

2. 更换盘式制动器摩擦片的计划单

学习情境十八	更换前轮制动片		
学时	0.1 学时		
典型工作过程描述	更换前轮制动片的准备工作—拆卸轮胎、制动钳、制动器摩擦片—检测制动器摩擦片、制动分泵—更换盘式制动器摩擦片—安装制动分泵、制动钳及轮胎—路试		
计划制订的方式	小组讨论。		
序　号	工 作 步 骤	注 意 事 项	
1	按要求清洁制动盘		
2	按要求清洁摩擦片		
3	按规定流程安装盘式制动器摩擦片		
计划评价	班　级	第　　组	组长签字
	教师签字	日　期	
	评语：		

3. 更换盘式制动器摩擦片的决策单

学习情境十八	更换前轮制动片			
学时	0.1学时			
典型工作过程描述	更换前轮制动片的准备工作—拆卸轮胎、制动钳、制动器摩擦片—检测制动器摩擦片、制动分泵—更换盘式制动器摩擦片—安装制动分泵、制动钳及轮胎—路试			
计 划 对 比				
序 号	计划的可行性	计划的经济性	计划的可操作性	计划的实施难度	综 合 评 价
1					
2					
3					

决策评价	班 级		第 组	组长签字	
	教师签字		日 期		
	评语:				

4. 更换盘式制动器摩擦片的实施单

学习情境十八	更换前轮制动片
学时	1学时
典型工作过程描述	更换前轮制动片的准备工作—拆卸轮胎、制动钳、制动器摩擦片—检测制动器摩擦片、制动分泵—更换盘式制动器摩擦片—安装制动分泵、制动钳及轮胎—路试

序 号	实 施 步 骤	注 意 事 项
1		
2		
3		

实施说明：

实施评价	班 级		第 组	组长签字	
	教师签字		日 期		
	评语:				

5. 更换盘式制动器摩擦片的检查单

学习情境十八	更换前轮制动片			
学时	0.1 学时			
典型工作过程描述	更换前轮制动片的准备工作—拆卸轮胎、制动钳、制动器摩擦片—检测制动器摩擦片、制动分泵—更换盘式制动器摩擦片—安装制动分泵、制动钳及轮胎—路试			
序 号	检 查 项 目	检 查 标 准	学 生 自 查	教 师 检 查
1	制动盘是否清洁干净	清洁到位		
2	摩擦片是否清洁干净	清洁到位		
3	是否按规定流程安装摩擦片	操作标准		
检查评价	班 级		第 组	组长签字	
	教师签字		日 期		
	评语:				

6. 更换盘式制动器摩擦片的评价单

学习情境十八	更换前轮制动片			
学时	0.1 学时			
典型工作过程描述	更换前轮制动片的准备工作—拆卸轮胎、制动钳、制动器摩擦片—检测制动器摩擦片、制动分泵—更换盘式制动器摩擦片—安装制动分泵、制动钳及轮胎—路试			
评价项目	评价子项目	学 生 自 评	组 内 评 价	教 师 评 价
作业流程完整性	作业流程是否完整			
作业流程规范性	作业流程是否规范			
最终结果				
评价的评价	班 级		第 组	组长签字	
	教师签字		日 期		
	评语:				

学习情境十八 更换前轮制动片

任务五 安装制动分泵、制动钳及轮胎

1. 安装制动分泵、制动钳及轮胎的资讯单

学习情境十八	更换前轮制动片
学时	0.1 学时
典型工作过程描述	更换前轮制动片的准备工作—拆卸轮胎、制动钳、制动器摩擦片—检测制动器摩擦片、制动分泵—更换盘式制动器摩擦片—安装制动分泵、制动钳及轮胎—路试
收集资讯的方式	线下图书与线上资源相结合。
资讯描述	1. 安装制动分泵的标准流程：＿＿＿＿＿＿＿＿＿＿＿＿＿＿＿＿＿＿＿＿＿。 2. 安装制动钳的标准流程：＿＿＿＿＿＿＿＿＿＿＿＿＿＿＿＿＿＿＿＿＿＿。 3. 安装轮胎的标准流程：＿＿＿＿＿＿＿＿＿＿＿＿＿＿＿＿＿＿＿＿＿＿＿。
对学生的要求	1. 掌握安装制动分泵、制动钳、轮胎的标准流程。 2. 能够养成 6S 规范作业习惯。
参考资料	检修汽车底盘系统课程配套微课

2. 安装制动分泵、制动钳及轮胎的计划单

学习情境十八	更换前轮制动片		
学时	0.1 学时		
典型工作过程描述	更换前轮制动片的准备工作—拆卸轮胎、制动钳、制动器摩擦片—检测制动器摩擦片、制动分泵—更换盘式制动器摩擦片—安装制动分泵、制动钳及轮胎—路试		
计划制订的方式	小组讨论。		
序 号	工 作 步 骤	注 意 事 项	
1	安装制动分泵的标准流程		
2	安装制动钳的标准流程		
3	安装轮胎的标准流程		
计划评价	班 级 第 组 组长签字 教师签字 日 期 评语：		

3. 安装制动分泵、制动钳及轮胎的决策单

学习情境十八	更换前轮制动片				
学时	0.1 学时				
典型工作过程描述	更换前轮制动片的准备工作—拆卸轮胎、制动钳、制动器摩擦片—检测制动器摩擦片、制动分泵—更换盘式制动器摩擦片—安装制动分泵、制动钳及轮胎—路试				
计 划 对 比					
序 号	计划的可行性	计划的经济性	计划的可操作性	计划的实施难度	综合评价
1					
2					
3					
4					
决策评价	班 级		第 组	组长签字	
	教师签字		日 期		
	评语:				

4. 安装制动分泵、制动钳及轮胎的实施单

学习情境十八	更换前轮制动片	
学时	0.2 学时	
典型工作过程描述	更换前轮制动片的准备工作—拆卸轮胎、制动钳、制动器摩擦片—检测制动器摩擦片、制动分泵—更换盘式制动器摩擦片—安装制动分泵、制动钳及轮胎—路试	
序 号	实 施 步 骤	注 意 事 项
1		
2		
3		
实施说明:		
实施评价	班 级		第 组	组长签字	
	教师签字		日 期		
	评语:				

学习情境十八　更换前轮制动片

5. 安装制动分泵、制动钳及轮胎的检查单

学习情境十八	更换前轮制动片			
学时	0.1学时			
典型工作过程描述	更换前轮制动片的准备工作—拆卸轮胎、制动钳、制动器摩擦片—检测制动器摩擦片、制动分泵—更换盘式制动器摩擦片—安装制动分泵、制动钳及轮胎—路试			
序　号	检查项目	检查标准	学生自查	教师检查
1	安装制动分泵	安装流程标准		
2	安装制动钳	安装流程标准		
3	安装轮胎	安装流程标准		
检查评价	班　级		第　组	组长签字	
	教师签字		日　期		
	评语：				

6. 安装制动分泵、制动钳及轮胎的评价单

学习情境十八	更换前轮制动片			
学时	0.1学时			
典型工作过程描述	更换前轮制动片的准备工作—拆卸轮胎、制动钳、制动器摩擦片—检测制动器摩擦片、制动分泵—更换盘式制动器摩擦片—安装制动分泵、制动钳及轮胎—路试			
评价项目	评价子项目	学生自评	组内评价	教师评价
作业流程完整性	作业流程是否完整			
作业流程规范性	作业流程是否规范			
最终结果				
评价的评价	班　级		第　组	组长签字	
	教师签字		日　期		
	评语：				

任务六 路 试

1. 路试的资讯单

学习情境十八	更换前轮制动片
学时	0.1 学时
典型工作过程描述	更换前轮制动片的准备工作—拆卸轮胎、制动钳、制动器摩擦片—检测制动器摩擦片、制动分泵—更换盘式制动器摩擦片—安装制动分泵、制动钳及轮胎—路试
收集资讯的方式	线下图书与线上资源相结合。
资讯描述	1. 换完刹车片后的注意事项：_____。 2. 换完刹车片后的路试流程：_____。
对学生的要求	1. 掌握换完刹车片后应注意的事项。 2. 了解换完刹车片后的路试流程。 3. 能够养成 6S 规范作业习惯。
参考资料	检修汽车底盘系统课程配套微课

2. 路试的计划单

学习情境十八	更换前轮制动片			
学时	0.05 学时			
典型工作过程描述	更换前轮制动片的准备工作—拆卸轮胎、制动钳、制动器摩擦片—检测制动器摩擦片、制动分泵—更换盘式制动器摩擦片—安装制动分泵、制动钳及轮胎—路试			
计划制订的方式	小组讨论。			
序 号	工 作 步 骤		注 意 事 项	
1	掌握换完刹车片后的注意事项			
2	换完刹车片后的路试流程			
计划评价	班 级		第 组	组长签字
	教师签字		日 期	
	评语：			

3. 路试的决策单

学习情境十八	更换前轮制动片				
学时	0.1 学时				
典型工作过程描述	更换前轮制动片的准备工作—拆卸轮胎、制动钳、制动器摩擦片—检测制动器摩擦片、制动分泵—更换盘式制动器摩擦片—安装制动分泵、制动钳及轮胎—路试				
计 划 对 比					
序 号	计划的可行性	计划的经济性	计划的操作性	计划的实施难度	综 合 评 价
1					
2					
3					
决策评价	班 级		第 组	组长签字	
	教师签字		日 期		
	评语：				

4. 路试的实施单

学习情境十八	更换前轮制动片	
学时	0.1 学时	
典型工作过程描述	更换前轮制动片的准备工作—拆卸轮胎、制动钳、制动器摩擦片—检测制动器摩擦片、制动分泵—更换盘式制动器摩擦片—安装制动分泵、制动钳及轮胎—路试	
序 号	实 施 步 骤	注 意 事 项
1		
2		
实施说明：		
实施评价	班 级		第 组	组长签字	
	教师签字		日 期		
	评语：				

5. 路试的检查单

学习情境十八	更换前轮制动片			
学时	0.1 学时			
典型工作过程描述	更换前轮制动片的准备工作—拆卸轮胎、制动钳、制动器摩擦片—检测制动器摩擦片、制动分泵—更换盘式制动器摩擦片—安装制动分泵、制动钳及轮胎—路试			
序号	检查项目	检查标准	学生自查	教师检查
1	掌握换完刹车片后的注意事项	描述完整		
2	换完刹车片后的路试流程	流程标准		
检查评价	班级		第 组	组长签字
	教师签字		日期	
	评语:			

6. 路试的评价单

学习情境十八	更换前轮制动片			
学时	0.05 学时			
典型工作过程描述	更换前轮制动片的准备工作—拆卸轮胎、制动钳、制动器摩擦片—检测制动器摩擦片、制动分泵—更换盘式制动器摩擦片—安装制动分泵、制动钳及轮胎—路试			
评价项目	评价子项目	学生自评	组内评价	教师评价
作业流程完整性	作业流程是否完整			
作业流程规范性	作业流程是否规范			
最终结果				
评价的评价	班级		第 组	组长签字
	教师签字		日期	
	评语:			

学习情境十九　更换后轮制动片

客户需求单

客户需求
客户的爱车在完全放松制动踏板以后，出现汽车的制动不能完全解除，仍具有相当强度制动力的现象，需要对故障进行检修。
操作内容
1. 检查导致汽车制动拖滞的原因。 　　2. 排除汽车拖滞故障。

学习性工作任务单

学习情境十九	更换后轮制动片
学时	6 学时
典型工作过程描述	更换后轮制动片的准备工作—拆卸制动鼓—拆卸回位弹簧、制动蹄—检查制动片、制动鼓及制动分泵—安装制动蹄、制动鼓及轮胎—路试
学习目标	任务一　更换后轮制动片的准备工作的学习目标 　　1. 了解鼓式制动器的作用。 　　2. 掌握鼓式制动器的分类、结构及工作原理。 　　3. 掌握拆检鼓式制动器的工具与设备。 任务二　拆卸制动鼓的学习目标 　　1. 熟悉拆卸制动鼓的步骤。 　　2. 能够按照标准流程正确拆卸制动鼓。 任务三　拆卸回位弹簧、制动蹄的学习目标 　　1. 熟悉回位弹簧、制动蹄的拆卸步骤。 　　2. 能够按照标准流程正确拆卸回位弹簧、制动蹄。 任务四　检查制动片、制动鼓及制动分泵的学习目标 　　1. 能够按照要求检查制动片磨损情况。 　　2. 能够按照要求检查制动鼓磨损情况。 　　3. 能够按照要求检查制动分泵是否漏油，制动缸皮套是否破裂、脏污。 任务五　安装制动蹄、制动鼓及轮胎的学习目标 　　1. 能够按照标准流程正确安装制动蹄。 　　2. 能够按照标准流程正确安装制动鼓。 　　3. 能够按照标准流程正确安装轮胎。 任务六　路试的学习目标 　　能够根据要求检查车辆制动效果。

任务描述	使用专用工具，按标准流程拆装轮胎、制动鼓及制动器摩擦片，并对制动器摩擦片、制动鼓、制动分泵进行检查、检测					
学时安排	资讯 0.6学时	计划 0.55学时	决策 0.6学时	实施 3.2学时	检查 0.6学时	评价 0.45学时
对学生的要求	1. 掌握鼓式制动器的作用、分类、结构及工作原理。 2. 能够按照标准流程对汽车后制动器进行拆装。 3. 能够正确使用测量工具并按照标准流程拆装轮胎、制动鼓、制动器摩擦片。 4. 能够使用正确的方法检查制动片、制动鼓及制动分泵。 5. 能够养成6S规范作业习惯。 6. 能够加强学生垃圾分类意识，养成垃圾分类的好习惯。 7. 能够养成团队意识、工匠精神、职业精神。					
参考资料	检修汽车底盘系统课程配套微课					

材料工具清单

学习情境十九	更换后轮制动片					
学时	6学时					
典型工作过程描述	更换后轮制动片的准备工作—拆卸制动鼓—拆卸回位弹簧、制动蹄—检查制动片、制动鼓及制动分泵—安装制动蹄、制动鼓及轮胎—路试					
序 号	名 称	作 用	数 量	型 号	使 用 量	使 用 者
1	世达150工具		1			
2	外径千分尺、钢板尺	测量摩擦片、制动盘厚度	1			
3	防护五件套	保持车内清洁	1			
4	吹尘枪					
5	车辆防护罩		1			
6	车轮挡块		1			
7	制动分泵复位器	回位刹车分泵	1			
班 级		第 组	组长签字			
教师签字		日 期				

任务一　更换后轮制动片的准备工作

1. 更换后轮制动片的准备工作的资讯单

学习情境十九	更换后轮制动片
学时	0.1学时
典型工作过程描述	更换后轮制动片的准备工作—拆卸制动鼓—拆卸回位弹簧、制动蹄—检查制动片、制动鼓及制动分泵—安装制动蹄、制动鼓及轮胎—路试

学习情境十九　更换后轮制动片

收集资讯的方式	线下图书与线上资源相结合。
资讯描述	1. 鼓式制动器也叫_____，是靠_____实现刹车的。 2. 鼓式制动器可分为_____和_____两种。 3. 鼓式制动器的工作原理：_____。
对学生的要求	1. 了解鼓式制动器的作用。 2. 掌握鼓式制动器的分类、结构及工作原理。 3. 掌握拆检鼓式制动器使用的工具、设备。 4. 熟悉正确操作举升机的资料。 5. 能够养成 6S 规范作业习惯。 6. 能够养成团队意识、工匠精神、职业精神。
参考资料	检修汽车底盘系统课程配套微课

2. 更换后轮制动片的准备工作的计划单

学习情境十九	更换后轮制动片		
学时	0.05 学时		
典型工作过程描述	更换后轮制动片的准备工作—拆卸制动鼓—拆卸回位弹簧、制动蹄—检查制动片、制动鼓及制动分泵—安装制动蹄、制动鼓及轮胎—路试		
计划制订的方式	小组讨论。		
序　号	工　作　步　骤	注　意　事　项	
1	概括学习更换后轮制动器应掌握的理论知识	概括全面	
2	学习更换后轮制动片的方法	描述清楚	
3	准备拆检工具与设备		
计划评价	班　级　　　　　　第　　组　　组长签字		
	教师签字　　　　　　日　期		
	评语：		

3. 更换后轮制动片的准备工作的决策单

学习情境十九	更换后轮制动片				
学时	0.1学时				
典型工作过程描述	更换后轮制动片的准备工作—拆卸制动鼓—拆卸回位弹簧、制动蹄—检查制动片、制动鼓及制动分泵—安装制动蹄、制动鼓及轮胎—路试				
计 划 对 比					
序 号	计划的可行性	计划的经济性	计划的可操作性	计划的实施难度	综 合 评 价
1					
2					
3					
决策评价	班 级:		第 组	组长签字	
	教师签字		日 期		
	评语:				

4. 更换后轮制动片的准备工作的实施单

学习情境十九	更换后轮制动片	
学时	0.1学时	
典型工作过程描述	更换后轮制动片的准备工作—拆卸制动鼓—拆卸回位弹簧、制动蹄—检查制动片、制动鼓及制动分泵—安装制动蹄、制动鼓及轮胎—路试	
序 号	实 施 步 骤	注 意 事 项
1		
2		
3		
实施说明:		
实施评价	班 级:	第 组 组长签字
	教师签字	日 期
	评语:	

5. 更换后轮制动片的准备工作的检查单

学习情境十九	更换后轮制动片			
学时	0.1 学时			
典型工作过程描述	更换后轮制动片的准备工作—拆卸制动鼓—拆卸回位弹簧、制动蹄—检查制动片、制动鼓及制动分泵—安装制动蹄、制动鼓及轮胎—路试			
序 号	检查项目	检查标准	学生自查	教师检查
1	概括学习更换后轮制动器应掌握的理论知识	概括全面		
2	更换后轮制动片的方法	按标准流程描述清楚		
3	准备工具与设备	工具准备齐全		
检查评价	班　级		第　　组	组长签字
	教师签字		日　　期	
	评语：			

6. 更换后轮制动片的准备工作的评价单

学习情境十九	更换后轮制动片			
学时	0.05 学时			
典型工作过程描述	更换后轮制动片的准备工作—拆卸制动鼓—拆卸回位弹簧、制动蹄—检查制动片、制动鼓及制动分泵—安装制动蹄、制动鼓及轮胎—路试			
评价项目	评价子项目	学生自评	组内评价	教师评价
概括学习更换后轮制动器应掌握的理论知识	概括全面			
更换后轮制动片的方法	描述清楚			
准备工具与设备	准备齐全			
最终结果				
评价的评价	班　级		第　　组	组长签字
	教师签字		日　　期	
	评语：			

检修汽车底盘系统

任务二 拆卸制动鼓

1. 拆卸制动鼓的资讯单

学习情境十九	更换后轮制动片
学时	0.1 学时
典型工作过程描述	更换后轮制动片的准备工作—拆卸制动鼓—拆卸回位弹簧、制动蹄—检查制动片、制动鼓及制动分泵—安装制动蹄、制动鼓及轮胎—路试
收集资讯的方式	线下图书与线上资源相结合。
资讯描述	1. 拆卸轮胎的步骤：_____。 2. 拆卸制动鼓的步骤：_____。
对学生的要求	1. 能按标准流程正确拆卸制动鼓。 2. 能够养成 6S 规范作业习惯。 3. 能够养成团队意识、工匠精神、职业精神。
参考资料	检修汽车底盘系统课程配套微课

2. 拆卸制动鼓的计划单

学习情境十九	更换后轮制动片		
学时	0.05 学时		
典型工作过程描述	更换后轮制动片的准备工作—拆卸制动鼓—拆卸回位弹簧、制动蹄—检查制动片、制动鼓及制动分泵—安装制动蹄、制动鼓及轮胎—路试		
计划制订的方式	小组讨论。		
序 号	工 作 步 骤	注 意 事 项	
1	检查准备拆装工具、量具，查阅技术手册，了解拆装顺序		
2	拆装轮胎螺栓，拆卸轮胎螺栓及轮胎		
3	拆装碗形塞、凿开螺母锁止装置		
4	拆装六角凸缘螺母		
5	拆装垫圈和制动鼓，拆卸制动鼓之前先使用橡胶榔头敲击制动鼓，然后再取下		
计划评价	班 级		第 组	组长签字	
	教师签字		日 期		
	评语：				

3. 拆卸制动鼓的决策单

学习情境十九	更换后轮制动片				
学时	0.1 学时				
典型工作过程描述	更换后轮制动片的准备工作—拆卸制动鼓—拆卸回位弹簧、制动蹄—检查制动片、制动鼓及制动分泵—安装制动蹄、制动鼓及轮胎—路试				
计 划 对 比					
序 号	计划的可行性	计划的经济性	计划的可操作性	计划的实施难度	综 合 评 价
1					
2					
3					
决策评价	班 级		第 组	组长签字	
	教师签字		日 期		
	评语：				

4. 拆卸制动鼓的实施单

学习情境十九	更换后轮制动片	
学时	0.4 学时	
典型工作过程描述	更换后轮制动片的准备工作—拆卸制动鼓—拆卸回位弹簧、制动蹄—检查制动片、制动鼓及制动分泵—安装制动蹄、制动鼓及轮胎—路试	
序 号	实 施 步 骤	注 意 事 项
1		
2		
3		
4		
5		
实施说明：		
实施评价	班 级	第 组	组长签字	
	教师签字	日 期		
	评语：			

5. 拆卸制动鼓的检查单

学习情境十九	更换后轮制动片			
学时	0.1 学时			
典型工作过程描述	更换后轮制动片的准备工作—拆卸制动鼓—拆卸回位弹簧、制动蹄—检查制动片、制动鼓及制动分泵—安装制动蹄、制动鼓及轮胎—路试			
序号	检查项目	检查标准	学生自查	教师检查
1	检查准备拆装工具、量具，查阅技术手册，了解拆装顺序	工具准备齐全		
2	拆装轮胎螺栓，拆卸轮胎螺栓及轮胎	按标准流程拆卸		
3	拆装垫圈和制动鼓	按标准流程拆卸		
检查评价	班级		第 组	组长签字
	教师签字		日 期	
	评语：			

6. 拆卸制动鼓的评价单

学习情境十九	更换后轮制动片			
学时	0.05 学时			
典型工作过程描述	更换后轮制动片的准备工作—拆卸制动鼓—拆卸回位弹簧、制动蹄—检查制动片、制动鼓及制动分泵—安装制动蹄、制动鼓及轮胎—路试			
评价项目	评价子项目	学生自评	组内评价	教师评价
作业流程完整性	作业流程是否完整			
作业流程规范性	作业流程是否规范			
6S 管理	是否做到 6S 管理			
最终结果				
评价的评价	班级		第 组	组长签字
	教师签字		日 期	
	评语：			

学习情境十九　更换后轮制动片

任务三　拆卸回位弹簧、制动蹄

1. 拆卸回位弹簧、制动蹄的资讯单

学习情境十九	更换后轮制动片
学时	0.1 学时
典型工作过程描述	更换后轮制动片的准备工作—拆卸制动鼓—拆卸回位弹簧、制动蹄—检查制动片、制动鼓及制动分泵—安装制动蹄、制动鼓及轮胎—路试
收集资讯的方式	线下图书与线上资源相结合。
资讯描述	1. 简述拆卸回位弹簧的步骤：_____。 2. 简述拆卸制动蹄的步骤：_____。
对学生的要求	1. 按照要求正确拆卸回位弹簧。 2. 按照要求正确拆卸制动蹄。
参考资料	检修汽车底盘系统课程配套微课

2. 拆卸回位弹簧、制动蹄的计划单

学习情境十九	更换后轮制动片		
学时	0.2 学时		
典型工作过程描述	更换后轮制动片的准备工作—拆卸制动鼓—拆卸回位弹簧、制动蹄—检查制动片、制动鼓及制动分泵—安装制动蹄、制动鼓及轮胎—路试		
计划制订的方式	小组讨论。		
序　号	工　作　步　骤	注　意　事　项	
1	拆卸回位弹簧		
2	拆卸制动蹄		
计划评价	班　级： 　　　　　　　第　　组　　组长签字： 教师签字： 　　　　　　　日　期： 评语：		

3. 拆卸回位弹簧、制动蹄的决策单

学习情境十九	更换后轮制动片				
学时	0.1学时				
典型工作过程描述	更换后轮制动片的准备工作—拆卸制动鼓—拆卸回位弹簧、制动蹄—检查制动片、制动鼓及制动分泵—安装制动蹄、制动鼓及轮胎—路试				
计 划 对 比					
序 号	计划的可行性	计划的经济性	计划的可操作性	计划的实施难度	综 合 评 价
1					
2					
3					
决策评价	班 级		第 组	组长签字	
	教师签字		日 期		
	评语：				

4. 拆卸回位弹簧、制动蹄的实施单

学习情境十九	更换后轮制动片	
学时	1.4学时	
典型工作过程描述	更换后轮制动片的准备工作—拆卸制动鼓—拆卸回位弹簧、制动蹄—检查制动片、制动鼓及制动分泵—安装制动蹄、制动鼓及轮胎—路试	
序 号	实 施 步 骤	注 意 事 项
1		
2		
实施说明：		
实施评价	班 级		第 组	组长签字	
	教师签字		日 期		
	评语：				

370

5. 拆卸回位弹簧、制动蹄的检查单

学习情境十九	更换后轮制动片			
学时	0.1学时			
典型工作过程描述	更换后轮制动片的准备工作—拆卸制动鼓—拆卸回位弹簧、制动蹄—检查制动片、制动鼓及制动分泵—安装制动蹄、制动鼓及轮胎—路试			
序　号	检 查 项 目	检 查 标 准	学 生 自 查	教 师 检 查
1	拆卸回位弹簧	按标准流程拆卸		
2	拆卸制动蹄	按标准流程拆卸		
检查评价	班　级		第　　组	组长签字
	教师签字		日　　期	
	评语：			

6. 拆卸回位弹簧、制动蹄的评价单

学习情境十九	更换后轮制动片			
学时	0.1学时			
典型工作过程描述	更换后轮制动片的准备工作—拆卸制动鼓—拆卸回位弹簧、制动蹄—检查制动片、制动鼓及制动分泵—安装制动蹄、制动鼓及轮胎—路试			
评价项目	评价子项目	学 生 自 评	组 内 评 价	教 师 评 价
作业流程完整性	作业流程是否完整			
作业流程规范性	作业流程是否规范			
最终结果				
评价的评价	班　级		第　　组	组长签字
	教师签字		日　　期	
	评语：			

任务四　检查制动片、制动鼓及制动分泵

1. 检查制动片、制动鼓及制动分泵的资讯单

学习情境十九	更换后轮制动片
学时	0.1 学时
典型工作过程描述	更换后轮制动片的准备工作—拆卸制动鼓—拆卸回位弹簧、制动蹄—检查制动片、制动鼓及制动分泵—安装制动蹄、制动鼓及轮胎—路试
收集资讯的方式	线下图书与线上资源相结合。
资讯描述	1. 简述检查制动片的方法：＿＿＿＿＿＿＿＿＿＿＿＿＿＿＿＿＿＿＿＿。 2. 简述检查制动鼓方法：＿＿＿＿＿＿＿＿＿＿＿＿＿＿＿＿＿＿＿＿。 3. 简述检查制动分泵方法：＿＿＿＿＿＿＿＿＿＿＿＿＿＿＿＿＿＿。
对学生的要求	1. 按要求检查制动片、制动鼓和制动分泵。 2. 按规定流程安装鼓式制动器摩擦片。 3. 能够养成 6S 规范作业习惯。
参考资料	检修汽车底盘系统课程配套微课

2. 检查制动片、制动鼓及制动分泵的计划单

学习情境十九	更换后轮制动片		
学时	0.1 学时		
典型工作过程描述	更换后轮制动片的准备工作—拆卸制动鼓—拆卸回位弹簧、制动蹄—检查制动片、制动鼓及制动分泵—安装制动蹄、制动鼓及轮胎—路试		
计划制订的方式	小组讨论。		
序　号	工　作　步　骤	注　意　事　项	
1	按要求检查制动片		
2	按要求检查制动鼓		
3	按规定检查制动分泵		
计划评价	班　级　　　　　　　　　第　组　　　组长签字		
	教师签字　　　　　　　　日　期		
	评语：		

学习情境十九 更换后轮制动片

3. 检查制动片、制动鼓及制动分泵的决策单

学习情境十九	更换后轮制动片				
学时	0.1 学时				
典型工作过程描述	更换后轮制动片的准备工作—拆卸制动鼓—拆卸回位弹簧、制动蹄—检查制动片、制动鼓及制动分泵—安装制动蹄、制动鼓及轮胎—路试				
计 划 对 比					
序 号	计划的可行性	计划的经济性	计划的可操作性	计划的实施难度	综 合 评 价
1					
2					
3					
决策评价	班　级		第　　组		组长签字	
	教师签字		日　　期			
	评语：					

4. 检查制动片、制动鼓及制动分泵的实施单

学习情境十九	更换后轮制动片	
学时	1 学时	
典型工作过程描述	更换后轮制动片的准备工作—拆卸制动鼓—拆卸回位弹簧、制动蹄—检查制动片、制动鼓及制动分泵—安装制动蹄、制动鼓及轮胎—路试	
序　号	实 施 步 骤	注 意 事 项
1		
2		
3		

实施说明：

实施评价	班　级		第　　组		组长签字	
	教师签字		日　　期			
	评语：					

5. 检查制动片、制动鼓及制动分泵的检查单

学习情境十九	更换后轮制动片			
学时	0.1学时			
典型工作过程描述	更换后轮制动片的准备工作—拆卸制动鼓—拆卸回位弹簧、制动蹄—检查制动片、制动鼓及制动分泵—安装制动蹄、制动鼓及轮胎—路试			
序号	检查项目	检查标准	学生自查	教师检查
1	制动盘是否清洁干净	清洁到位		
2	摩擦片是否清洁干净	清洁到位		
3	是否按规定流程安装摩擦片	操作标准		
检查评价	班级： 　　　　第　　组　　组长签字： 教师签字： 　　　　日　期： 评语：			

6. 检查制动片、制动鼓及制动分泵的评价单

学习情境十九	更换后轮制动片			
学时	0.1学时			
典型工作过程描述	更换后轮制动片的准备工作—拆卸制动鼓—拆卸回位弹簧、制动蹄—检查制动片、制动鼓及制动分泵—安装制动蹄、制动鼓及轮胎—路试			
评价项目	评价子项目	学生自评	组内评价	教师评价
作业流程完整性	作业流程是否完整			
作业流程规范性	作业流程是否规范			
最终结果				
评价的评价	班级： 　　　　第　　组　　组长签字： 教师签字： 　　　　日　期： 评语：			

学习情境十九　更换后轮制动片

任务五　安装制动蹄、制动鼓及轮胎

1. 安装制动蹄、制动鼓及轮胎的资讯单

学习情境十九	更换后轮制动片
学时	0.1 学时
典型工作过程描述	更换后轮制动片的准备工作—拆卸制动鼓—拆卸回位弹簧、制动蹄—检查制动片、制动鼓及制动分泵—安装制动蹄、制动鼓及轮胎—路试
收集资讯的方式	线下图书与线上资源相结合。
资讯描述	1. 简述安装制动鼓的标准流程：_____。 2. 简述安装制动蹄的标准流程：_____。 3. 简述安装轮胎的标准流程：_____。
对学生的要求	1. 掌握安装制动鼓、制动蹄、轮胎的标准流程。 2. 能够养成 6S 规范作业习惯。
参考资料	检修汽车底盘系统课程配套微课

2. 安装制动蹄、制动鼓及轮胎的计划单

学习情境十九	更换后轮制动片		
学时	0.1 学时		
典型工作过程描述	更换后轮制动片的准备工作—拆卸制动鼓—拆卸回位弹簧、制动蹄—检查制动片、制动鼓及制动分泵—安装制动蹄、制动鼓及轮胎—路试		
计划制订的方式	小组讨论。		
序 号	工 作 步 骤	注 意 事 项	
1	安装制动蹄的标准流程		
2	安装制动鼓的标准流程		
3	安装轮胎的标准流程		
计划评价	班　级　　　　　　　　　　　第　　组　　　组长签字 教师签字　　　　　　　　　　日　　期 评语：		

3. 安装制动蹄、制动鼓及轮胎的决策单

学习情境十九	更换后轮制动片				
学时	0.1 学时				
典型工作过程描述	更换后轮制动片的准备工作—拆卸制动鼓—拆卸回位弹簧、制动蹄—检查制动片、制动鼓及制动分泵—安装制动蹄、制动鼓及轮胎—路试				
计 划 对 比					
序 号	计划的可行性	计划的经济性	计划的可操作性	计划的实施难度	综 合 评 价
1					
2					
3					
4					
决策评价	班　级		第　　组	组长签字	
	教师签字		日　　期		
	评语：				

4. 安装制动蹄、制动鼓及轮胎的实施单

学习情境十九	更换后轮制动片	
学时	0.2 学时	
典型工作过程描述	更换后轮制动片的准备工作—拆卸制动鼓—拆卸回位弹簧、制动蹄—检查制动片、制动鼓及制动分泵—安装制动蹄、制动鼓及轮胎—路试	
序　号	实 施 步 骤	注 意 事 项
1		
2		
3		

实施说明：

实施评价	班　级		第　　组	组长签字	
	教师签字		日　　期		
	评语：				

5. 安装制动蹄、制动鼓及轮胎的检查单

学习情境十九	更换后轮制动片			
学时	0.1学时			
典型工作过程描述	更换后轮制动片的准备工作—拆卸制动鼓—拆卸回位弹簧、制动蹄—检查制动片、制动鼓及制动分泵—安装制动蹄、制动鼓及轮胎—路试			
序 号	检 查 项 目	检 查 标 准	学 生 自 查	教 师 检 查
1	安装制动蹄	安装流程标准		
2	安装制动鼓	安装流程标准		
3	安装轮胎	安装流程标准		
检查评价	班　级		第　　组	组长签字
	教师签字		日　期	
	评语：			

6. 安装制动蹄、制动鼓及轮胎的评价单

学习情境十九	更换后轮制动片			
学时	0.1学时			
典型工作过程描述	更换后轮制动片的准备工作—拆卸制动鼓—拆卸回位弹簧、制动蹄—检查制动片、制动鼓及制动分泵—安装制动蹄、制动鼓及轮胎—路试			
评价项目	评价子项目	学 生 自 评	组 内 评 价	教 师 评 价
作业流程完整性	作业流程是否完整			
作业流程规范性	作业流程是否规范			
最终结果				
评价的评价	班　级		第　　组	组长签字
	教师签字		日　期	
	评语：			

任务六 路 试

1. 路试的资讯单

学习情境十九	更换后轮制动片
学时	0.1 学时
典型工作过程描述	更换后轮制动片的准备工作—拆卸制动鼓—拆卸回位弹簧、制动蹄—检查制动片、制动鼓及制动分泵—安装制动蹄、制动鼓及轮胎—路试
收集资讯的方式	线下图书与线上资源相结合。
资讯描述	1. 简述换完刹车片后的注意事项：_____。 2. 简述换完刹车片后的路试流程：_____。
对学生的要求	1. 掌握换完刹车片后的注意事项。 2. 掌握换完刹车片后的路试流程。 3. 能够养成 6S 规范作业习惯。
参考资料	检修汽车底盘系统课程配套微课

2. 路试的计划单

学习情境十九	更换后轮制动片		
学时	0.05 学时		
典型工作过程描述	更换后轮制动片的准备工作—拆卸制动鼓—拆卸回位弹簧、制动蹄—检查制动片、制动鼓及制动分泵—安装制动蹄、制动鼓及轮胎—路试		
计划制订的方式	小组讨论。		
序 号	工 作 步 骤	注 意 事 项	
1	掌握换完刹车片后的注意事项		
2	换完刹车片后的路试流程		
计划评价	班 级： 第 组 组长签字： 教师签字： 日 期： 评语：		

学习情境十九　更换后轮制动片

3. 路试的决策单

学习情境十九	更换后轮制动片				
学时	0.1学时				
典型工作过程描述	更换后轮制动片的准备工作—拆卸制动鼓—拆卸回位弹簧、制动蹄—检查制动片、制动鼓及制动分泵—安装制动蹄、制动鼓及轮胎—路试				
计 划 对 比					
序　号	计划的可行性	计划的经济性	计划的可操作性	计划的实施难度	综 合 评 价
1					
2					
决策评价	班　级：		第　组	组长签字	
	教师签字		日　期		
	评语：				

4. 路试的实施单

学习情境十九	更换后轮制动片	
学时	0.1学时	
典型工作过程描述	更换后轮制动片的准备工作—拆卸制动鼓—拆卸回位弹簧、制动蹄—检查制动片、制动鼓及制动分泵—安装制动蹄、制动鼓及轮胎—路试	
序　号	实 施 步 骤	注 意 事 项
1		
2		
实施说明：		
实施评价	班　级		第　组	组长签字	
	教师签字		日　期	
	评语：			

5. 路试的检查单

学习情境十九	更换后轮制动片			
学时	0.1学时			
典型工作过程描述	更换后轮制动片的准备工作—拆卸制动鼓—拆卸回位弹簧、制动蹄—检查制动片、制动鼓及制动分泵—安装制动蹄、制动鼓及轮胎—路试			
序 号	检查项目	检查标准	学生自查	教师检查
1	掌握换完刹车片后的注意事项	描述完整		
2	换完刹车片后的路试流程	流程标准		
检查评价	班 级		第 组	组长签字
	教师签字		日 期	
	评语:			

6. 路试的评价单

学习情境十九	更换后轮制动片			
学时	0.05学时			
典型工作过程描述	更换后轮制动片的准备工作—拆卸制动鼓—拆卸回位弹簧、制动蹄—检查制动片、制动鼓及制动分泵—安装制动蹄、制动鼓及轮胎—路试			
评价项目	评价子项目	学生自评	组内评价	教师评价
作业流程完整性	作业流程是否完整			
作业流程规范性	作业流程是否规范			
最终结果				
评价的评价	班 级		第 组	组长签字
	教师签字		日 期	
	评语:			

学习情境二十　检测制动盘

客户需求单

客户需求
一辆迈腾 B7 轿车的行驶里程数已达到 10 万公里，需要对该车进行 10 万公里的保养。
操作内容
1. 检查导致制动盘异常磨损的原因。 2. 检测制动盘。

学习性工作任务单

学习情境二十	检测制动盘				
学时	6 学时				
典型工作过程描述	检测制动盘的准备工作—拆卸制动分泵—检测制动盘厚度—检测制动盘圆跳动—安装制动分泵				
学习目标	任务一　检测制动盘的准备工作的学习目标 　1. 了解制动盘的结构、分类。 　2. 掌握检测制动盘的目的。 　3. 掌握拆检制动分泵的工具与设备。 任务二　拆卸制动分泵的学习目标 　1. 能够按照标准流程正确拆卸制动分泵。 　2. 掌握拆卸制动分泵的注意事项。 任务三　检测制动盘厚度的学习目标 　1. 学习检测制动盘厚度的目的。 　2. 学习检测制动盘厚度的方法。 任务四　检测制动盘圆跳动的学习目标 　1. 检测制动盘圆跳动的目的。 　2. 检测制动盘圆跳动的方法。 任务五　安装制动分泵的学习目标 　1. 能够按照标准流程正确安装制动分泵。 　2. 掌握安装制动分泵的注意事项。				
任务描述	使用专用工具，按标准流程拆装制动分泵，并对制动盘的厚度和圆跳动进行检查、检测				
学时安排	资讯 0.5 学时	计划 0.7 学时	决策 0.5 学时	实施 3.3 学时	检查 0.5 学时	评价 0.5 学时
对学生的要求	1. 了解制动盘的结构、分类。 2. 掌握检测制动盘的目的及注意事项。 3. 能够按照标准流程对汽车制动盘进行拆装。				

对学生的要求	4. 能够正确使用测量工具检测制动盘厚度和圆跳动。 5. 能够养成 6S 规范作业习惯。 6. 能够养成团队意识、工匠精神、职业精神。
参考资料	检修汽车底盘系统课程配套微课

材料工具清单

学习情境二十	检测制动盘					
学时	6 学时					
典型工作过程描述	检测制动盘的准备工作—拆卸制动分泵—检测制动盘厚度—检测制动盘圆跳动—安装制动分泵					
序号	名称	作用	数量	型号	使用量	使用者
1	世达工具		1			
2	外径千分尺、钢板尺		1			
3	车内防护五件套		1			
4	百分表		1			
5	防护罩、车轮挡块		1			
6	粗砂纸、抹布		1			
班级		第 组	组长签字			
教师签字		日期				

任务一 检测制动盘的准备工作

1. 检测制动盘的准备工作的资讯单

学习情境二十	检测制动盘
学时	0.1 学时
典型工作过程描述	检测制动盘的准备工作—拆卸制动分泵—检测制动盘厚度—检测制动盘圆跳动—安装制动分泵
收集资讯的方式	线下图书与线上资源相结合。
资讯描述	1. 检测制动盘的方法：_____。 2. 检测制动盘的目的：_____。
对学生的要求	1. 了解制动盘的结构、分类。 2. 掌握检测制动盘的目的。 3. 掌握拆检盘式制动分泵使用的工具、设备。 4. 熟悉正确操作举升机的资料。 5. 能够养成 6S 规范作业习惯。 6. 能够养成团队意识、工匠精神、职业精神。
参考资料	检修汽车底盘系统课程配套微课

学习情境二十 检测制动盘

2. 检测制动盘的准备工作的计划单

学习情境二十	检测制动盘		
学时	0.1 学时		
典型工作过程描述	检测制动盘的准备工作—拆卸制动分泵—检测制动盘厚度—检测制动盘圆跳动—安装制动分泵		
计划制订的方式	小组讨论。		
序 号	工 作 步 骤	注 意 事 项	
1	概括学习制动盘的结构、分类及检测制动盘的目的的理论知识	概括全面	
2	学习检测制动盘的方法	描述清楚	
3	准备拆检工具与设备		
计划评价	班 级	第 组	组长签字
	教师签字	日 期	
	评语:		

3. 检测制动盘的准备工作的决策单

学习情境二十	检测制动盘				
学时	0.1 学时				
典型工作过程描述	检测制动盘的准备工作—拆卸制动分泵—检测制动盘厚度—检测制动盘圆跳动—安装制动分泵				
计 划 对 比					
序 号	计划的可行性	计划的经济性	计划的可操作性	计划的实施难度	综 合 评 价
1					
2					
3					
决策评价	班 级		第 组	组长签字	
	教师签字		日 期		
	评语:				

4. 检测制动盘的准备工作的实施单

学习情境二十	检测制动盘		
学时	0.1 学时		
典型工作过程描述	检测制动盘的准备工作—拆卸制动分泵—检测制动盘厚度—检测制动盘圆跳动—安装制动分泵		
序 号	实 施 步 骤		注 意 事 项
1			
2			
3			
实施说明:			
实施评价	班 级	第 组	组长签字
	教师签字	日 期	
	评语:		

5. 检测制动盘的准备工作的检查单

学习情境二十	检测制动盘			
学时	0.1 学时			
典型工作过程描述	检测制动盘的准备工作—拆卸制动分泵—检测制动盘厚度—检测制动盘圆跳动—安装制动分泵			
序 号	检查项目	检查标准	学生自查	教师检查
1	概括学习检测制动盘应掌握的理论知识	概括全面		
2	检测制动盘的方法	按标准流程描述清楚		
3	准备工具与设备	工具准备齐全		
检查评价	班 级		第 组	组长签字
	教师签字		日期	
	评语:			

6. 检测制动盘的准备工作的评价单

学习情境二十	检测制动盘			
学时	0.1 学时			
典型工作过程描述	检测制动盘的准备工作—拆卸制动分泵—检测制动盘厚度—检测制动盘圆跳动—安装制动分泵			
评价项目	评价子项目	学生自评	组内评价	教师评价
概括检测制动盘应掌握的理论知识	概括全面			
检测制动盘的方法	描述清楚			
准备工具与设备	准备齐全			
最终结果				
评价的评价	班　级		第　　组	组长签字
	教师签字		日　期	
	评语：			

任务二　拆卸制动分泵

1. 拆卸制动分泵的资讯单

学习情境二十	检测制动盘
学时	0.1 学时
典型工作过程描述	检测制动盘的准备工作—拆卸制动分泵—检测制动盘厚度—检测制动盘圆跳动—安装制动分泵
收集资讯的方式	线下图书与线上资源相结合。
资讯描述	1. 拆卸制动分泵的步骤：_____。 2. 拆卸制动分泵的注意事项：_____。
对学生的要求	1. 能按标准流程正确拆卸制动分泵。 2. 能按照要求掌握拆卸制动分泵的注意事项。 3. 能够养成 6S 规范作业习惯。 4. 能够养成团队意识、工匠精神、职业精神。
参考资料	检修汽车底盘系统课程配套微课

2. 拆卸制动分泵的计划单

学习情境二十	检测制动盘		
学时	0.1 学时		
典型工作过程描述	检测制动盘的准备工作—拆卸制动分泵—检测制动盘厚度—检测制动盘圆跳动—安装制动分泵		
计划制订的方式	小组讨论。		
序 号	工 作 步 骤	注 意 事 项	
1	拆卸轮胎、制动鼓	根据标准流程拆卸	
2	拆卸制动分泵	根据标准流程拆卸	
3	准备拆检工具与设备	准备齐全	
计划评价	班　级： 　　　　第　组　　组长签字：		
	教师签字： 　　　　日　期：		
	评语：		

3. 拆卸制动分泵的决策单

学习情境二十	检测制动盘				
学时	0.1 学时				
典型工作过程描述	检测制动盘的准备工作—拆卸制动分泵—检测制动盘厚度—检测制动盘圆跳动—安装制动分泵				
计 划 对 比					
序 号	计划的可行性	计划的经济性	计划的可操作性	计划的实施难度	综 合 评 价
1					
2					
3					
决策评价	班　级： 　　　　第　组　　组长签字：				
	教师签字： 　　　　日　期：				
	评语：				

4. 拆卸制动分泵的实施单

学习情境二十	检测制动盘		
学时	0.4 学时		
典型工作过程描述	检测制动盘的准备工作—拆卸制动分泵—检测制动盘厚度—检测制动盘圆跳动—安装制动分泵		
序 号	实 施 步 骤		注 意 事 项
1			
2			
3			
实施说明：			
实施评价	班 级	第 组	组长签字
	教师签字	日 期	
	评语：		

5. 拆卸制动分泵的检查单

学习情境二十	检测制动盘			
学时	0.1 学时			
典型工作过程描述	检测制动盘的准备工作—拆卸制动分泵—检测制动盘厚度—检测制动盘圆跳动—安装制动分泵			
序 号	检 查 项 目	检 查 标 准	学 生 自 查	教 师 检 查
1	拆卸轮胎、制动鼓	按标准流程拆卸		
2	拆卸制动分泵	按标准流程拆卸		
检查评价	班 级		第 组	组长签字
	教师签字		日 期	
	评语：			

6. 拆卸制动分泵的评价单

学习情境二十	检测制动盘			
学时	0.1 学时			
典型工作过程描述	检测制动盘的准备工作—拆卸制动分泵—检测制动盘厚度—检测制动盘圆跳动—安装制动分泵			
评价项目	评价子项目	学生自评	组内评价	教师评价
作业流程完整性	作业流程是否完整			
作业流程规范性	作业流程是否规范			
6S 管理	是否做到 6S 管理			
最终结果				
评价的评价	班　级		第　　组	组长签字
	教师签字		日　期	
	评语:			

任务三　检测制动盘厚度

1. 检测制动盘厚度的资讯单

学习情境二十	检测制动盘
学时	0.1 学时
典型工作过程描述	检测制动盘的准备工作—拆卸制动分泵—检测制动盘厚度—检测制动盘圆跳动—安装制动分泵
收集资讯的方式	线下图书与线上资源相结合。
资讯描述	1. 检测制动盘的目的：_____。 2. 检测制动盘厚度的步骤：_____。
对学生的要求	1. 掌握检测制动盘的目的。 2. 能按照要求正确检测制动盘厚度。
参考资料	检修汽车底盘系统课程配套微课

学习情境二十 检测制动盘

2. 检测制动盘厚度的计划单

学习情境二十	检测制动盘				
学时	0.2 学时				
典型工作过程描述	检测制动盘的准备工作—拆卸制动分泵—检测制动盘厚度—检测制动盘圆跳动—安装制动分泵				
计划制订的方式	小组讨论。				
序 号	工 作 步 骤		注 意 事 项		
1	清洁制动盘				
2	清洁、校准千分尺				
3	测量制动盘的厚度				
4	查阅维修手册,确定是否更换制动盘				
计划评价	班 级		第 组	组长签字	
	教师签字		日 期		
	评语:				

3. 检测制动盘厚度的决策单

学习情境二十	检测制动盘				
学时	0.1 学时				
典型工作过程描述	检测制动盘的准备工作—拆卸制动分泵—检测制动盘厚度—检测制动盘圆跳动—安装制动分泵				
计 划 对 比					
序 号	计划的可行性	计划的经济性	计划的可操作性	计划的实施难度	综 合 评 价
1					
2					
3					
决策评价	班 级		第 组	组长签字	
	教师签字		日 期		
	评语:				

4. 检测制动盘厚度的实施单

学习情境二十	检测制动盘		
学时	1.5 学时		
典型工作过程描述	检测制动盘的准备工作—拆卸制动分泵—检测制动盘厚度—检测制动盘圆跳动—安装制动分泵		
序　号	实　施　步　骤		注　意　事　项
1			
2			
3			
4			
实施说明：			
实施评价	班　级		第　　组	组长签字	
	教师签字		日　　期		
	评语：				

5. 检测制动盘厚度的检查单

学习情境二十	检测制动盘			
学时	0.1 学时			
典型工作过程描述	检测制动盘的准备工作—拆卸制动分泵—检测制动盘厚度—检测制动盘圆跳动—安装制动分泵			
序　号	检　查　项　目	检　查　标　准	学　生　自　查	教　师　检　查
1	清洁制动盘	清洁到位		
2	清洁、校正千分尺	清洁、校正到位		
3	按要求测量制动盘厚度	操作标准		
检查评价	班　级		第　　组	组长签字	
	教师签字		日　　期		
	评语：				

6. 检测制动盘厚度的评价单

学习情境二十	检测制动盘			
学时	0.1 学时			
典型工作过程描述	检测制动盘的准备工作—拆卸制动分泵—检测制动盘厚度—检测制动盘圆跳动—安装制动分泵			
评价项目	评价子项目	学生自评	组内评价	教师评价
作业流程完整性	作业流程是否完整			
作业流程规范性	作业流程是否规范			
最终结果				
评价的评价	班级		第 组	组长签字
	教师签字		日 期	
	评语：			

任务四 检测制动盘圆跳动

1. 检测制动盘圆跳动的资讯单

学习情境二十	检测制动盘
学时	0.1 学时
典型工作过程描述	检测制动盘的准备工作—拆卸制动分泵—检测制动盘厚度—检测制动盘圆跳动—安装制动分泵
收集资讯的方式	线下图书与线上资源相结合。
资讯描述	1. 检测制动盘圆跳动的目的：_____。 2. 检测制动盘圆跳动量的步骤：_____。
对学生的要求	1. 掌握圆跳动的定义、检测制动盘圆跳动的目的。 2. 能够按规定测量制动盘的圆跳动。 3. 掌握检测制动盘圆跳动的工具、设备。 4. 能够养成 6S 规范作业习惯。 5. 能够养成团队意识、工匠精神、职业精神。
参考资料	检修汽车底盘系统课程配套微课

2. 检测制动盘圆跳动的计划单

学习情境二十	检测制动盘		
学时	0.2 学时		
典型工作过程描述	检测制动盘的准备工作—拆卸制动分泵—检测制动盘厚度—检测制动盘圆跳动—安装制动分泵		
计划制订的方式	小组讨论。		
序　号	工 作 步 骤	注 意 事 项	
1	按要求清洁制动盘		
2	清洁、安装百分表		
3	按规定流程检测制动盘圆跳动		
4	查阅维修手册，确定是否更换制动盘		
计划评价	班　级： 　　　　　第　　组　　组长签字：		
	教师签字： 　　　　　日　　期：		
	评语：		

3. 检测制动盘圆跳动的决策单

学习情境二十	检测制动盘				
学时	0.1 学时				
典型工作过程描述	检测制动盘的准备工作—拆卸制动分泵—检测制动盘厚度—检测制动盘圆跳动—安装制动分泵				
计 划 对 比					
序　号	计划的可行性	计划的经济性	计划的可操作性	计划的实施难度	综合评价
1					
2					
3					
决策评价	班　级： 　　　　　第　　组　　组长签字：				
	教师签字： 　　　　　日　　期：				
	评语：				

4. 检测制动盘圆跳动的实施单

学习情境二十	检测制动盘				
学时	1.2学时				
典型工作过程描述	检测制动盘的准备工作—拆卸制动分泵—检测制动盘厚度—检测制动盘圆跳动—安装制动分泵				
序号	实施步骤			注意事项	
1					
2					
3					
4					
实施说明:					
实施评价	班级		第　组	组长签字	
	教师签字		日期		
	评语:				

5. 检测制动盘圆跳动的检查单

学习情境二十	检测制动盘				
学时	0.1学时				
典型工作过程描述	检测制动盘的准备工作—拆卸制动分泵—检测制动盘厚度—检测制动盘圆跳动—安装制动分泵				
序号	检查项目	检查标准		学生自查	教师检查
1	清洁制动盘	清洁到位			
2	清洁、安装百分表	清洁到位			
3	按规定流程检测制动盘圆跳动	操作标准			
检查评价	班级		第　组	组长签字	
	教师签字		日期		
	评语:				

6. 检测制动盘圆跳动的评价单

学习情境二十	检测制动盘			
学时	0.1 学时			
典型工作过程描述	检测制动盘的准备工作—拆卸制动分泵—检测制动盘厚度—检测制动盘圆跳动—安装制动分泵			
评价项目	评价子项目	学 生 自 评	组 内 评 价	教 师 评 价
作业流程完整性	作业流程是否完整			
作业流程规范性	作业流程是否规范			
最终结果				
评价的评价	班　　级		第　　组	组长签字
	教师签字		日　　期	
	评语：			

任务五　安装制动分泵

1. 安装制动分泵的资讯单

学习情境二十	检测制动盘
学时	0.1 学时
典型工作过程描述	检测制动盘的准备工作—拆卸制动分泵—检测制动盘厚度—检测制动盘圆跳动—安装制动分泵
收集资讯的方式	线下图书与线上资源相结合。
资讯描述	1. 安装制动分泵的标准流程：_____。 2. 安装制动蹄的标准流程：_____。
对学生的要求	1. 掌握安装制动分泵、制动蹄的标准流程。 2. 能够养成 6S 规范作业习惯。
参考资料	检修汽车底盘系统课程配套微课

2. 安装制动分泵的计划单

学习情境二十	检测制动盘			
学时	0.1学时			
典型工作过程描述	检测制动盘的准备工作—拆卸制动分泵—检测制动盘厚度—检测制动盘圆跳动—安装制动分泵			
计划制订的方式	小组讨论。			
序 号	工 作 步 骤		注 意 事 项	
1	安装制动分泵的标准流程			
2	安装制动蹄的标准流程			
计划评价	班 级		第 组	组长签字
	教师签字		日 期	
	评语:			

3. 安装制动分泵的决策单

学习情境二十	检测制动盘				
学时	0.1学时				
典型工作过程描述	检测制动盘的准备工作—拆卸制动分泵—检测制动盘厚度—检测制动盘圆跳动—安装制动分泵				
	计 划 对 比				
序 号	计划的可行性	计划的经济性	计划的可操作性	计划的实施难度	综 合 评 价
1					
2					
3					
决策评价	班 级		第 组	组长签字	
	教师签字		日 期		
	评语:				

4. 安装制动分泵的实施单

学习情境二十	检测制动盘			
学时	0.1 学时			
典型工作过程描述	检测制动盘的准备工作—拆卸制动分泵—检测制动盘厚度—检测制动盘圆跳动—安装制动分泵			
序　号	实　施　步　骤		注　意　事　项	
1				
2				
实施说明：				
实施评价	班　级		第　组	组长签字
	教师签字		日　期	
	评语：			

5. 安装制动分泵的检查单

学习情境二十	检测制动盘			
学时	0.1 学时			
典型工作过程描述	检测制动盘的准备工作—拆卸制动分泵—检测制动盘厚度—检测制动盘圆跳动—安装制动分泵			
序　号	检查项目	检查标准	学生自查	教师检查
1	安装制动分泵	安装流程标准		
2	安装制动蹄	安装流程标准		
检查评价	班　级		第　组	组长签字
	教师签字		日　期	
	评语：			

6. 安装制动分泵的评价单

学习情境二十	检测制动盘			
学时	0.1 学时			
典型工作过程描述	检测制动盘的准备工作—拆卸制动分泵—检测制动盘厚度—检测制动盘圆跳动—安装制动分泵			
评 价 项 目	评价子项目	学 生 自 评	组 内 评 价	教 师 评 价
作业流程完整性	作业流程是否完整			
作业流程规范性	作业流程是否规范			
最终结果				
评价的评价	班　　级		第　　组	组长签字	
	教师签字		日　　期		
	评语:			

学习情境二十一　调整驻车制动器行程

客户需求单

客户需求
李先生的车辆行驶了 12 万公里，最近在使用的过程中发现驻车制动拉杆行程过大，并且驻车制动效果明显变差，经过检查发现需要调整驻车制动器行程。
操作内容
1. 准备工作。 2. 驻车制动杠杆行程检查。 3. 拆卸控制台总成。 4. 调整驻车制动杠杆行程。 5. 检查驻车制动器。 6. 试车检查。 7. 安装控制台总成。

学习性工作任务单

学习情境二十一	调整驻车制动器行程
学时	6 学时
典型工作过程描述	调整驻车制动器行程的准备工作—驻车制动杠杆行程检查—拆卸控制台总成—调整驻车制动杠杆行程—检查驻车制动器—试车检查—安装控制台总成
学习目标	任务一　调整驻车制动器行程的准备工作的学习目标 　1. 掌握驻车制动器的功用。 　2. 掌握驻车制动器的分类、结构及工作原理。 　3. 掌握驻车制动器失效导致的故障现象。 任务二　驻车制动杠杆行程检查的学习目标 　1. 掌握驻车制动杠杆行程检查的方法。 　2. 掌握驻车制动杠杆行程检查标准。 任务三　拆卸控制台总成的学习目标 　1. 熟悉控制台总成拆卸的注意事项。 　2. 熟悉控制台总成拆卸的流程。 任务四　调整驻车制动杠杆行程的学习目标 　1. 熟悉驻车制动杠杆行程调整的注意事项。 　2. 熟悉驻车制动杠杆行程调整的流程。

学习情境二十一 调整驻车制动器行程

学习目标	任务五　检查驻车制动器的学习目标 　　1. 熟悉后盘式制动器制动缸操作杆和止动器间隙的检查（拉锁式）。 　　2. 熟悉制动警告灯的检查方法。 任务六　试车检查的学习目标 　　1. 熟悉试车检查的项目及方法。 　　2. 熟悉试车检查的标准。 任务七　安装控制台总成的学习目标 　　1. 熟悉控制台总成安装的注意事项。 　　2. 熟悉控制台总成安装的流程。					
任务描述	按照操作流程，检查与调整驻车制动杠杆行程，并进行驻车制动器的检查。					
学时安排	资讯 0.7学时	计划 0.7学时	决策 0.7学时	实施 2.5学时	检查 0.7学时	评价 0.7学时
对学生的要求	1. 掌握驻车制动器的功用、分类、结构及工作原理。 2. 掌握驻车制动器失效导致的故障现象。 3. 能够对驻车制动杠杆行程进行检查与调整。 4. 能够正确拆装控制台总成。 5. 能够对驻车制动器进行检查。 6. 能够正确进行试车检查。 7. 能够养成6S规范作业习惯。 8. 能够养成团队意识、工匠精神、职业精神。					
参考资料	检修汽车底盘系统课程配套微课					

材料工具清单

学习情境二十一	调整驻车制动器行程				
学时	6学时				
典型工作过程描述	调整驻车制动器行程的准备工作—驻车制动杠杆行程检查—拆卸控制台总成—调整驻车制动杠杆行程—检查驻车制动器—试车检查—安装控制台总成				
序　号	名　称	作　用	数　量	型　号	使用量	使用者
---	---	---	---	---	---	---
1	塞尺		1			
2	世达工具		1	150件		
3	扭力扳手		1	0～300N·m		
4	举升机					
5	翼子板布、前格栅布		1			
6	车轮挡块		2			
班　级		第　　组	组长签字			
教师签字		日　期				

任务一　调整驻车制动器行程的准备工作

1. 调整驻车制动器行程的准备工作的资讯单

学习情境二十一	调整驻车制动器行程
学时	0.1 学时
典型工作过程描述	调整驻车制动器行程的准备工作—驻车制动杠杆行程检查—拆卸控制台总成—调整驻车制动杠杆行程—检查驻车制动器—试车检查—安装控制台总成
收集资讯的方式	线下图书与线上资源相结合。
资讯描述	1. 描述驻车制动器的功用、分类、结构及工作原理：＿＿＿＿＿＿＿＿＿＿。 2. 描述驻车制动器失效导致的故障现象：＿＿＿＿＿＿＿＿＿＿。
对学生的要求	1. 掌握驻车制动器失效导致的故障现象。 2. 掌握驻车制动器的功用、分类、结构及工作原理。 3. 熟练维修手册的使用。 4. 准备工具与设备。 5. 能够养成 6S 规范作业习惯。 6. 能够养成团队意识、工匠精神、职业精神。
参考资料	检修汽车底盘系统课程配套微课

2. 调整驻车制动器行程的准备工作的计划单

学习情境二十一	调整驻车制动器行程		
学时	0.1 学时		
典型工作过程描述	调整驻车制动器行程的准备工作—驻车制动杠杆行程检查—拆卸控制台总成—调整驻车制动杠杆行程—检查驻车制动器—试车检查—安装控制台总成		
计划制订的方式	小组讨论。		
序　号	工 作 步 骤	注 意 事 项	
1	驻车制动器的功用、分类、结构及工作原理		
2	驻车制动器失效导致的故障现象		
3	维修手册的使用		
4	准备工具与设备		
计划评价	班　级　　　　　　　第　组　　　组长签字		
	教师签字　　　　　　日　期		
	评语：		

3. 调整驻车制动器行程的准备工作的决策单

学习情境二十一	调整驻车制动器行程			
学时	0.1 学时			
典型工作过程描述	调整驻车制动器行程的准备工作—驻车制动杠杆行程检查—拆卸控制台总成—调整驻车制动杠杆行程—检查驻车制动器—试车检查—安装控制台总成			
计 划 对 比				
序　号	计划的可行性	计划的经济性	计划的可操作性	计划的实施难度	综 合 评 价
1					
2					
3					
决策评价	班　级： ／ 第　组 ／ 组长签字： ／ 教师签字： ／ 日　期： ／ 评语：				

4. 调整驻车制动器行程的准备工作的实施单

学习情境二十一	调整驻车制动器行程
学时	0.1 学时
典型工作过程描述	调整驻车制动器行程的准备工作—驻车制动杠杆行程检查—拆卸控制台总成—调整驻车制动杠杆行程—检查驻车制动器—试车检查—安装控制台总成
序　号	实 施 步 骤　／　注 意 事 项
1	
2	
3	
4	
实施说明：	
实施评价	班　级： ／ 第　组 ／ 组长签字： ／ 教师签字： ／ 日　期： ／ 评语：

5. 调整驻车制动器行程的准备工作的检查单

学习情境二十一	调整驻车制动器行程			
学时	0.1学时			
典型工作过程描述	调整驻车制动器行程的准备工作—驻车制动杠杆行程检查—拆卸控制台总成—调整驻车制动杠杆行程—检查驻车制动器—试车检查—安装控制台总成			
序 号	检 查 项 目	检 查 标 准	学 生 自 查	教 师 检 查
1	驻车制动器的功用、分类、结构及工作原理	描述清楚		
2	驻车制动器失效导致的故障现象	描述清楚		
3	维修手册的使用	查找正确		
4	准备工具与设备	工具准备齐全		
检查评价	班　级		第　　组	组长签字
	教师签字		日　　期	
	评语:			

6. 调整驻车制动器行程的准备工作的评价单

学习情境二十一	调整驻车制动器行程			
学时	0.1学时			
典型工作过程描述	调整驻车制动器行程的准备工作—驻车制动杠杆行程检查—拆卸控制台总成—调整驻车制动杠杆行程—检查驻车制动器—试车检查—安装控制台总成			
评 价 项 目	评价子项目	学 生 自 评	组 内 评 价	教 师 评 价
驻车制动器的功用、分类、结构及工作原理	描述清楚			
驻车制动器失效导致的故障现象	描述清楚			
维修手册的使用	注意查找方法			
准备工具、设备	准备齐全			
最终结果				
评价的评价	班　级		第　　组	组长签字
	教师签字		日　　期	
	评语:			

任务二 驻车制动杠杆行程检查

1. 驻车制动杠杆行程检查的资讯单

学习情境二十一	调整驻车制动器行程
学时	0.1 学时
典型工作过程描述	调整驻车制动器行程的准备工作—驻车制动杠杆行程检查—拆卸控制台总成—调整驻车制动杠杆行程—检查驻车制动器—试车检查—安装控制台总成
收集资讯的方式	线下图书与线上资源相结合。
资讯描述	1. 描述驻车制动杠杆行程检查的方法：_____。 2. 描述驻车制动杠杆行程检查标准：_____。
对学生的要求	1. 能正确检查驻车制动杠杆行程。 2. 能够养成 6S 规范作业习惯。 3. 能够养成团队意识、工匠精神、职业精神。
参考资料	检修汽车底盘系统课程配套微课

2. 驻车制动杠杆行程检查的计划单

学习情境二十一	调整驻车制动器行程		
学时	0.1 学时		
典型工作过程描述	调整驻车制动器行程的准备工作—驻车制动杠杆行程检查—拆卸控制台总成—调整驻车制动杠杆行程—检查驻车制动器—试车检查—安装控制台总成		
计划制订的方式	小组讨论。		
序 号	工 作 步 骤	注 意 事 项	
1	用力拉住驻车制动杠杆		
2	松开驻车制动器锁，并将驻车制动杠杆放回到关闭位置		
3	缓慢将驻车制动杠杆向上拉到底，并计算咔嗒声的次数		
计划评价	班 级	第 组	组长签字
	教师签字	日 期	
	评语：		

3. 驻车制动杠杆行程检查的决策单

学习情境二十一	调整驻车制动器行程				
学时	0.1学时				
典型工作过程描述	调整驻车制动器行程的准备工作—驻车制动杠杆行程检查—拆卸控制台总成—调整驻车制动杠杆行程—检查驻车制动器—试车检查—安装控制台总成				
计划对比					
序号	计划的可行性	计划的经济性	计划的可操作性	计划的实施难度	综合评价
1					
2					
3					
决策评价	班级		第　组		组长签字	
	教师签字		日期			
	评语:					

4. 驻车制动杠杆行程检查的实施单

学习情境二十一	调整驻车制动器行程	
学时	0.1学时	
典型工作过程描述	调整驻车制动器行程的准备工作—驻车制动杠杆行程检查—拆卸控制台总成—调整驻车制动杠杆行程—检查驻车制动器—试车检查—安装控制台总成	
序号	实施步骤	注意事项
1		
2		
3		

实施说明:

实施评价	班级		第　组		组长签字	
	教师签字		日期			
	评语:					

5. 驻车制动杠杆行程检查的检查单

学习情境二十一	调整驻车制动器行程			
学时	0.1 学时			
典型工作过程描述	调整驻车制动器行程的准备工作—驻车制动杠杆行程检查—拆卸控制台总成—调整驻车制动杠杆行程—检查驻车制动器—试车检查—安装控制台总成			
序 号	检 查 项 目	检 查 标 准	学 生 自 查	教 师 检 查
1	用力拉住驻车制动杠杆	操作规范		
2	松开驻车制动器锁,并将驻车制动杠杆放回到关闭位置	操作规范		
3	缓慢将驻车制动杠杆向上拉到底,并计算咔嗒声的次数	驻车制动杠杆行程:200N 时为 6~9 个槽口		
检查评价	班 级		第 组	组长签字
	教师签字		日 期	
	评语:			

6. 驻车制动杠杆行程检查的评价单

学习情境二十一	调整驻车制动器行程			
学时	0.1 学时			
典型工作过程描述	调整驻车制动器行程的准备工作—驻车制动杠杆行程检查—拆卸控制台总成—调整驻车制动杠杆行程—检查驻车制动器—试车检查—安装控制台总成			
评价项目	评价子项目	学 生 自 评	组 内 评 价	教 师 评 价
作业流程完整性	作业流程是否完整			
作业流程规范性	作业流程是否规范			
6S 管理	是否做到 6S 管理			
最终结果				
评价的评价	班 级		第 组	组长签字
	教师签字		日 期	
	评语:			

检修汽车底盘系统

任务三 拆卸控制台总成

1. 拆卸控制台总成的资讯单

学习情境二十一	调整驻车制动器行程
学时	0.1 学时
典型工作过程描述	调整驻车制动器行程的准备工作—驻车制动杠杆行程检查—拆卸控制台总成—调整驻车制动杠杆行程—检查驻车制动器—试车检查—安装控制台总成
收集资讯的方式	线下图书与线上资源相结合。
资讯描述	1. 描述控制台总成拆卸的注意事项：＿＿＿＿＿＿＿。 2. 描述控制台总成拆卸的流程：＿＿＿＿＿＿＿。
对学生的要求	1. 掌握控制台总成拆卸的标准流程。 2. 能够进行控制台总成拆卸。 3. 能够养成 6S 规范作业习惯。 4. 能够养成团队意识、工匠精神、职业精神。
参考资料	检修汽车底盘系统课程配套微课

2. 拆卸控制台总成的计划单

学习情境二十一	调整驻车制动器行程		
学时	0.1 学时		
典型工作过程描述	调整驻车制动器行程的准备工作—驻车制动杠杆行程检查—拆卸控制台总成—调整驻车制动杠杆行程—检查驻车制动器—试车检查—安装控制台总成		
计划制订的方式	小组讨论。		
序号	工作步骤	注意事项	
1	拆下仪表板左右装饰板		
2	拆下仪表盒总成		
3	拆下换挡杆把手分总成		
4	拆下中央仪表组装饰板总成		
5	拆下前 1、2 号地板控制台嵌入件、地板控制台上面板分总成		
6	取下地板控制台毡垫后拆下地板控制台总成		
计划评价	班级	第 组	组长签字
	教师签字	日 期	
	评语：		

3. 拆卸控制台总成的决策单

学习情境二十一	调整驻车制动器行程			
学时	0.1 学时			
典型工作过程描述	调整驻车制动器行程的准备工作—驻车制动杠杆行程检查—拆卸控制台总成—调整驻车制动杠杆行程—检查驻车制动器—试车检查—安装控制台总成			
计 划 对 比				
序　号	计划的可行性	计划的经济性	计划的可操作性	计划的实施难度	综 合 评 价
1					
2					
3					
决策评价	班　级		第　　组	组长签字	
	教师签字		日　　期		
	评语：				

4. 拆卸控制台总成的实施单

学习情境二十一	调整驻车制动器行程
学时	0.7 学时
典型工作过程描述	调整驻车制动器行程的准备工作—驻车制动杠杆行程检查—拆卸控制台总成—调整驻车制动杠杆行程—检查驻车制动器—试车检查—安装控制台总成
序　号	实 施 步 骤	注 意 事 项
---	---	---
1		
2		
3		
4		
5		
6		
实施说明：		
实施评价	班　级		第　　组	组长签字	
	教师签字		日　　期		
	评语：				

5. 拆卸控制台总成的检查单

学习情境二十一	调整驻车制动器行程			
学时	0.1学时			
典型工作过程描述	调整驻车制动器行程的准备工作—驻车制动杠杆行程检查—拆卸控制台总成—调整驻车制动杠杆行程—检查驻车制动器—试车检查—安装控制台总成			
序号	检查项目	检查标准	学生自查	教师检查
1	拆下仪表板左右装饰板	操作规范		
2	拆下仪表盒总成	操作规范		
3	拆下换挡杆把手分总成	操作规范		
4	拆下中央仪表组装饰板总成	操作规范		
5	拆下前1、2号地板控制台嵌入件、地板控制台上面板分总成	操作规范		
6	取下地板控制台毡垫后拆下地板控制台总成	操作规范		
检查评价	班级		第 组	组长签字
	教师签字		日 期	
	评语:			

6. 拆卸控制台总成的评价单

学习情境二十一	调整驻车制动器行程			
学时	0.1学时			
典型工作过程描述	调整驻车制动器行程的准备工作—驻车制动杠杆行程检查—拆卸控制台总成—调整驻车制动杠杆行程—检查驻车制动器—试车检查—安装控制台总成			
评价项目	评价子项目	学生自评	组内评价	教师评价
作业流程完整性	作业流程是否完整			
作业流程规范性	作业流程是否规范			
最终结果				
评价的评价	班级		第 组	组长签字
	教师签字		日 期	
	评语:			

学习情境二十一　调整驻车制动器行程

任务四　调整驻车制动杠杆行程

1. 调整驻车制动杠杆行程的资讯单

学习情境二十一	调整驻车制动器行程
学时	0.1 学时
典型工作过程描述	调整驻车制动器行程的准备工作—驻车制动杠杆行程检查—拆卸控制台总成—调整驻车制动杠杆行程—检查驻车制动器—试车检查—安装控制台总成
收集资讯的方式	线下图书与线上资源相结合。
资讯描述	1. 描述驻车制动杠杆行程调整的注意事项：_____。 2. 描述驻车制动杠杆行程调整的流程：_____。
对学生的要求	1. 掌握驻车制动杠杆行程调整的注意事项。 2. 掌握驻车制动杠杆行程调整的流程。 3. 学会正确调整驻车制动杠杆行程。 4. 能够养成 6S 规范作业习惯。
参考资料	检修汽车底盘系统课程配套微课

2. 调整驻车制动杠杆行程的计划单

学习情境二十一	调整驻车制动器行程	
学时	0.1 学时	
典型工作过程描述	调整驻车制动器行程的准备工作—驻车制动杠杆行程检查—拆卸控制台总成—调整驻车制动杠杆行程—检查驻车制动器—试车检查—安装控制台总成	
计划制订的方式	小组讨论。	
序　号	工 作 步 骤	注 意 事 项
1	松开锁紧螺母	
2	发动机停机时，完全踩下制动踏板 3~5 次	
3	旋转调整螺母，使驻车制动杠杆行程修正至规定范围内	
4	旋紧锁紧螺母	
5	操作驻车制动杠杆 3~4 次，并检查驻车制动杠杆行程	
6	检查驻车制动是否卡滞	
计划评价	班　级　　　　　　　　第　　组　　组长签字 教师签字　　　　　　　日　　期 评语：	

3. 调整驻车制动杠杆行程的决策单

学习情境二十一	调整驻车制动器行程				
学时	0.1 学时				
典型工作过程描述	调整驻车制动器行程的准备工作—驻车制动杠杆行程检查—拆卸控制台总成—调整驻车制动杠杆行程—检查驻车制动器—试车检查—安装控制台总成				
计 划 对 比					
序　号	计划的可行性	计划的经济性	计划的可操作性	计划的实施难度	综 合 评 价
1					
2					
3					
决策评价	班　级		第　组	组长签字	
	教师签字		日　期		
	评语：				

4. 调整驻车制动杠杆行程的实施单

学习情境二十一	调整驻车制动器行程	
学时	0.5 学时	
典型工作过程描述	调整驻车制动器行程的准备工作—驻车制动杠杆行程检查—拆卸控制台总成—调整驻车制动杠杆行程—检查驻车制动器—试车检查—安装控制台总成	
序　号	实 施 步 骤	注 意 事 项
1		
2		
3		
4		
5		
6		
实施说明：		
实施评价	班　级		第　组	组长签字	
	教师签字		日　期		
	评语：				

5. 调整驻车制动杠杆行程的检查单

学习情境二十一	调整驻车制动器行程			
学时	0.1学时			
典型工作过程描述	调整驻车制动器行程的准备工作—驻车制动杠杆行程检查—拆卸控制台总成—调整驻车制动杠杆行程—检查驻车制动器—试车检查—安装控制台总成			
序号	检查项目	检查标准	学生自查	教师检查
1	松开锁紧螺母	完全松开驻车制动器拉索		
2	发动机停机时，完全踩下制动踏板3~5次	操作完整		
3	旋转调整螺母，使驻车制动杠杆行程修正至规定范围内	驻车制动行程：200N时为6~9个槽口。		
4	旋紧锁紧螺母	扭矩：6N·m		
5	操作驻车制动杠杆3~4次，并检查驻车制动杠杆行程	操作规范		
6	检查驻车制动是否卡滞	操作规范		
检查评价	班级		第 组	组长签字
	教师签字		日 期	
	评语：			

6. 调整驻车制动杠杆行程的评价单

学习情境二十一	调整驻车制动器行程			
学时	0.1学时			
典型工作过程描述	调整驻车制动器行程的准备工作—驻车制动杠杆行程检查—拆卸控制台总成—调整驻车制动杠杆行程—检查驻车制动器—试车检查—安装控制台总成			
评价项目	评价子项目	学生自评	组内评价	教师评价
作业流程完整性	作业流程是否完整			
作业流程规范性	作业流程是否规范			
最终结果				
评价的评价	班级		第 组	组长签字
	教师签字		日 期	
	评语：			

任务五　检查驻车制动器

1. 检查驻车制动器的资讯单

学习情境二十一	调整驻车制动器行程
学时	0.1 学时
典型工作过程描述	调整驻车制动器行程的准备工作—驻车制动杠杆行程检查—拆卸控制台总成—调整驻车制动杠杆行程—检查驻车制动器—试车检查—安装控制台总成
收集资讯的方式	线下图书与线上资源相结合。
资讯描述	1. 描述驻车制动器检查的注意事项：_____。 2. 描述驻车制动器检查的项目及方法：_____。
对学生的要求	1. 掌握驻车制动器检查的注意事项。 2. 掌握驻车制动器检查的项目及方法。 3. 学会检查后盘式制动器制动缸操作杆和止动器的间隙。 4. 学会检查制动警告灯。 5. 能够养成 6S 规范作业习惯。
参考资料	检修汽车底盘系统课程配套微课

2. 检查驻车制动器的计划单

学习情境二十一	调整驻车制动器行程	
学时	0.1 学时	
典型工作过程描述	调整驻车制动器行程的准备工作—驻车制动杠杆行程检查—拆卸控制台总成—调整驻车制动杠杆行程—检查驻车制动器—试车检查—安装控制台总成	
计划制订的方式	小组讨论。	
序号	工作步骤	注意事项
1	检查连接机构有无变形、松旷	
2	检查后盘式制动器制动缸操作杆和止动器间隙	
3	检查制动警告灯	
计划评价	班级：　　　　　第　　组　　组长签字： 教师签字：　　　　　日　期： 评语：	

3. 检查驻车制动器的决策单

学习情境二十一	调整驻车制动器行程			
学时	0.1学时			
典型工作过程描述	调整驻车制动器行程的准备工作—驻车制动杠杆行程检查—拆卸控制台总成—调整驻车制动杠杆行程—检查驻车制动器—试车检查—安装控制台总成			
计 划 对 比				
序 号	计划的可行性	计划的经济性	计划的可操作性	计划的实施难度	综 合 评 价
1					
2					
3					
决策评价	班　级： 　　　　　第　　组　组长签字： 　　　 教师签字： 　　　　　日　　期： 评语：				

4. 检查驻车制动器的实施单

学习情境二十一	调整驻车制动器行程
学时	0.2学时
典型工作过程描述	调整驻车制动器行程的准备工作—驻车制动杠杆行程检查—拆卸控制台总成—调整驻车制动杠杆行程—检查驻车制动器—试车检查—安装控制台总成
序　号	实 施 步 骤　　　　　　　　　注 意 事 项
1	
2	
3	
实施说明：	
实施评价	班　级： 　　　　　第　　组　组长签字： 　　　 教师签字： 　　　　　日　　期： 评语：

5. 检查驻车制动器的检查单

学习情境二十一	调整驻车制动器行程			
学时	0.1 学时			
典型工作过程描述	调整驻车制动器行程的准备工作—驻车制动杠杆行程检查—拆卸控制台总成—调整驻车制动杠杆行程—检查驻车制动器—试车检查—安装控制台总成			
序 号	检 查 项 目	检 查 标 准	学 生 自 查	教 师 检 查
1	检查连接机构有无变形、松旷	操作规范		
2	检查后盘式制动器制动缸操作杆和止动器间隙	标准间隙范围：0.5 mm 或更小		
3	检查制动警告灯	标准：制动警告灯始终在第一次响起咔嗒声时亮起		
检查评价	班 级		第 组	组长签字
	教师签字		日 期	
	评语：			

6. 检查驻车制动器的评价单

学习情境二十一	调整驻车制动器行程			
学时	0.1 学时			
典型工作过程描述	调整驻车制动器行程的准备工作—驻车制动杠杆行程检查—拆卸控制台总成—调整驻车制动杠杆行程—检查驻车制动器—试车检查—安装控制台总成			
评 价 项 目	评价子项目	学 生 自 评	组 内 评 价	教师评价
作业流程完整性	作业流程是否完整			
作业流程规范性	作业流程是否规范			
最终结果				
评价的评价	班 级		第 组	组长签字
	教师签字		日 期	
	评语：			

学习情境二十一　调整驻车制动器行程

任务六　试车检查

1. 试车检查的资讯单

学习情境二十一	调整驻车制动器行程
学时	0.1 学时
典型工作过程描述	调整驻车制动器行程的准备工作—驻车制动杠杆行程检查—拆卸控制台总成—调整驻车制动杠杆行程—检查驻车制动器—试车检查—安装控制台总成
收集资讯的方式	线下图书与线上资源相结合。
资讯描述	1. 描述试车检查的项目及方法：_____。 2. 描述试车检查的标准：_____。
对学生的要求	1. 掌握试车检查的项目及方法。 2. 掌握试车检查的标准。 3. 能够进行试车检查。 4. 能够养成 6S 规范作业习惯。
参考资料	检修汽车底盘系统课程配套微课

2. 试车检查的计划单

学习情境二十一	调整驻车制动器行程		
学时	0.1 学时		
典型工作过程描述	调整驻车制动器行程的准备工作—驻车制动杠杆行程检查—拆卸控制台总成—调整驻车制动杠杆行程—检查驻车制动器—试车检查—安装控制台总成		
计划制订的方式	小组讨论。		
序　号	工　作　步　骤	注　意　事　项	
1	在空载状态下，驻车制动装置应能保证车辆在坡度为 20%、轮胎与路面间的附着系数不小于 0.7 的坡道上正、反两个方向保持固定不动的时间不小于 5min		
2	拉紧驻车制动器，车辆在空车且平地上使用二挡应不能起步		
计划评价	班　级		第　组	组长签字	
	教师签字		日　期		
	评语：				

3. 试车检查的决策单

学习情境二十一	调整驻车制动器行程				
学时	0.1 学时				
典型工作过程描述	调整驻车制动器行程的准备工作—驻车制动杠杆行程检查—拆卸控制台总成—调整驻车制动杠杆行程—检查驻车制动器—试车检查—安装控制台总成				
计 划 对 比					
序 号	计划的可行性	计划的经济性	计划的可操作性	计划的实施难度	综 合 评 价
1					
2					
3					
决策评价	班 级: 第 组: 组长签字: 教师签字: 日 期: 评语:				

4. 试车检查的实施单

学习情境二十一	调整驻车制动器行程	
学时	0.2 学时	
典型工作过程描述	调整驻车制动器行程的准备工作—驻车制动杠杆行程检查—拆卸控制台总成—调整驻车制动杠杆行程—检查驻车制动器—试车检查—安装控制台总成	
序 号	实 施 步 骤	注 意 事 项
1		
2		
实施说明:		
实施评价	班 级: 第 组: 组长签字: 教师签字: 日 期: 评语:	

5. 试车检查的检查单

学习情境二十一	调整驻车制动器行程			
学时	0.1学时			
典型工作过程描述	调整驻车制动器行程的准备工作—驻车制动杠杆行程检查—拆卸控制台总成—调整驻车制动杠杆行程—检查驻车制动器—试车检查—安装控制台总成			
序 号	检 查 项 目	检 查 标 准	学 生 自 查	教 师 检 查
1	在空载状态下,驻车制动装置应能保证车辆在坡度为20%,轮胎与路面间的附着系数不小于0.7的坡道上正、反两个方向保持固定不动的时间不小于5min	操作安全、规范		
2	拉紧驻车制动器,车辆在空车且平地上使用二挡应不能起步	操作安全、规范		
检查评价	班 级		第 组	组长签字
	教师签字		日 期	
	评语:			

6. 试车检查的评价单

学习情境二十一	调整驻车制动器行程			
学时	0.1学时			
典型工作过程描述	调整驻车制动器行程的准备工作—驻车制动杠杆行程检查—拆卸控制台总成—调整驻车制动杠杆行程—检查驻车制动器—试车检查—安装控制台总成			
评价项目	评价子项目	学 生 自 评	组 内 评 价	教 师 评 价
作业流程完整性	作业流程是否完整			
作业流程规范性	作业流程是否规范			
最终结果				
评价的评价	班 级		第 组	组长签字
	教师签字		日 期	
	评语:			

检修汽车底盘系统

任务七　安装控制台总成

1. 安装控制台总成的资讯单

学习情境二十一	调整驻车制动器行程
学时	0.1 学时
典型工作过程描述	调整驻车制动器行程的准备工作—驻车制动杠杆行程检查—拆卸控制台总成—调整驻车制动杠杆行程—检查驻车制动器—试车检查—安装控制台总成
收集资讯的方式	线下图书与线上资源相结合。
资讯描述	1. 描述控制台总成安装的注意事项：＿＿＿＿＿＿＿＿＿＿＿＿＿＿＿＿＿＿。 2. 描述控制台总成安装的流程：＿＿＿＿＿＿＿＿＿＿＿＿＿＿＿＿＿＿＿＿＿。
对学生的要求	1. 掌握控制台总成安装的标准流程。 2. 能进行控制台总成安装。 3. 能够养成 6S 规范作业习惯。 4. 能够养成团队意识、工匠精神、职业精神。
参考资料	检修汽车底盘系统课程配套微课

2. 安装控制台总成的计划单

学习情境二十一		调整驻车制动器行程	
学时		0.1 学时	
典型工作过程描述		调整驻车制动器行程的准备工作—驻车制动杠杆行程检查—拆卸控制台总成—调整驻车制动杠杆行程—检查驻车制动器—试车检查—安装控制台总成	
计划制订的方式		小组讨论。	
序　号	工　作　步　骤		注　意　事　项
1	安装地板控制台总成，并安放地板控制台毡垫		
2	安装前 1、2 号地板控制台嵌入件、地板控制台上面板分总成		
3	安装中央仪表组装饰板总成		
4	安装换挡杆把手分总成		
5	安装仪表盒总成		
6	安装仪表板左右装饰板		
计划评价	班　级	第　　组	组长签字
	教师签字	日　期	
	评语：		

3. 安装控制台总成的决策单

学习情境二十一	调整驻车制动器行程				
学时	0.1 学时				
典型工作过程描述	调整驻车制动器行程的准备工作—驻车制动杠杆行程检查—拆卸控制台总成—调整驻车制动杠杆行程—检查驻车制动器—试车检查—安装控制台总成				
计 划 对 比					
序　号	计划的可行性	计划的经济性	计划的可操作性	计划的实施难度	综 合 评 价
1					
2					
3					
决策评价	班级： 　　第　组　　组长签字				
	教师签字　　　　　　日　期				
	评语：				

4. 安装控制台总成的实施单

学习情境二十一	调整驻车制动器行程
学时	0.7 学时
典型工作过程描述	调整驻车制动器行程的准备工作—驻车制动杠杆行程检查—拆卸控制台总成—调整驻车制动杠杆行程—检查驻车制动器—试车检查—安装控制台总成

序　号	实 施 步 骤	注 意 事 项
1		
2		
3		
4		
5		
6		

实施说明：

实施评价	班级　　　　　　　第　组　　组长签字
	教师签字　　　　　　日　期
	评语：

5. 安装控制台总成的检查单

学习情境二十一	调整驻车制动器行程			
学时	0.1学时			
典型工作过程描述	调整驻车制动器行程的准备工作—驻车制动杠杆行程检查—拆卸控制台总成—调整驻车制动杠杆行程—检查驻车制动器—试车检查—安装控制台总成			
序号	检查项目	检查标准	学生自查	教师检查
1	安装地板控制台总成，并安放地板控制台毡垫	操作规范		
2	安装前1、2号地板控制台嵌入件、地板控制台上面板分总成	操作规范		
3	安装中央仪表组装饰板总成	操作规范		
4	安装换挡杆把手分总成	操作规范		
5	安装仪表盒总成	操作规范		
6	安装仪表板左右装饰板	操作规范		
检查评价	班级		第 组	组长签字
	教师签字		日 期	
	评语：			

6. 安装控制台总成的评价单

学习情境二十一	调整驻车制动器行程			
学时	0.1学时			
典型工作过程描述	调整驻车制动器行程的准备工作—驻车制动杠杆行程检查—拆卸控制台总成—调整驻车制动杠杆行程—检查驻车制动器—试车检查—安装控制台总成			
评价项目	评价子项目	学生自评	组内评价	教师评价
作业流程完整性	作业流程是否完整			
作业流程规范性	作业流程是否规范			
最终结果				
评价的评价	班级		第 组	组长签字
	教师签字		日 期	
	评语：			

参 考 文 献

[1] 吴全全,闫智勇. 工作过程系统化课程开发范式的内涵与特征[J]. 中国职业技术教育,2017(15):57-64.

[2] 吴全全,王茜雯,闫智勇. 职业院校学生学习效果评价的困境表征与模式重构——基于工作过程系统化课程开发范式的探思[J]. 中国职业技术教育,2021(14):55-63.

[3] 蔡跃. 职业教育活页式教材开发指导手册[M]. 上海:华东师范大学出版社,2020.